EXPOSITION

DES

BEAUX-ARTS

ET DE L'INDUSTRIE

A TOULOUSE

DANS LES GALERIES DU MUSÉE.

ANNÉE 1850.

TOULOUSE,

IMPRIMERIE DE A. CHAUVIN ET COMP.,

RUE MIREPOIX, 3.

1851.

EXPOSITION

DES

BEAUX-ARTS

ET

DE L'INDUSTRIE.

EXPOSITION

DES

BEAUX-ARTS

ET DE L'INDUSTRIE

A TOULOUSE

DANS LES GALERIES DU MUSÉE.

ANNÉE 1850.

TOULOUSE,

IMPRIMERIE DE A. CHAUVIN ET COMP.,

RUE MIREPOIX, 3.

1851.

PRÉCIS.

A ces moments de doute et d'incertitude, quand le trouble passe de la place publique dans les esprits et des esprits dans les œuvres; quand il n'y a plus de drapeau levé assez haut pour qu'il soit vu de tous, lorsqu'enfin la société hésite et cherche encore son but, plus que jamais il importe d'appeler l'attention de toutes les classes sur le travail quotidien de l'artiste et sur la vie courante de l'industrie.

Ces domaines de l'intelligence et de la production

réclament, pour être défrichés et fertilisés, le concours mutuel de l'amateur et du consommateur autant que celui de l'artiste et de l'ouvrier.

Ce but important et utile a été compris par le Conseil municipal de Toulouse, et, dès le 24 novembre 1849, alors qu'un grand nom avait été déjà opposé comme une digue au débordement révolutionnaire, une délibération décida que l'exposition quinquennale des beaux-arts et de l'industrie serait ouverte en 1850.

L'autorité prit les mesures les plus actives pour que la pensée du Conseil municipal reçût une réalisation aussi complète que pouvaient le permettre les circonstances difficiles de l'époque, et, depuis le 1er juillet 1850 jusqu'au 15 septembre suivant, le public a été admis à visiter les galeries du Musée.

Une commission préparatoire avait disposé dans ce vaste établissement les divers produits des arts et de l'industrie qui avaient été envoyés, pour prendre part à cette lutte pacifique.

445 exposants ont répondu à l'appel de l'administration. Sur ce nombre, 120 seulement appartiennent à la section des beaux-arts et 325 à celle de l'industrie. 28 départements étaient représentés dans cette

exposition, et le nombre des exposants se répartit entre eux dans le rapport suivant :

DÉPARTEMENTS.	NOMBRE D'EXPOSANTS.	
	Beaux-Arts	Industrie.
Ariége.	0	1
Aisne.	0	1
Aude.	1	0
Bas-Rhin.	0	2
Basses-Pyrénées.	1	2
Bouches-du-Rhône.	3	3
Doubs.	1	0
Gard.	1	3
Gers.	0	5
Gironde.	3	3
Haute-Garonne.	72	237
Haute-Marne.	0	1
Hautes-Pyrénées.	0	1
Haute-Vienne.	1	0
Hérault.	3	5
Indre-et-Loire.	0	1
Loire.	1	1
Loiret.	0	1
Lot.	2	0
Marne.	0	1
Meurthe.	0	1
Nièvre.	0	3
Nord.	0	2
Rhône.	1	3
Seine.	23	27
Seine-Inférieure.	1	0
Tarn.	5	14
Tarn-et-Garonne.	1	7
TOTAUX.	120	325

Pour examiner et apprécier convenablement les œuvres présentées par ces exposants, un jury très-nombreux a été nommé par l'administration municipale.

Dans une première réunion, ce jury s'est constitué en nommant M. Cazes, vice-président, et M. U. Vitry, secrétaire-général.

Il s'est ensuite divisé, comme dans les précédentes expositions, en deux grandes sections, l'une des beaux-arts, l'autre de l'industrie. La première a choisi pour son président M. Cazes, et M. le capitaine Bosquet a été appelé à l'honneur de présider la seconde.

Dans chacune de ces sections, de nombreuses sous-commissions ont préparé et rédigé des notices sur chacun des produits en particulier.

Ces rapports partiels, reliés et fondus dans un travail d'ensemble par M. Desbarreaux-Bernard, secrétaire de la section des beaux-arts, et par M. Guiraud, secrétaire de la section de l'industrie, constituent le rapport général du jury d'examen.

Les récompenses décernées à la suite de cet examen se résument ainsi :

RÉCOMPENSES DÉCERNÉES.	Beaux-Arts.	Industrie.
Eloges.	14	2
Rappels de médailles d'or.	4	15
Médailles d'or.	5	12
Rappels de médailles d'argent.	15	26
Médailles d'argent.	16	41
Rappels de médailles de bronze.	4	18
Médailles de bronze.	11	67
Mentions honorables.	8	50
Citations favorables.	2	21
Citations.	5	42
Totaux partiels.	84	294
Total général des récompenses.	378	

Enfin, trois commissions mixtes ont été composées pour différents objets; l'une avait à juger les instruments de musique, l'autre avait à apprécier les peintures sur verre, la troisième a eu à s'occuper des détails de la loterie.

La mission de cette dernière commission a présenté quelques difficultés, par suite de l'absence de documents suffisants sur ce qui avait été fait antérieurement. Afin d'éviter à l'avenir un semblable inconvénient, un compte-rendu spécial a été rédigé pour être inséré à la suite des rapports particuliers de chaque section.

En comparant l'exposition de 1850 à celles qui l'ont précédée, on obtient les résultats suivants :

1° Le nombre des exposants a été :

En 1827, de.	270
1829.	276
1835.	349
1840.	405
1845.	535
1850.	439

2° Sur ces divers totaux, le nombre des artistes de Paris, dont les œuvres figuraient dans la section des beaux-arts, s'élevait,

En 1827, à. 56

1829. 57

1835. 26

1840. 24

1845. 77

1850. 23

3° Le montant de la loterie a été de 20,000 fr. en 1840, de 21,400 fr. en 1845 et de 18,100 fr. seulement en 1850.

4° Enfin, cette année, les produits de la plupart des grandes industries méridionales ont fait défaut, notamment les cuivres et les plombs du laminoir de Toulouse, les porcelaines et les faïences de la fabrique de Valentine, les marbres des exploitations pyrénéennes, les faux et les limes des usines de Toulouse et du Saut de Sabo, les fers de l'Ariège, les produits des ateliers de construction de machines et ceux des grandes fonderies de fer de Toulouse, etc., etc.

L'exposition de 1850 a donc signalé un temps d'arrêt dans les progrès successifs qui s'étaient constamment manifestés depuis la naissance de cette institution. Elle s'est ressentie et devait se ressentir fatalement de l'ébranlement général amené par les événements politiques.

Ce résultat, ce fait particulier qui vient corroborer

tant d'autres faits généraux , doit être proclamé bien haut ; il y aurait lâcheté à le déguiser et à le passer sous silence.

Le peuple , aujourd'hui souverain , n'a que trop de flatteurs , comme en avaient autrefois les rois. Tout bon citoyen doit avoir le courage de lui dire la vérité, de lui rappeler que les discordes civiles et les bouleversements sociaux ne surgissent jamais, sans entraîner après eux la décadence des nations et l'appauvrissement des classes laborieuses.

Ce temps d'arrêt marqué par l'exposition de 1850 ne doit point cependant faire désespérer de l'avenir. Déjà les saines idées de progrès pacifique reprennent leur cours, les sources de l'industrie et des arts, momentanément taries, se ravivent, et, une fois encore, nous avons vu la réalisation de ce consolant et patriotique vœu : DIEU PROTÉGE LA FRANCE!

URBAIN VITRY,

Secrétaire-Général de l'Exposition.

ACTES OFFICIELS

RELATIFS

A L'EXPOSITION DES BEAUX-ARTS

ET

DE L'INDUSTRIE.

1850.

Extrait du registre des délibérations du Conseil municipal.

Séance du 24 novembre 1849.

Le conseil municipal, extraordinairement réuni dans le lieu de ses séances, en vertu de l'autorisation de M. le Préfet, du 23 du même mois :

PRÉSENTS ET OPINANTS :

M. Sans, maire, *président ;*

MM. Albert, Boisselet, Martin, Salles, Perpessac, Raspaud, Mather, Cazaux, Campaigno, Carayon, Capelle, d'Aldéguier, Saint-Raymond, Montels, Pouges, Cayrel, Carcenac, Loubers, Teillier, Manuel, Tourraton, Sainte-Colombe, Caze, *secrétaire.*

Sur le rapport de M. Loubers, le conseil adopte le projet de délibération suivante :

Vu ce qui résulte des délibérations du conseil municipal en date des : 1°, 10 juin 1825 ; 2°, 17 juin 1826 ; 3°, 14 et 24 mai 1833 ; 4°, 13 novembre 1833 ; 5°, 19 août et

16 septembre 1839 ; 6°, 7 septembre 1844, lesquelles établissent et continuent à établir à Toulouse une exposition des produits des arts et de l'industrie ;

Vu notamment celles de 1839 , qui fixent cette exposition à chaque cinq années , à partir de 1840 ;

Vu aussi les diverses allocations de crédit faites par ces mêmes délibérations et portées aux divers budgets ;

Considérant que la commission , nommée par délibération du 4 novembre courant , n'a, pour le moment, à s'occuper que de la question de savoir s'il y aura une exposition des produits des beaux-arts et de l'industrie en 1850 , et, dans le cas de l'affirmative , à quelle époque elle pourra avoir lieu et quelle sera sa durée ; que toutes les autres questions, comme allocation de crédit, distribution de ce crédit , demeurent réservées, et que la commission ne devra s'en occuper que lorsqu'elle sera nantie à cet effet des demandes de M. le Maire ;

Considérant que l'exposition des produits des arts et de l'industrie est juste et utile ;

Juste, parce qu'il y a des droits acquis, par suite des délibérations sus-visées qui fixent cette même exposition à chaque période quinquennale ; que dès-lors les divers industriels qui se proposent d'exposer leurs produits doivent s'y être préparés à l'avance en se fondant sur lesdites délibérations, qu'ils doivent regarder comme chose acquise, et que ce serait, en quelque sorte, méconnaître des engagements sacrés que d'annuler lesdites délibérations ;

Utile : en effet, il n'est pas besoin d'insister sur les avantages matériels résultant pour la ville du travail des nombreux industriels y habitant qui voudront exposer leurs produits, du concours immense d'étrangers que cette exposition attirera à Toulouse, par voie de suite des bénéfices que toutes les classes d'ouvriers de Toulouse retireront de ce surcroît de dépenses, surtout si l'on fait concorder l'époque de cette exposition avec les solennités religieuses, commerciales ou d'industrie, qui ont habituellement lieu à Toulouse ;

Considérant qu'il y a lieu d'ouvrir un crédit pour parer aux premiers frais ;

Par ces motifs, le conseil délibère :

Art. 1er. Il y aura à Toulouse, en 1850, une exposition des produits des beaux-arts et de l'industrie.

Art. 2. Cette exposition aura lieu à partir du 15 juin (1) jusqu'au 15 août inclusivement de ladite année.

Art. 3. Il est accordé à M. le Maire, sur sa demande, un premier crédit de la somme de 8,000 fr. à inscrire au budget de 1850.

Pour extrait conforme :

Le Maire, DE CAMPAIGNO, *adj*.

Arrêté du Maire concernant l'Exposition de 1850.

LE MAIRE DE TOULOUSE,

Vu la délibération, en date du 24 novembre dernier, par laquelle le conseil municipal a décidé qu'une exposition des produits des beaux-arts et de l'industrie aura lieu à Toulouse en 1850, et a voté un crédit pour cet objet;

Considérant qu'il importe de fixer d'avance l'ouverture de cette exposition ;

---

(1) L'exposition n'a pu être ouverte que le 1er juillet 1850. Elle a été clôturée le 15 septembre suivant.

Arrête :

Art. 1er. Une exposition des produits des beaux-arts et de l'industrie sera ouverte à Toulouse le 15 juin 1850, dans les galeries et salons du Capitole (1), et durera jusqu'au 15 août suivant.

Art. 2. MM. les artistes, amateurs, fabricants, manufacturiers et ouvriers de France sont invités à adresser leurs ouvrages avant le 10 mai, époque de rigueur.

Art. 3. Un registre sera ouvert au Capitole, à l'effet d'y inscrire les ouvrages et produits présentés à l'exposition. Il énoncera les noms et domicile de leurs auteurs, ou les établissements desquels ils proviendront.

Art. 4. Des commissaires seront désignés pour recevoir et faire placer convenablement les objets envoyés. Ils seront, en outre, chargés de seconder les intentions des artistes et fabricants qui manifesteraient le désir de vendre les objets par eux exposés, en adressant la note du prix qu'ils en exigent.

Art. 5. Le plus grand soin sera apporté à la conservation de ces objets. Si, malgré les précautions qui seront prises, ils éprouvaient quelque dégradation depuis l'époque de leur inscription au registre jusqu'au moment où ils seront retirés, les propriétaires seront en droit de demander une indemnité, pourvu toutefois qu'ils retirent lesdits objets avant le 1er septembre. Passé cette époque, l'administration ne sera plus responsable des dégradations.

Art. 6. Un jury, formé du bureau d'administration des sciences et des arts, et de membres pris dans la chambre de commerce, dans le conseil municipal et dans les diverses académies de la ville, sera nommé par nous,

(1) Des motifs d'administration ont fait substituer plus tard les galeries du Musée à celles du Capitole.

à l'effet d'examiner les objets exposés, de constater le résultat de cet examen par un rapport détaillé, et de désigner les ouvrages qui méritent à leurs auteurs des récompenses ou des encouragements, et ceux qui doivent être acquis pour le compte de la ville.

Les récompenses obtenues par les fabricants et artistes exposants, dans les expositions de Paris ou de province, seront mentionnées dans ce rapport.

Nul membre du jury ne pourra avoir part aux récompenses.

ART. 7. Des médailles d'or, d'argent et de bronze seront décernées aux auteurs des meilleurs ouvrages en tout genre présentés à l'exposition.

ART. 8. Il sera fait mention honorable de ceux des ouvrages qui, sans avoir atteint la perfection nécessaire pour mériter une médaille, seront néanmoins jugés dignes de distinction.

ART. 9. Les frais de transport des ouvrages d'art ou d'industrie, qui auront mérité une médaille ou une mention honorable, pourront être mis à la charge de la caisse municipale par décision du jury.

ART. 10. La distribution des récompenses aura lieu dans une séance solennelle, après la clôture de l'exposition.

ART. 11. Le présent arrêté sera publié, affiché et envoyé dans les divers départements, afin d'obtenir toute la publicité désirable.

Fait au Capitole, à Toulouse, le 11 décembre 1849.

Le Maire, F. SANS.

Vu et approuvé :

Toulouse, le 15 décembre 1849.

Le Préfet, DELMAS.

Circulaire du Maire concernant l'Exposition de 1850.

Toulouse, le 20 décembre 1849.

Monsieur,

J'ai l'honneur de vous adresser mon arrêté, en date du 11 décembre courant, portant qu'une exposition des produits des beaux-arts et de l'industrie aura lieu à Toulouse du 15 juin au 15 août 1850, et que des récompenses seront décernées aux ouvrages qui, au jugement du jury, auront mérité cette distinction.

Cette exposition pourra offrir aux artistes et manufacturiers un moyen de faire connaître et placer avantageusement leurs ouvrages, en donnant l'indication du prix qu'ils veulent en retirer. Une somme affectée par le conseil municipal à l'acquisition d'objets d'art, et le produit d'une loterie qui aura lieu comme par le passé, offriront aux exposants de nouveaux avantages.

Les produits de l'industrie la plus simple seront classés dans cette exposition et auront droit à des distinctions et des récompenses, si d'ailleurs ils sont exécutés avec perfection, et si surtout leur utilité est constatée.

Les objets devront être adressés avant le 10 mai au Maire de Toulouse et seront immédiatement enregistrés. Il sera nécessaire de remettre, en même temps, la description de ces objets et la note qui doit être inscrite dans le catalogue.

L'administration municipale aimerait à compter, dans notre exposition, quelqu'une de vos productions, et je désire vivement, monsieur, que les circonstances dont j'ai l'honneur de vous faire part puissent vous déterminer à y concourir.

Recevez, monsieur, l'assurance de ma considération distinguée.

Le Maire, F. SANS.

Arrêté du Maire portant la nomination des Membres du Jury.

Nous, Maire de Toulouse,

Vu notre arrêté du 11 décembre 1849, approuvé le 15 du même mois par M. le Préfet de la Haute-Garonne, et relatif à l'exposition des produits des beaux-arts et de l'industrie dont l'ouverture a lieu aujourd'hui ;

Arrêtons :

Art 1er. Sont nommés, conformément à l'article 6 de notre arrêté précité, membres du jury qui doit examiner, sous notre présidence, les objets admis à l'exposition de cette ville :

MM. BROUSTET, adjoint au maire.
De CAMPAIGNO, *id.*
CAZEAUX, *id.*
PETIT, *id.*
De MALARET, *id.*
D'AYGUEVIVES (Albert), rue d'Astorg.
ALBERT, conseiller municipal.
D'ALDÉGUIER (Auguste), conseiller municipal.
D'ALDÉGUIER (Flavien), officier supérieur de cavalerie.
ARZAC, conseiller municipal.
ASTRE (Florentin), avocat, rue des Fleurs.

MM. AUTHIER (Félix), banquier, rue Saint-Antoine-du-T.

BARBE, conseiller municipal.

De BASTOULH, conseiller à la cour d'appel.

BAYSSADE, négociant, rue Tolosanne.

BAZIN, ancien magistrat, rue Saint-Antoine-du-T.

BECQUIÉ, professeur à l'école de musique, rue Montardy.

BELLEGARRIGUE, négociant, place de la Pierre.

BERDOULAT (Baptiste), march. drapier, rue des Changes.

De BERNARD, propriétaire, rue Fermat, 3.

BERNARD, marchand de toiles, rue de la Pomme.

De BERTHIER, propriétaire, place Perchepinte.

BESSON, préfet de la Haute-Garonne.

BIDACHE, négociant, place de la Trinité.

BOISGIRAUD, doyen de la Faculté des Sciences.

BOISSELET, conseiller municipal.

BONAMY, pépiniériste, rue des Potiers.

BORIES, ancien maire de Toulouse, place d'Assézat.

BORIES (Paul), propriétaire, rue Saint-Etienne, 11.

BOSQUET, capitaine d'artillerie, rue de la Trinité, 10.

De BOUZINGIN, colonel du 40e de ligne.

BRAIVE, commandant la place.

BRASSINES, professeur à l'école d'artillerie.

De BRAY (Philippe), place Saintes-Carbes.

De BRUCQ, directeur du Conservatoire de musique.

BUISSON D'ARMANDIE, colonel du 11e d'artillerie.

CANY, docteur-médecin, rue de la Baruthe, 4.

CAPELLE, conseiller municipal.

CARAYON-TALPAYRAC, conseiller municipal.

De CARBONNEL, receveur-général.

De CARCADO, propriétaire, rue Sainte-Anne, 1.

CARCENAC, conseiller municipal.

CARDAILLAC, mécanicien, rue Cimetières-Saint-Aubin.

CASSAING fils, négociant, rue des Marchands.

CAYREL, conseiller municipal.

CAZE, conseiller municipal.

CIBIEL jeune, banquier, rue Sainte-Ursule.

CIBIEL (Charles), banquier, id.

CIBIEL (Isidore), banquier, id.

De COMBETTES-CAUMONT, conseiller à la cour d'appel.

MM. COURTAIS, capitaine d'artillerie.

COURTOIS (Frank), rue des Couteliers, 6.

COUZI père, marchand de bois, rue de la Laque.

CRISPON fils aîné, rue Boulbonne.

DAGUILHON-PUJOL, premier avocat-général.

DAGUILHON-PUJOL fils, rue Saint-Antoine-du-T.

DAGUIN, professeur de physique à la Faculté des Sciences.

DASSIER, professeur à l'Ecole de Médecine.

DARRIEUS (Pierre), corroyeur, rue Mirepoix.

DAUNASSANS, propriétaire, rue Vélane.

DAURIAC, membre du bureau des arts, allée Lafayette, 35.

DEBACKER, horloger, rue de la Pomme.

DEBAX, direct. de comp. d'assurances, rue Deville, 7.

DELAYE, docteur-médecin, allée Bonaparte.

DELBREIL, rédacteur du journal *le Midi*.

DELOR, architecte des hospices, rue des Filatiers.

DESBARREAUX-BERNARD, docteur-médecin.

DESERT, directeur de la Fonderie, lieutenant-colonel.

DESSALES (François), propriétaire, pont Guilleméry.

DESSOLLES, propriétaire, rue Nazareth, 22.

DIEULAFOY, docteur-médecin, rue d'Astorg, 1.

DOUJAT-D'EMPEAUX, conseiller municipal.

DOUZON, commandant d'artillerie en retraite, rue Deville.

DREUILHE, négociant, rue Nazareth, 13.

DUBOURG, conseiller municipal.

DUCHAN (Eudore), place Saint-Georges, 17.

DUFAUR, négociant, rue des Changes.

DUFOUR, prof. à la Faculté de Droit, rue du Coq-d'Inde.

DUFRESNE, procureur-général, hôtel Campaigno.

DUPAU (Casimir), banquier, rue Baronnie.

Du MÈGE, insp. des antiquités, rue des Trois-Renards.

DUPLAN, ancien officier du génie, rue des Treize-Vents.

DUREAU (Louis), maître ès-Jeux-Floraux, rue Perchepinte.

DUTOUR, maître ès-jeux-floraux, rue Saint-Rome.

D'ENDE, allée Lafayette.

ESPINASSE (Auguste), négociant, port du Canal.

ESTELLÉ, marchand de fer, place du Chairedon.

FAJON (Polynice), rue de l'Echarpe.

FÉRAL, conseiller municipal.

MM. FILHOL, prof. à l'Ecole de Médecine, Jardin-National.
FOSSÉ, procureur de la république, rue Pharaon.
FRAYSSINET, négociant, place Saint-Etienne.
GADRAT, ex-adjoint au maire, rue de la Pomme.
GARRETTA, négociant, place d'Assézat.
GARRIGOU (Adolphe), place de l'Ecole-d'Artillerie.
GLEYSES, colonel du génie en retraite, p. Saint-Georges.
GOUDET, archiviste de la Mairie.
GUENIN (Henri), propriétaire.
DE GUINTRAND, propriétaire, place Saint-Etienne, 4.
GUIRAUD, secrétaire-général des hospices, rue Bonaparte.
JEANDEL, facteur d'orgues, rue de la Pomme.
LABEAUME, conseiller à la cour d'appel.
DE LACROIX (Aymar), place Saint-Georges.
LACROIX fils, négociant, rue du Portail-de-Fer.
LAFFITEAU, avocat-général, rue Nazareth, 45.
LAFFON fils, architecte, rue d'Astorg, 7.
LAFFONT (Louis), ex-adjoint au maire, rue Réclusanne.
DE LANGLADE, propriétaire, rue Mage, 22.
LARIEU, directeur des contributions indirectes.
LARROQUE, professeur de physique au Lycée.
LARRIEU, propriétaire, rue Perchepinte.
DE LASPLANES, officier supérieur du génie.
LENTZ, colonel de gendarmerie.
LEYGUES (Armand).
LEYMERIE, professeur à la Faculté des Sciences.
LIGNIÈRES (Théodore), négociant.
LIGNIÈRES (Frédéric), ancien maire de Toulouse.
LIGNIÈRES (Auguste), négociant.
LOUBERS, conseiller municipal.
MAGNÉ, fabricant de cordes, à Saint-Cyprien.
MAGUÉS père, ingénieur en chef du Canal du Midi.
MAGUÉS fils, ingénieur des ponts-et-chaussées.
DE MALBOS (Eugène), propriétaire, rue du Canard, 7.
MALEFETTE (Isidore), rue du Vieux-Raisin, 35.
MANUEL, conseiller municipal.
MARCHAND, docteur-médecin.
MARIGNAC, marchand de bois, rue des Menuisiers.
MARMIER, dir. de l'usine Talabot, rue des Amidonniers.

MM. De MARSAC, propriétaire, place Saint-Etienne.
MARTIN, président à la cour d'appel.
MARTIN, conseiller municipal.
MARTIN (Frédéric), banquier, rue Sainte-Ursule.
MARTIN (Pierre), négociant, rue faubourg Saint-Etienne.
MATHER, conseiller municipal.
MAZZOLI (Auguste), propriétaire, rue du Taur, 46.
MILHÈS, ex-adjoint au maire, rue des Renforts.
MONTELS, conseiller municipal.
MONTET, ingénieur en chef des ponts-et-chaussées.
MONTFORT, capitaine du génie, rue Sesquière.
MOQUIN-TANDON, professeur à la Faculté des Sciences.
MUREL, pépiniériste, au Grand-Rond.
NOULET, professeur d'agriculture, rue du Lycée, 8.
NOUZEILLES, recteur, rue Malbec.
De NOZAN, directeur du télégraphe, à la Préfecture.
OLIN-CHATELET, fondeur, au Grand-Rond.
OLMADE, chef de division à la Mairie.
PARTIOT, conseiller municipal.
PERPESSAC, *id.*
PESSIETTO (Leclair), faubourg Saint-Etienne.
PETIT, directeur de l'Observatoire.
De PEYRE, avocat.
Du PIN (Jules), rue Nazareth, 45.
PLANÉS, chapelier, rue de la Pomme, 63.
PLANET, filateur, rue des Amidonniers.
POLYCARPE, colonel, directeur du parc d'artillerie.
POMARÈDE (Achille), place Dupuy.
POUGES, conseiller municipal.
PRÉVOST (André), rue Lafayette.
PRINCE, directeur de l'Ecole vétérinaire.
RAMEL (Alamir), propriétaire, rue des Arts.
RASPAUD jeune, conseiller municipal.
RAYNAUD, architecte, professeur à l'Ecole des Arts.
De RESSEGUIER (Fernand), maint. des Jeux-Floraux.
RIVALS (Eugène), port du Canal.
ROLLAND (Théodore), ancien maire de Toulouse.
ROLLAND fils, rue Sesquières.
De ROUME (Albert).

MM. ROUMEGUIÈRE (Casimir), aide-natur. au Jardin des Plantes.
RUDLER, colonel du 4e d'artillerie.
SABATIER, propriétaire, à la Cipière.
SACCARÈRE, négociant, rue de l'Echarpe.
SAINTE-COLOMBE, conseiller municipal.
SAINT-GUILHEM, ingénieur en chef des ponts-et-chaussées.
SAINT-RAYMOND, conseiller municipal.
De SAINT-SIMON, propriétaire, rue Tolosane, 6.
SAISSET, corroyeur.
SALLES, conseiller municipal.
SANS (Emile).
SARRERE, syndic des boulangers, à Saint-Cyprien.
SAUVAGE, doyen de la Faculté des Lettres.
SOLOMIAC, conseiller à la cour d'appel, r. des Paradoux, 1.
SUAU, peintre, place de la Daurade, 6.
TATAREAU, colonel, chef d'état-major.
TEILLIER, conseiller municipal.
THÉRON, propriétaire, rue du faubourg Saint-Etienne.
THÉRON fils, négociant, *id.*
THIBAUT, entrepreneur des malles-postes, allée Lafayette.
THIERY, fabricant de cordes de violon, à Saint-Cyprien.
TIMBAL (Frédéric), propriétaire, rue Peyras, 10.
TOURRATON, conseiller municipal.
VÈNE, ingénieur en chef des mines, place du Salin.
VIGUERIE, conseiller municipal.
VIGUERIE (Pascal), négociant, rue Vinaigre, 3.
VIGUERIE (Charles), docteur-médecin, *id.*
VIGUERIE (Ernest), propriétaire, *id.*
VILARY, propriétaire.
VITRY (Urbain), ingén., direct. de l'Académie des Sciences.

ART. 2. Le jury sera incessamment convoqué pour procéder à l'accomplissement du mandat qui lui est confié.

Fait au Capitole, à Toulouse, le 1er juillet 1850.

Le Maire, F. SANS.

EXPOSITION

DES

BEAUX-ARTS

ET

DE L'INDUSTRIE.

PROCÈS-VERBAUX

DES

SÉANCES DU JURY GÉNÉRAL.

SÉANCE DU 5 JUILLET 1850.

*Convocation de tous les membres du jury, au Capitole, dans la salle
des Illustres, sous la présidence de M. SANS, maire.*

M. le Maire ouvre la séance à 8 heures du soir ; il
appelle au bureau MM. Perpessac, Suau, Larrieu, Guiraud et Vitry, membres de la commission préparatoire
chargée de présider à la réception et au placement des
objets d'art et d'industrie dans les galeries du Musée.

Il adresse ensuite au jury une allocution dans laquelle,
après avoir fait connaître les dispositions qui ont été
prises pour approprier les locaux du Musée à leur destination temporaire, il insiste sur l'importance de la mission dont le jury est investi pour l'appréciation du

mérite des divers objets qui ont été exposés ; il termine son allocution en faisant un appel au zèle et au dévouement des membres qui ont été appelés à faire partie du jury.

M. le Maire demande ensuite qu'il soit procédé à l'organisation du jury. En conséquence, on nomme, par acclamation, M. Caze, conseiller à la cour d'appel, *vice-président*, et M. Urbain Vitry, ingénieur, *secrétaire-général*.

M. le Maire propose de procéder à la division du jury en deux sections, l'une des beaux-arts, l'autre de l'industrie ; il invite chaque membre à faire connaître son option à l'appel de son nom.

Un membre demande la parole pour proposer que ce classement soit fait par l'administration elle-même.

Un autre membre appuie, au contraire, la proposition de M. le Maire, parce qu'elle est conforme aux précédents, et que d'ailleurs il paraît plus convenable et plus rationnel que chaque membre soit consulté sur la section à laquelle il désire appartenir.

Ce dernier mode de procéder est adopté par assis et levé.

L'appel nominal est fait, et les absents ayant été classés, par M. le Maire, dans chaque section, il en résulte les deux listes suivantes :

SECTION DES BEAUX-ARTS.

MM. Cazaux, adjoint au maire ; de Malaret, *id. ;* d'Ayguevives (Albert) ; d'Aldéguier (Auguste), conseiller municipal ; Astre (Florentin), avocat ; Authier (Félix), banquier ; Barbe, conseiller municipal ; de Bastoulh, conseiller à la cour d'appel ; Bazin, ancien magistrat ;

Becquié , professeur à l'Ecole de Musique; Besson, préfet de la Haute-Garonne; Boisselet, conseiller municipal; Bonnal, architecte de la ville; de Bouzingin, colonel du 40e régiment de ligne ; Braive , commandant la place ; Buisson d'Armandie , colonel du 11e régiment d'artillerie; Cany, docteur en médecine; Capelle, conseiller municipal; Carayon-Talpayrac, *id.*; de Carbonnel, receveur-général ; Carcenac, conseiller municipal; Cassaing fils; Caze, conseiller municipal; Cibiel (Isidore); de Combettes-Caumont, conseiller à la cour d'appel; Daguilhon-Pujol fils ; Debax, directeur de compagnie d'assurances; Delbreil, rédacteur du journal *le Midi;* Delor, architecte des hospices; Desbarreaux-Bernard , docteur-médecin; Douzon, commandant d'artillerie en retraite; Dubourg, conseiller municipal ; Duchan (Eudore); Dufresne, procureur-général ; Du Mège, inspecteur des antiquités ; Dureau (Louis), maître ès-jeux-floraux; d'Ende; Fajon (Polynice); Féral, conseiller municipal; de Labaume, conseiller à la cour d'appel; de Lacroix (Aymar); Laffon fils, architecte ; de Langlade (Albert); Larieu , directeur des contributions indirectes; Larrieu, propriétaire; Leygues (Armand); Magués père, ingénieur en chef du Canal du Midi; Magués fils, ingénieur des ponts-et-chaussées; de Malbos (Eugène), propriétaire; Martin, président à la cour d'appel ; Martin, conseiller municipal; Nouzeilles, recteur; de Nozan, directeur du télégraphe ; Olmade, chef de division à la Mairie; Perpessac, conseiller municipal; Du Pin (Jules); Raynaud, architecte, professeur à l'Ecole des Arts; de Rességuier (Fernand); Rolland fils; de Roume (Albert); Rudler, colonel du 4e régiment d'artillerie; Sabatier, propriétaire; Sainte-Colombe, conseiller municipal; Saint-Raymond, *id.;* de Saint-Simon; Sans (Emile);

Sauvage, doyen de la Faculté des Lettres; Suau, peintre; Théron fils; Timbal (Frédéric); Tourraton, conseiller
municipal; Viguerie (Pascal), négociant; Viguerie (Charles), docteur-médecin; de Varroquié; Vitry (Urbain),
ingénieur. (75 *membres.*)

SECTION DE L'INDUSTRIE.

MM. Broustet, adjoint au maire; de Campaigno, *id.;*
Petit, *id.;* Albert, conseiller municipal; d'Aldéguier
(Flavien), officier supérieur de cavalerie; Arzac, conseiller municipal; Bayssade, négociant; Bellegarrigue, *id.;*
Berdoulat (Baptiste), marchand drapier; de Bernard;
Bernard, marchand de toiles; de Berthier; Bidache,
négociant; Boisgiraud, doyen de la Faculté des Sciences; Bonamy; Bories, ancien maire de Toulouse; Bories
(Paul); Bosquet, capitaine d'artillerie; Brassines, professeur à l'Ecole d'Artillerie; de Bray, (Philippe); de Brucq,
directeur du Conservatoire de Musique; de Campaigno
aîné; de Carcado; Cardailhac, mécanicien; Cayrel, conseiller municipal; Cibiel jeune; Cibiel (Charles); Courtais, capitaine d'artillerie; Courtois (Frank); Couzi père,
marchand de bois; Crispon fils aîné; Daguilhon-Pujol,
premier avocat-général; Daguin, professeur de physique
à la Faculté des Sciences; Darrieus (Pierre), corroyeur;
Dassier, professeur à l'Ecole de Médecine; Daunassans,
propriétaire; Dauriac, membre du bureau des arts;
Debacker, horloger; Desert, directeur de la Fonderie;
Dessalles (François); Dessolles; Dieulafoy, docteur-médecin; Doujat-d'Empeaux, conseiller municipal; Druilhe,
négociant; Ducos (Léon); Dufaur, négociant; Dufour,
professeur à la Faculté de Droit; Dupau (Casimir), banquier; Duplan; Dutour, maître ès-jeux-floraux; Espi-

nasse (Auguste); Estellé, marchand de fer; Filhol, professeur à l'Ecole de Médecine; Fossé, procureur de la
République; Frayssinet, négociant; Gadrat, ex-adjoint
au maire; Garretta; Garrigou (Adolphe); Gleyses, colonel
du génie; Goudet, archiviste; Guenin (Henri); Guiraud, secrétaire-général des hospices; Jeandel, facteur
d'orgues; Lacroix fils, négociant; Laffiteau, avocat-général; Larroque, professeur de physique au Lycée; Laffont (Louis), ex-adjoint au maire; de Lasplanes, officier
supérieur du génie; Lentz, colonel de gendarmerie;
Leymerie, professeur à la Faculté des Sciences; Lignè-
res (Auguste), négociant; Lignières (Théodore); Lignières
(Frédéric), ancien maire de Toulouse; Loubers, conseiller municipal; Magné, fabricant de cordes; Malefette
(Isidore); Manuel, conseiller municipal; Marchand, docteur-médecin; Marignac; Marmier; de Marsac; Martin
(Frédéric), banquier; Martin (Pierre), négociant; Mather, conseiller mnnicipal; Mazzoli (Auguste); Milhès,
ex-adjoint au maire; Montels, conseiller municipal;
Montet, ingénieur en chef des ponts-et-chaussées; Montfort, capitaine du génie; Moquin-Tandon, professeur à
la Faculté des Sciences; Murel, pépiniériste; Noulet,
professeur d'agriculture; Olin-Chatelet, fondeur; Partiot,
conseiller municipal; Pessietto (Leclair); Petit, directeur
de l'Observatoire; de Peyre, avocat; Planés, chapelier;
Planet, filateur; Polycarpe, colonel directeur du parc
d'artillerie; Pomarède (Achille), Pouges, conseiller municipal; Prévost (André); Prince, directeur de l'Ecole
Vétérinaire; Ramel (Alamir); Raspaud jeune, conseiller
municipal; Rivals (Eugène); Rolland (Théodore), ancien
maire; Roumeguère (Casimir), aide-naturaliste; Saccar-
rère, négociant; Saint-Guilhem, ingénieur en chef des
ponts-et-chaussées; Saisset, corroyeur; Salles, conseiller

municipal; Sarrère, syndic des boulangers; Solomiac;
Tatareau, colonel, chef d'état-major; Teillier, conseiller
municipal; Théron; Thibaut, entrepreneur des malles-
postes; Thiery, fabricant de cordes d'instruments; Vène,
ingénieur en chef des mines; Viguerie, conseiller municipal; Viguerie (Ernest); Vilary. (*124 membres.*)

Un membre demande si l'examen des instruments de
musique sera fait par la section des beaux-arts ou par
celle de l'industrie.

Un second membre répond que cet examen doit être
fait par la section des beaux-arts.

Un troisième membre fait observer que, lors de l'exposition de 1845, les instruments de musique furent
examinés par une commission mixte, prise, moitié dans
la section des beaux-arts, moitié dans la section de l'industrie; mais que le résultat de cet examen fut inséré
dans les rapports de cette dernière section (*Exposition de
1845*, tit. IV, chap. IV, page 170).

L'assemblée décide que ce précédent sera suivi· et que
dans chaque section M. le Maire désignera six membres
qui devront faire partie de la commission mixte. En conséquence, cette commission est composée ainsi qu'il suit :

Pour la section des beaux-arts.

MM. de Brucq, Larieu, directeur des contributions indirectes, Becquié, d'Aiguevives, Saint-Simon, de Lacroix.

Pour la section d'industrie.

MM. Guiraud, Petit, Jeandel, Montels, Mazzoli,
Thiery.

L'heure étant trop avancée pour procéder à la nomination des vice-présidents et des secrétaires particuliers
de chaque section, une nouvelle réunion sera convoquée
à cet effet pour lundi 8 juillet, 8 heures du soir.

La séance est levée.

⸻

SÉANCE DU 8 JUILLET 1850,

DANS LA SALLE DES ILLUSTRES.

Le procès-verbal de la séance du 5 juillet est lu et
adopté.

M. le Maire, président, propose de procéder à la composition de la commission de la loterie, et consulte l'assemblée sur le mode de procéder à cette nomination.
Après quelques observations de divers membres, il est
décidé que M. le Maire désignera, séance tenante, les
membres de cette commission qui demeure composée
de MM. Sans, maire, *président;* de Campaigno, Cazaux,
Petit, de Malaret, Guiraud, Ramel, Bazin, Mather, de
Marsac fils, Astre, Saint-Raymond, d'Aldéguier (Auguste),
U. Vitry, Sans (Emile).

Un membre fait observer qu'un artiste qui figure au
nombre des exposants est compris cependant dans la liste
de la section des beaux-arts, qu'il y aurait peut-être
convenance à ce que cet artiste fût invité à opter entre
l'une ou l'autre position.

M. Bonnal demande la parole et dit que c'est de lui
dont il s'agit, qu'il est prêt à renoncer au concours
pour les récompenses à décerner, mais qu'il croit pouvoir, tout en restant membre du jury, laisser figurer ses
œuvres dans les galeries du Musée.

Un membre répond que l'exhibition seule des œuvres constitue le titre d'exposant, titre qui paraît incompatible avec celui de membre du jury, attendu que les autres artistes pourraient avoir à se plaindre d'être jugés par un concurrent. Il cite, à cet égard, les précédents, notamment celui de M. Mather, qui, en 1845, donna sa démission, motivée sur ce que les produits de son usine figuraient à l'exposition.

M. Bonnal persiste dans ses conclusions et demande que la question soit mise aux voix.

Divers membres prennent la parole sur la compétence du jury en cette matière.

Enfin, M. le Maire met fin à l'incident, en déclarant qu'il considère la question comme purement administrative, et qu'en conséquence il avisera. (En effet, l'ordre a été donné plus tard de ne plus convoquer M. Bonnal.)

M. le Maire invite ensuite les membres des deux sections à se réunir en particulier pour procéder à la nomination de leurs vice-présidents et secrétaires.

En conséquence, la section de l'industrie, restée dans la salle des Illustres, nomme au scrutin M. Bosquet, vice-président, et M. Guiraud, secrétaire.

La section des beaux-arts, réunie dans la salle de Clémence-Isaure, nomme de la même manière M. Caze, vice-président, et M. Desbarreaux-Bernard, secrétaire.

Dès ce moment, les deux sections auront à procéder séparément à l'examen des divers produits. Elles devront formuler les propositions de récompenses qui devront être définitivement votées en assemblée générale.

La séance est levée.

SÉANCE DU 31 OCTOBRE 1850,

DANS LA SALLE DE CLÉMENCE-ISAURE.

Le procès-verbal de la séance générale du 8 juillet est lu et adopté.

M. le Maire annonce que le but de la réunion a pour objet d'entendre les rapports des sections des beaux-arts et de l'industrie et de délibérer sur les récompenses à accorder aux exposants.

M. le secrétaire-général propose de poser préalablement les bases d'après lesquelles on décernera des récompenses à ceux qui en ont déjà obtenu dans les expositions de Paris. « Il importe, dit-il, que ces bases soient bien déterminées d'avance, afin qu'il y ait unité dans le résultat des travaux des deux sections. Quoique le jury soit souverain et qu'il ne soit pas lié par les précédentts, il paraitrait cependant convenable de se conformer à ce qui a été fait dans les autres expositions de Toulouse, notamment dans celle de 1835.

» A cette époque, la question suivante fut soumise à la délibération du jury :

» *Les artistes ou les industriels qui ont obtenu une récompense à l'exposition de Paris, doivent-ils concourir à Toulouse avec le même genre de produits pour une récompense du même ordre?*

» Le jury se prononça pour la négative et décida, en outre, qu'il serait décerné à ces artistes ou industriels un simple rappel de la récompense obtenue dans la capitale, sans que ce rappel leur donnât nécessairement la priorité sur la récompense du même ordre accordée à Toulouse. »

M. le secrétaire-général propose de prendre une semblable décision.

Diverses personnes prennent la parole, et une vive discussion s'établit sur la position de la question. Enfin, on passe aux voix sur l'adoption ou le rejet de la délibération de 1835; l'adoption est votée. Toutefois, comme les termes de cette délibération paraissent trop impératifs, il est décidé, sur la proposition d'un membre, que les rappels des récompenses obtenues dans la capitale *pourront être* décernés aux exposants seuls dont les œuvres seront encore jugées dignes d'une semblable distinction.

Enfin, un membre témoigne le regret que la discussion sur cet objet n'ait pas eu lieu dès la première réunion du jury et qu'une sorte de règlement n'ait pas été adopté dès le principe; alors, les propositions des sous-commissions auraient été en rapport avec la décision qui vient d'être prise, tandis qu'aujourd'hui il en résultera la nécessité de modifier quelques-unes de ces propositions. Ces observations sont mentionnées au procès-verbal, afin qu'il en soit tenu compte dans les dispositions préliminaires relatives aux expositions futures.

M. le Maire, président, accorde la parole à M. Desbarreaux-Bernard, secrétaire de la section des beaux-arts, pour donner connaissance des récompenses proposées par les sous-commissions et déjà soumises à la révision de la section.

Après diverses discussions, dans lesquelles il a été donné lecture des rapports particuliers, toutes les fois que cette lecture a été demandée, l'assemblée vote les récompenses accordées à la peinture.

Elle renouvelle, à l'unanimité, le vœu déjà émis, lors de l'exposition de 1845, que la croix de la Légion-d'Hon-

neur soit accordée à M. Théodore Richard, peintre à Toulouse (1).

Conformément à l'avis de la section, le jury exprime
le regret de se voir dans l'obligation de réserver la médaille d'or que méritaient les remarquables tableaux de
M. Cambon, de Montauban, peintre à Paris; mais ces
tableaux n'ont pas été envoyés en temps utile et n'ont été
placés dans les galeries que vers le 15 août, longtemps
après l'expiration du terme fixé pour l'admission. Cette
circonstance a dû faire mettre hors de concours les œuvres de M. Cambon ainsi que celles de tous les exposants retardataires.

M. Desbarreaux-Bernard, étant obligé de s'absenter, le
rapport de la section des beaux-arts est suspendu, et
l'on entend celui relatif à la peinture sur verre. Ces produits ont été examinés par une commission mixte, composée de divers membres de la section des beaux-arts et
de celle de l'industrie. Les conclusions de cette commission sont adoptées, et l'assemblée délibère que le rapport
fera partie du compte-rendu de la section de l'industrie.

La séance est levée.

SÉANCE DU 2 NOVEMBRE 1850,

DANS LA SALLE DE CLÉMENCE-ISAURE.

Le procès-verbal de la séance du 31 octobre est lu et
adopté, avec l'addition relative à la mise hors de concours des ouvrages envoyés tardivement à l'exposition.

(1) Voir les motifs dans le compte-rendu de l'exposition de 1845,
page 17, et l'article sur M. Richard au rapport de la section des beaux-
arts ci-après imprimé.

La parole est accordée à M. le secrétaire de la section des beaux-arts pour la continuation de son rapport.

Le jury arrête, après discussion, la liste des récompenses de l'architecture. La section avait proposé une médaille d'argent avec éloges pour M. Esquié et une médaille d'argent pour M. Delort; mais, sur la proposition d'un membre, l'assemblée décerne à chacun de ces deux artistes une médaille d'or.

Les récompenses relatives à une partie de la sculpture sont ensuite adoptées; mais les décisions sur cette branche des beaux-arts ne seront complétées qu'après que l'assemblée aura pris connaissance des propositions secondaires faites par la sous-commission dont le rapport n'a pas été remis à M. le secrétaire. Toutefois, le jury renouvelle d'ores et déjà, et à l'unanimité, le vœu déjà émis, lors de l'exposition de 1845, que la croix de la Légion-d'Honneur soit accordée à M. Griffoul-Dorval, statuaire (1).

Cette communication est renvoyée à la prochaine séance.

M. le rapporteur de la section de l'industrie obtient la parole, et l'assemblée vote, après une longue discussion, les récompenses relatives aux instruments de musique, dont l'examen a été fait par la commission mixte, nommée dans la séance du 5 juillet. Cette commission avait proposé une médaille d'or pour M. Cropet, facteur de pianos à Toulouse. La majorité se prononce pour le rappel de la médaille d'argent avec éloges, décernée à ce facteur à la suite de l'exposition de 1845.

La séance est levée.

----

(1) Voir les motifs dans le compte-rendu de l'exposition de 1845, page 17; et l'article relatif à M. Griffoul-Dorval dans le rapport de la section des beaux-arts ci-après imprimé.

SÉANCE DU 3 NOVEMBRE 1850,

DANS LA SALLE DE CLÉMENCE-ISAURE.

Le procès-verbal de la séance du 2 novembre est lu et adopté.

Le jury vote les récompenses de la partie de la sculpture, qui avait été réservée dans la dernière séance. Diverses médailles sont accordées dans la section des beauxarts à des artistes dont le nom ne figurait pas cependant dans le livret, parce que leurs travaux faisaient partie de quelques produits d'industrie présentés sous le nom des chefs-d'ateliers : tels sont les ouvrages de sculpture de meubles, les dessins sur pierre lithographique, etc. Ces artistes modestes, ayant fait preuve de talent, les commissions, toutes les fois qu'elles ont pu les découvrir, se sont empressées de leur accorder des récompenses méritées.

Sur les propositions de M. le Maire et de divers membres, le jury exprime à ce sujet le regret unanime, que l'absence de décision préalable et de renseignements précis n'ait pas permis de faire participer les ouvriers de tout genre aux récompenses accordées à l'occasion de l'exposition; il croit devoir insister sur la nécessité d'aviser aux moyens de suivre, à l'avenir, la voie ouverte en 1845 par M. Cabanis, alors maire de Toulouse. Ce précédent, qui n'était qu'un essai susceptible d'être développé et amélioré, doit être l'objet de toute l'attention de l'administration lors des futures expositions.

M. Guiraud obtient la parole pour la continuation des rapports de la section de l'industrie; il donne connaissance des travaux des sous-commissions toutes les fois que cette lecture est demandée, et le jury vote les récompenses accordées dans cette section. MM. de Guintrand et Bonnet, qui s'étaient récusés comme membres du jury, ont été admis à participer à ces récompenses.

Les anonymes, par le seul fait qu'ils ont persisté à taire leur nom, ont été déclarés exclus des mêmes récompenses.

Avant de clore définitivement les travaux du jury d'examen, M. le Maire annonce qu'il usera de toute son influence auprès des autorités supérieures, pour obtenir la réalisation du vœu émis au sujet de la croix d'honneur à accorder à MM. Richard et Griffoul-Dorval.

Il adresse ensuite des remercîments, au nom de la ville, à MM. les vice-présidents et secrétaires et à tous les membres du jury, pour les soins et le zèle avec lesqnels ils ont bien voulu remplir les fonctions qui leur avaient été confiées.

La séance est levée.

Le Secrétaire-Général de l'Exposition,

Urbain VITRY.

RAPPORT

DU

JURY DE L'EXPOSITION DE 1850.

SECTION DES BEAUX-ARTS.

Il y a tout-à-l'heure cent ans, le 25 août 1751, une foule impatiente se pressait aux abords du vieil Hôtel-de-Ville de Toulouse, sur lequel les capitouls commençaient à porter la main, pour élever, d'après les plans de Campmas, la façade qui fut depuis tant de fois restaurée et que l'on restaure encore en ce moment. De tous les points de la province, il était venu des curieux qui semblaient s'être donné rendez-vous sur l'étroite place, qui était alors bornée au sud par le collége Saint-Martial, au nord par la Porterie et la rue Dagulières, et à l'ouest par la rue Serminières et l'église Saint-Quentin.

Cet empressement inusité ne surprendra personne, quand on saura qu'il s'agissait, ce jour-là, d'inaugurer à Toulouse les expositions de peinture, dont la tradition, interrompue depuis 1791 jusqu'en 1827, s'est si heureusement perpétuée jusqu'à nous. Si cette première exposition était loin d'avoir atteint le degré d'importance et d'intérêt que présentent les expositions actuelles, elle avait du moins l'attrait tout-puissant de la nouveauté, et les curieux s'y portaient en foule.

On s'est fort spirituellement égayé à l'endroit de l'exposition de 1850, dont l'insuffisance nous a réduits à laisser entrevoir, auprès des tableaux nouveaux-nés, quelques-unes des toiles vénérables qui décorent notre Musée. Nos aïeux étaient plus faciles à contenter, et ils apportaient naïvement le tribut de leur admiration à une modeste exhibition d'œuvres contemporaines que l'on rehaussait, tant bien que mal, grâce au concours de l'aristocratie toulousaine, qui consentait, en faveur de ces solennités, à démeubler, pour quelques jours, les salons de ses hôtels et de ses châteaux. C'est qu'alors il n'y avait pas plus de musées dans les provinces que dans la capitale, et que le peuple était trop heureux d'être admis, pendant une semaine, chaque année, à goûter les jouissances artistiques qui étaient à cette époque l'apanage exclusif des heureux de la terre.

Toulouse possédait alors une académie royale de peinture, et c'est aux membres de cette compagnie qu'est due l'initiative de ces expositions annuelles. Ils cherchaient à développer le goût des arts dans la partie éclairée de la population et à éveiller entre les artistes une noble émulation, en mettant sous les yeux du public, avec les ouvrages de fraîche date, quelques chefs-d'œuvre de toutes les écoles, et notamment les travaux les plus remarquables des peintres auxquels Toulouse avait donné naissance, les Troy, les Freydeau, les Tournier, les Rivals et tant d'autres.

En parcourant la collection imprimée des livrets de ces expositions on ressent, lorsqu'on est toulousain, une douce satisfaction à retrouver le nom de ces hommes qui, dès le seizième siècle, avaient doté leur ville natale d'une nouvelle source d'illustration qui lui avait manqué jusqu'alors ; il serait superflu de rappeler en détail leurs titres à notre estime, car leurs œuvres, appréciées des connaisseurs, occupent dans les musées de l'Europe un rang qui nous dispense d'exalter ici leur mérite.

Le goût de ces expositions était si bien entré dans les habitudes de nos pères qu'à peine délivrés de la Terreur, et, dès l'an III, ils eurent l'heureuse inspiration de peupler la solitude de l'église des Augustins avec les œuvres d'art sauvées dans le pillage des couvents et des monastères. C'est, grâce à cette ingénieuse précaution, que les autorités confisquèrent, au profit de la nation, un héritage que la nation seule avait le droit de revendiquer et qui menaçait d'aller se disperser entre les mains avides des brocanteurs. Nous retrouvons dans les galeries de notre Musée une partie des trésors sauvés alors du grand naufrage ; ces précieuses reliques seraient bien plus nombreuses, sans la complaisance coupable de certains administrateurs qui, depuis cette époque et pour attirer sur eux les faveurs du pouvoir, ne rougirent pas d'appauvrir notre collection naissante au profit des musées de Paris.

Puisque nous venons de parler des musées de Paris, ce serait peut-être le cas de formuler une véhémente philippique contre les abus de la centralisation ; Dieu nous garde de tomber dans ce lieu commun ! Si nos expositions ne sont pas plus riches en ouvrages importants, celles de Paris, toute proportion gardée, ne sont guère mieux partagées sous ce rapport. Le temps n'est plus où les prodigalités royales appelaient à grands frais les peintres et les statuaires les plus célèbres pour faire revivre, au profit d'une gloire humaine, toutes les magnificences de l'Olympe antique. Le temps n'est plus où de riches traitants mettaient en réquisition les créations les plus magiques de la palette ou du ciseau pour embellir leurs résidences. Le temps n'est plus des féeries toutes princières de Vaux et de l'hôtel Lambert. Dans cet âge d'or des artistes, les portraits de famille même prenaient je ne sais quelle tournure magistrale : les chevelures flottantes, les étoffes somptueuses et étincelantes de broderies, la profusion des dentelles, l'ampleur du costume, l'éclat des armures, la splendeur des accessoires enfin, tout semblait prêter au peintre des ressources inépuisables, que mirent si heureusement en œuvre Titien, Van-Dick, Velasquez et Rigaud. Dans notre siècle bourgeois, le papier peint remplace les grandes toiles, et quand, par hasard, on se donne encore le luxe des tableaux, c'est tout au plus si on se permet d'acheter quelque modeste cadre, dont le prix a été longtemps disputé, ou si une fois en sa vie on se fait peindre en habit noir ou en uniforme de garde national.

Dans le cours de ces dernières années pourtant, la France avait eu un arrière-goût des munificences royales dont nous parlions tout-à-l'heure, et elle avait pu, un instant, penser qu'elle allait voir renaître les beaux jours du siècle de Louis XIV. Le roi Louis-Philippe (on peut dire ces choses-là sur une tombe), le roi Louis-Philippe, qui aimait les arts et savait encourager les artistes, avait appelé à lui les peintres et les sculpteurs qui ont illustré son règne, et les avait chargés de retracer, sur la toile et dans le marbre, cette longue et brillante épopée qu'il dédiait à toutes les gloires de la France.

Mais une révolution est venue replonger Versailles dans sa morne solitude ; les grands travaux ont été suspendus, et les expositions parisiennes s'en ressentent cruellement. A part les rares commandes du gouverne-

ment, les grands tableaux s'y montreraient bien clair-
semés, n'était çà et là le début de quelque inconnu, qui
s'appellera Couture ou Muller, et qui, après avoir gagné
ses éperons et sa croix avec *les Romains de la décadence*
ou *lady Macbeth,* reviendra fatalement aux travaux
lucratifs qui peuvent seuls assurer son avenir : le tableau
de genre et le portrait.

Cela est si vrai, et la tendance que nous signalons est
si bien prononcée, qu'en parcourant les salons les plus
opulents de la capitale, on n'y rencontre que de petites
toiles, grandes comme la main, signées Diaz, Decamps,
Meissonnier ; ou des statuettes microscopiques échappées
au ciseau élégant de Pradier, de Barre, ou du regretta-
ble Antonin Moine. Delacroix lui-même, cet audacieux
constructeur de grandes machines, semble se faire vio-
lence pour réduire sa fougue aux proportions d'un petit
cadre dont le placement est assuré d'avance.

Il n'est pas jusqu'à Horace Vernet qui, lorsque la peinture officielle lui fait défaut, ce qui est rare, ne produise
de délicieux petits chefs-d'œuvre, sur lesquels il ne fonde
certainement pas sa réputation, mais qui auront l'immense avantage de populariser un talent que les têtes
couronnées semblaient avoir voulu confisquer à leur
profit. Qui ne connaît, entre tous, *Rebecca à la fontaine*
et ces deux tableaux de *Mazeppa* que le Musée de Paris
envie à celui d'Avignon?

De nos jours, l'on n'achète guère de tableaux, c'est
tout au plus si l'on se permet des dessins; on ne possède plus de galeries, en revanche on a des albums.

Ce n'est pas, du reste, d'aujourd'hui que les petites
toiles sont en faveur. Ce goût remonte aux beaux temps
des écoles flamande et hollandaise qui ont produit tant
de perles précieuses et si peu de grands tableaux. Ces

écoles, avec les Téniers, les Rembrandt, les Ostade, les Gérard Dow, convenaient parfaitement à des nations bourgeoises, économes et presque exclusivement marchandes, dont le modeste budget, réduit aux nécessités de la guerre, ne pouvait pas prodiguer les millions pour élever des Louvres et des Versailles et les remplir de tableaux et de statues à la taille du monument.

Rubens et Van-Dick étaient bien flamands par la naissance, mais ils n'appartiennent à l'école flamande ni par le caractère de leurs compositions ni par la tendance de leur génie; chacun sait d'ailleurs que, lorsque leur patrie n'était pas assez riche pour s'approprier leurs œuvres, toutes les cours de l'Europe se disputaient l'honneur de les payer au poids de l'or.

Pour rentrer dans notre sujet, nous dirons que c'est par les tableaux de chevalet que l'exposition de Toulouse se montre surtout remarquable. Notre compte-rendu en signalera quelques-uns qui auraient pu se faire distinguer même dans une exposition parisienne. La même observation s'applique également aux aquarelles, aux pastels et aux divers autres genres de dessins qui présentent des œuvres véritablement remarquables.

Si nous résumions notre pensée sur l'ensemble de l'exposition, nous dirions que, malgré le petit nombre des ouvrages hors ligne, il y a une amélioration réelle dans le faire de la plupart de nos jeunes artistes. Leurs progrès sont incontestables depuis l'exposition de 1845, et si tous ne se rapprochent pas de la perfection, presque tous du moins nous semblent avoir dépassé les désolantes limites du médiocre. Qu'ils fassent d'incessants efforts pour se débarrasser des dangereuses réminiscences presque inévitables chez les jeunes gens qui cherchent une *manière* sous l'impression de leurs souvenirs d'école; qu'ils s'inspirent à toutes les sources; qu'ils se fassent adorateurs de la ligne, avec Raphaël ou Ingres; qu'ils deviennent coloristes, si leurs sympathies les poussent dans la route frayée par Véronèse, Rubens ou Delacroix; mais qu'avant tout ils soient eux-mêmes, et que l'admiration passionnée des chefs-d'œuvre ne détruise pas en eux la qualité première de tout talent réel. L'originalité, l'originalité véritable, et non cette prétendue originalité qui tombe presque toujours dans la bizarrerie et la recherche.

Persuadés qu'ils sauront éviter ces écueils en s'abandonnant à la libre initiative de leur talent, nous leur donnons rendez-vous pour 1855, et nous espérons qu'ils se présenteront devant le prochain jury avec des créations dignes d'éloges et de récompenses.

Les expositions de Paris, en devenant annuelles, nous enlèvent la majeure partie des envois qui nous arrivaient de tous les points de la France; c'est aux artistes toulousains à combler cette lacune par des travaux qui ne nous laissent rien à regretter. Il y a encore bien des places vides dans le Musée de Toulouse; que nos peintres produisent des œuvres dignes de les remplir, et nous attendrons avec plus de patience les marques de souvenir qui ne nous arrivent que trop rarement, hélas! de la Direction des Beaux-Arts.

Le Secrétaire de la section des Beaux-Arts,

DESBARREAUX-BERNARD.

PEINTURE.

TABLEAUX D'HISTOIRE.

Éloges.

M. GLAIZE (Auguste), à Paris.

La Mort du Précurseur. — Le tableau de M. Glaize est sans contredit la meilleure toile de l'exposition. La composition en est large, l'effet saisissant, la touche vigoureuse. Hérodiade et Salomé assistent réellement à la décapitation de saint Jean-Baptiste. Les têtes des deux femmes sont vraiment belles et reflètent avec une grande vérité d'expression le sentiment qui les anime. On comprend aisément qu'Hérodiade, l'œil largement ouvert, les lèvres contractées par une satisfaction dédaigneuse, est vengée des paroles sévères que saint Jean avait adressées à Hérode : *Non licet tibi habere eam.* La jeune Salomé, moins habituée que sa mère au despotisme des passions, manifeste, par son immobilité et la fixité de son regard, l'émotion profonde que cette scène de meurtre a produite sur elle. Le bourreau, presque nu, vu par derrière, et tenant à bras tendu la tête du saint qu'il vient de séparer du tronc, occupe désagréablement l'œil du spectateur ; il coupe le tableau en deux : son torse herculéen, ses extrémités inférieures, peut-être un peu grêles, d'un dessin et d'un modelé parfaits, rappellent trop la figure d'étude. L'éclat de la carnation, les cheveux rouges du personnage, indiquent trop l'intention du peintre qui a voulu repousser fortement le groupe des assistants placé à gauche et sur le dernier plan. La tête du saint est belle ; mais son corps, quoique placé à terre dans une position aussi vraie que convenable, est d'une lividité par trop cadavérique ; il sent mauvais.

En présence des grandes beautés que l'on trouve dans le tableau de M. Glaize, la critique peut avoir ses coudées franches. Nous ne reprocherons pas à l'auteur de *la Mort du précurseur* de s'être écarté du texte de l'Evangile ; mais nous lui ferons remarquer qu'en *traduisant* saint Matthieu il a singulièrement dépoétisé l'action qu'il voulait reproduire sur la toile. Qu'on en juge : « *Et sa tête fut apportée dans un bassin et donnée à la jeune fille, qui la porta à sa mère.* » Ah ! M. Glaize, quel beau tableau vous pouviez faire avec votre Hérodiade, votre Salomé et votre bourreau ! Celui-ci présentant à la jeune fille le bassin où se dresse la tête du saint, et Salomé, telle que vous l'avez représentée, s'avançant pour saisir l'holocauste et la placer sous les yeux de votre admirable Hérodiade. Ainsi disparaissaient tous ces personnages qui, n'intéressant personne, absorbent inutilement l'attention et ne servent qu'à prouver ce que nous savions déjà, que vous êtes un grand coloriste et que vous possédez la magie de la lumière et des ombres.

Médaille d'Or.

M. LANDELLE (CHARLES), à Paris.

La Liberté. — Cette charmante allégorie servirait, au besoin, d'argument sans réplique contre ceux qui prétendent que l'importance d'un tableau doit se mesurer au mètre ou à la toise, car M. Landelle, dans les limites d'un cadre fort restreint, a su créer une œuvre d'un style remarquable par l'élévation de la pensée et la simplicité de l'exécution.

La noblesse et le calme imposant de la figure, le port gracieux de cette jeune femme, le bras appuyé sur une lourde épée, gardienne de l'olivier que soutient la main gauche; des fers foulés aux pieds, un siége taillé dans le granit, une simple robe blanche perdue en partie dans les plis d'un ample manteau dépourvu d'ornements, la souplesse des étoffes, l'harmonie totale enfin, tout concourt à faire, de cette jolie toile, une chose qui captive le regard et sur laquelle l'esprit se repose agréablement. L'allégorie, en effet, vous charme, non-seulement par l'exécution, mais surtout par l'*idée*. La Liberté de M. Laudelle n'est plus *la femme forte aux puissantes mamelles, aux durs appas;* elle s'est humanisée, elle s'est anoblie, si j'ose le dire, sous la main de l'artiste, et ce n'est pas, à coup sûr, *dans la populace*, que cette liberté-là *ira prendre ses amants*.

Rappel de Médaille d'Or.

M. PRÉVOST (CONSTANTIN), Directeur du Musée de Toulouse.

Peste de Milan. — Vaste composition manquant à la fois d'unité et d'originalité.

L'effet général en est heureux comme ligne et comme couleur. Peut-être y a-t-il trop d'éclat et de diffusion dans la lumière.

Lorsqu'on arrive aux détails, on trouve que le caractère distinctif de la physionomie de saint Charles-Borromée n'a pas été pris du bon côté et qu'elle manque totalement de distinction. La figure du pestiféré du premier plan est une fort bonne étude, mais elle est gâtée par le cadavre du jeune homme jeté sur le devant du tableau, et dont la maigreur exagérée repousse désagréablement l'attention du spectateur.

On peut reprocher au capucin qui assiste le mourant de manquer d'onction; son genou n'est pas placé de manière à supporter efficacement le haut du corps du moribond.

Les personnages du deuxième plan forment peut-être la partie la plus irréprochable de ce grand travail. La vieille femme en capulet blanc est une figure fort remarquable sous tous les rapports et formerait, à elle seule, un délicieux tableau. Une jeune mère, placée à la gauche de la scène, présente à la bénédiction du saint évêque son nouveau-né, dans le but sans doute d'éloigner de lui le fléau destructeur, qui l'a déjà privée d'un premier enfant. C'est une pensée religieuse d'une poésie touchante; mais le peintre l'a-t-il bien exprimée?

Pourquoi, dans un moment d'angoisse générale, cette femme est-elle parée comme en un jour de fête? Que dire de la manière dont sa jupe verte est refoulée par le corps de la jeune fille; elle dessine les jambes de la façon la plus disgracieuse.

Ce tableau, œuvre d'un peintre de talent, aurait beaucoup gagné, si la disposition en eût été mieux réfléchie.

Médailles d'Argent.

M. GARIPUY (JULES), à Toulouse.

Le Christ mort. — *Le Christ mort* de M. Garipuy, comme celui de Rubens et de Prud'hon, appartient à l'école sensualiste; la critique peut bien constater ce fait, mais n'a rien à voir à cela; ce n'est pas une question d'orthodoxie qu'elle est appelée à juger, c'est une question d'art, et, pour être vraiment impartiale, elle doit se placer au point de vue de l'artiste. Ceci bien établi, analysons l'œuvre.

Le Christ, de grandeur naturelle, est sur la croix; il est placé à la droite du tableau, la tête inclinée du même côté. Les genoux, fortement fléchis en avant, dénotent l'affaissement du corps sur lui-même; les pieds séparés ne sont pas sur le même plan, le gauche est en arrière et placé plus haut que le droit. La Magdeleine est étendue horizontalement couchée sur le dos; sa tête, vue de trois quarts, est un peu relevée. Les pieds de la grande pécheresse sont tournés du côté de la croix. Le fond du tableau est nuageux et sombre. C'est un véritable ciel septentrional.

S'il y a, dans le Christ en croix, une partie qui puisse émouvoir fortement le spectateur, c'est, sans contredit, la figure, car elle seule peut traduire au plus haut point l'expression divine des souffrances du Sauveur. Dans le tableau de M. Garipuy, elle est sombre et presque dans le clair-obscur, et pourtant la lumière vient de face, et il eût été facile d'harmoniser les teintes de la tête avec les tons chauds et vigoureux du tronc qui palpite encore. J'en dirai autant de la partie antérieure des cuisses : pourquoi cette demi-teinte, puisqu'elle se trouve sur un plan plus avancé que le tronc? A quoi tiennent ces défauts? Je vais vous le dire. Vous avez un mauvais atelier, M. Garipuy, il est au rez-de-chaussée et le milieu seul de la salle est éclairé, le haut et le bas sont dans l'ombre. Si vous aviez peint votre Christ en pleine lumière, vous nous auriez fermé la bouche.

Votre Magdeleine n'est ni évanouie ni endormie; la pose équivoque dans laquelle elle se présente n'ajoute aucun intérêt au tableau. Les lourds vêtements dont vous l'avez recouverte la rendent disgracieuse et ne permettent pas de retrouver le nu. La tête, quoique fort belle, n'est qu'une tête d'étude et indique trop que vous n'avez fait, pour ce personnage, que de la peinture de pratique. Si vous n'avez pas osé laisser votre Christ dans un isolement absolu, il fallait au moins rattacher la Magdeleine au sujet de votre tableau d'une manière plus directe.

M. Garipuy a devant lui un bel avenir ; ses progrès, depuis cinq ans, sont immenses; il sait peindre, sa touche est ferme et facile, et son dessin pur et correct. Quand on possède ces qualités, on doit entendre froidement la vérité et avoir le bon esprit d'en faire son profit.

Tout le monde comprend que le sujet traité par M. Garipuy, tel qu'il l'a simplifié, présente des difficultés sans nombre ; on doit lui en tenir compte, tout en lui rappelant que c'est bien fait d'être simple, mais que l'on s'impose alors la nécessité d'être sublime.

M. PAUTHE, professeur de dessin, à Castres.

Léonard de Vinci, recevant les derniers sacrements dans les bras de François Ier. — Léonard de Vinci, agenouillé, défaillant, soutenu par François Ier, reçoit le saint viatique. De nombreux personnages, groupés de droite et de gauche, assistent à cette scène. Ce tableau manque d'originalité. Le *Léonard de Vinci* a le malheur de n'être en tout point qu'une inspiration du *Saint-Jérôme*, du Dominiquin, et l'auteur aurait dû s'en tenir au texte de Vasari qu'il a reproduit dans le livret de l'exposition. Il est bien vrai qu'alors il eût trouvé sur sa route deux athlètes redoutables, Ménageot et Ingres ; mais se serait-il involontairement rapproché de leur conception, qu'il aurait toujours eu pour excuse d'avoir suivi la donnée historique.

M. Pauthe dessine bien, il a de la couleur, on le voit; mais ces qualités lui ont nui, il a entassé personnage sur personnage, et la confusion s'en est suivie. On ne circule pas dans ses groupes. S'il avait su se restreindre et qu'une sage économie eût présidé à la disposition de son œuvre, la critique eût été moins sévère. Nous n'en voulons pour preuve que ce jeune page qui nous tourne le dos, il est d'une pureté de dessin qui nous rappelle ceux de Johannot. Nous en dirons autant de la femme qui est agenouillée dans le coin du tableau à droite; elle est touchée de main de maître, et tout en elle exprime une douleur fortement sentie.

Rappel de Médaille de Bronze.

M. QUINSAC, de Toulouse.

Saint Jean l'évangéliste. — Cet artiste a exposé plusieurs toiles qui attestent d'incontestables progrès. Son tableau représentant *la Charité* n'est pas sans quelque mérite; mais on a surtout remarqué le *saint Jean évangéliste* du même auteur. Le dessin est correct, le regard plein d'inspiration. Cet ouvrage tient du faire des peintres du seizième siècle. Un peu plus de vigueur dans le ton et de relief dans l'ensemble auraient peut-être mérité à M. Quinsac une distinction plus marquée qu'il ne peut manquer d'obtenir dans la suite.

Mention.

M. DE MONÈS, à Toulouse.

Le Suicide. — Il est impossible, en jetant les yeux sur cette toile, de ne pas se rappeler immédiatement le tableau fort apprécié de M. Couture. La disposition des

personnages est à peu près identique dans les deux allé-
gories ; sous ce rapport, la pensée première n'appartient
pas à M. de Monès, et sous tous les autres points de vue,
nous sommes malheureusement forcés d'avouer qu'il est
resté bien loin de son modèle. En général, sa couleur
est terne et peu harmonieuse; l'ombre, projetée sur la
tête de la figure principale , a été mise dans une haute
pensée philosophique, mais elle a l'inconvénient de ne
pas se traduire rapidement à l'esprit du spectateur. Une
ombre portée dont on n'aperçoit pas la cause directe peut
quelquefois paraître une tache.

M. de Monès a de l'imagination, ce qui est rare ; il
peut facilement perfectionner son dessin, modifier son
coloris, copier plus exactement la nature, et la ville de
Toulouse comptera un bon peintre de plus.

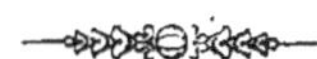

TABLEAUX DE GENRE.

Éloges.

M. **BELLANGÉ** (Hippolyte), de Rouen.

*Prise d'un Village retranché par des chasseurs à pied de la
garde impériale. — La Côte de Boulogne.* — M. Bellangé,
un de nos meilleurs peintres de batailles, a exposé
deux tableaux de genre dignes de prendre rang à côté
des autres productions qui ont fait la réputation de ce
peintre.

Il y a, dans le premier de ces tableaux, une étonnante facilité d'exécution et surtout un grand mouve-

ment. La colonne d'attaque gravit avec entraînement la brèche, les derniers rangs impatients accourent en bon ordre pour prendre part au combat; les morts et les blessés sont entassés pèle-mèle sur le second plan ; cette partie du tableau est d'une teinte trop uniforme, ce qui produit à l'œil une certaine confusion. Au milieu de cette charge vigoureuse et sur le premier plan, un grenadier, qui soutient son officier mourant, forme un épisode touchant. Ces deux personnages, d'une excellente exécution, sont peints avec une remarquable perfection.

On ne peut pas refuser à M. Bellangé la facilité du travail, le mérite de l'arrangement, l'exactitude et le fini de l'exécution ; mais quelques critiques, peut-être trop exigeants, lui demanderaient plus de chaleur et voudraient qu'on sentît davantage dans ses tableaux l'odeur de la poudre.

Le second tableau de M. Bellangé, représentant *le Camp de Boulogne*, nous paraît à l'abri de la critique. La lumière est mieux disposée, ce qui rend la composition moins diffuse. Le groupe principal est d'un bon dessin et d'une facture excellente. Comme ces bons paysans écoutent avidement le soldat qui tient par la bride le cheval de l'Empereur ! Napoléon paraît dans le lointain, sa longue-vue à la main, suivant avec attention les mouvements de l'escadre anglaise.

M. JACQUAND (Claudius), à Paris.

Le Prisonnier. — *L'Angélus.* — M. Jacquand, peintre d'un talent élevé et consciencieux, a envoyé deux petits tableaux.

Dans un cachot humide, l'artiste nous montre un prisonnier enchaîné, assis sur une pierre. Sa figure exprime la résignation. La tête, d'un beau dessin et d'une bonne exécution, est bien posée; mais le frais visage que le peintre lui a donné arrête l'intérêt prêt à s'éveiller en sa faveur. Si l'on osait critiquer le faire de M. Jacquand, on pourrait lui reprocher de pousser trop loin le fini. Cet artiste possède de grandes qualités, la finesse, l'élégance, le style et l'harmonie; il est très-habile, mais froidement habile, s'attachant plus à la forme qu'à la pensée; il manque de verve et d'énergie.

L'*Angélus*, petite toile dont le sujet est sans importance, captive l'attention du public par le fini de l'exécution et surtout par l'heureuse disposition de la lumière.

M. BIARD, à Paris.

Le comte Cagliostro prédisant à Mme Dubarry qu'elle doit mourir sur l'échafaud. — Il a fallu tout le talent de M. Biard pour représenter sur la toile le cabinet de Cagliostro plein de ces mille fantaisies du dix-huitième siècle et de tous ces appareils bizarres dont les charlatans de toutes les époques ont toujours cru nécessaire de s'entourer.

L'unité d'effet était presque impossible avec les innombrables détails des seconds plans qui, par leur variété et leur fini, ont peut-être le tort de détourner l'attention du spectateur des deux personnages qui, dans la pensée du peintre, sont le sujet du tableau et qui, par l'effet prodigieux de son talent, n'en sont plus que l'accessoire.

Du reste, l'on reconnaît dans cette toile la touche ferme et délicate du maître qui a peint son dix-huitième siècle comme s'il y avait vécu. L'émotion de Mme Dubarry est bien sentie; Cagliostro, avec sa haute stature et son grand air, semble bien fait pour inspirer cette confiance absolue qu'il imposait en quelque sorte à tous ceux qui subissaient son influence.

M. SCHENETZ, à Paris.

Femme près de son mari mort. — Personne ne peut s'arrêter devant cette séduisante composition sans en être vivement impressionné.

M. Schenetz est une de ces organisations d'élite qui s'entendent le mieux à rendre l'expression de la douleur. Il possède au plus haut point l'art d'expliquer clairement son sujet par les accessoires.

Quelle douleur dans la tête de cette jeune femme dont le mari vient d'expirer! Elle a longtemps pleuré, ses yeux rougis l'attestent; quelques larmes brûlantes viennent encore baigner ses joues; elle ne s'occupe plus que de ses regrets, et déjà un moine du couvent voisin indique à des pénitents le chemin de la masure où leur devoir charitable les appelle. Ce qui est encore plus remarquable, c'est le regard intelligent de cet enfant qui, violemment ému par la douleur muette de sa mère et les yeux fixés sur elle, semble, en devinant les pensées tristes concentrées dans son âme, lui promettre de remplacer celui qu'elle vient de perdre. Nous ne connaissons rien de plus touchant et de plus profondément senti que cette scène, digne pendant du *Vœu à la Vierge*, qui a placé son auteur à un si haut rang parmi les peintres modernes.

La vigueur des tons puisée dans l'étude de la nature italienne, qui n'est pas l'une des moindres qualités de M. Schenetz, ajoute encore, s'il est possible, au mérite de ce petit chef-d'œuvre.

M. LELEUX (Adolphe), à Paris.

Jeunes Pâtres espagnols. — Pour être apprécié à sa valeur, ce tableau a besoin d'être vu à distance. On aperçoit alors sur un terrain sauvage, dont la nature et la forme se perdent dans les empâlements du fonds, une demi-douzaine de mauvais drôles, en guenilles, d'un caractère et d'une couleur admirables. Leur attention est entièrement absorbée par une portée de petits chiens qu'ils excitent à l'envi, et que la mère, grosse chienne noire, essaie de défendre contre eux.

Ce tableau, exécuté avec le talent de M. Leleux, est une excellente production où les qualités les plus séduisantes se font sentir; mais c'est un habile tour de force que nous conseillons aux jeunes peintres de ne pas chercher à imiter.

M. GLAIZE (Auguste), à Paris.

Les joyeuses Bourgeoises de Windsor. — Cette charmante fantaisie de Shakespeare a admirablement inspiré M. Glaize. Sa mistriss Ford et sa mistriss Page sont bien ces bourgeoises égrillardes, habiles à régenter leurs maris et se souciant fort peu du scandale, sûres qu'elles sont de se tirer, par quelque habile manége, des quelques bons tours de leur façon; quelle espièglerie dans leur regard! quelle charmante désinvolture! comme elles rient déjà de la position ridicule où elles vont mettre le trop présomptueux Falstaff!

Si la conception est heureuse, l'exécution ne l'est pas moins. Les têtes sont dessinées de verve, les mains sont parfaites, et les robes de soie châtoient à plaisir sur les blanches épaules des joyeuses commères.

Médaille d'Or.

M. HILLEMACHER (Ernest), à Paris.

Deux Bergers dans la campagne de Rome. — Une Paysanne romaine à la fontaine. — Voilà une peinture pleine de solides et bonnes qualités; le dessin en est correct et l'exécution large et consciencieuse. Nous louerons la manière dont la lumière est disposée; les rayons lumineux qui frappent la tête du pâtre assis et ses vêtements sont admirablement rendus; les figures expriment une placidité champêtre qui est en harmonie parfaite avec le calme du paysage.

Bien que les couleurs soient un peu ternes, nous n'hésitons pas à considérer ce petit tableau comme l'un des meilleurs de l'exposition.

M. Hillemacher, à qui nous venons d'accorder de si justes éloges, n'a pas été aussi heureux pour sa jeune *Paysanne romaine.* C'est une étude de jeune fille dont la pose est un peu roide; on la dirait placée après coup pour relever l'effet du paysage. Toutefois, cette petite toile présente des parties bien traitées.

Rappel de Médaille d'Argent.

M. GARIPUY (Jules), à Toulouse.

Le Juif de Smyrne. — Le Juif de M. Garipuy est un bon tableau. La pose du sujet est des plus naturelles, le dessin très-correct et la couleur vigoureuse; en un mot, c'est un excellent portrait.

La Gitanilla. — Petite fantaisie pleine de charme, malgré quelques défauts. Coloris brillant et fin. La tête est charmante ; il est à regretter que M. Garipuy ait par trop négligé les autres parties de sa toile.

Médailles d'Argent.

M. ENGALIÈRE (MARIUS), à Toulouse.

Vue intérieure de Saint-Bertrand de Comminges pendant une cérémonie du seizième siècle. — Il y a une habile intelligence de la lumière dans le tableau de M. Engalière. Les boiseries si remarquables du chœur attestent une grande délicatesse de touche et une étonnante sûreté de main. Les nervures de la voûte sont un peu trop accusées, ce qui nuit à l'effet de la perspective.

M. DE MONÈS, à Toulouse.

Rabbins turcs discutant la Bible en Orient. — Bon petit tableau plein de vérité et de couleur locale. Les personnages du premier plan sont bien dessinés ; ceux du second laissent à désirer. Il y a peut-être un peu d'uniformité dans la couleur et dans la distribution de la lumière. Variez vos tons, étudiez, M. Monès, et vous obtiendrez dans peu de bons résultats.

M. PIBOU (JUSTIN), à Miramont.

Mendiants. — Deux têtes d'étude de mendiants. La vulgarité du sujet ne doit pas nous empêcher de reconnaître qu'il y a de bonnes choses dans ce tableau. La tête du vieillard est bien dessinée, mais faible de tons, défaut qu'on ne retrouve pas dans la jeune fille dont le coloris est meilleur. Les détails sont bien traités.

M. **GAMBOGGI** (Emilio), à Toulouse.

La Châtelaine et son jeune Page. — Ce tableau d'un dessin correct et d'une certaine finesse de ton atteste chez M. Gamboggi du travail et quelques progrès incontestables. La châtelaine et le page sont bien posés, bien assis ; il y a de la distinction dans les têtes ; les étoffes et les détails sont traités avec soin. On doit tenir compte à M. Gamboggi de cette disposition à bien finir.

La Charité, par Mme Gamboggi, est une assez jolie composition. La tête de la femme couchée est une bonne étude. Quelques défauts de proportion que le peintre aurait pu éviter et le peu de vigueur des tons amoindrissent singulièrement l'effet de cette petite toile.

Rappel de Médaille d'Argent.

M. **PUYO**, officier d'artillerie, à Toulouse.

Un Convoi de blessés (guerre du Maroc). — M. Puyo, dont les remarquables dessins à la plume sont justement appréciés, a exposé plusieurs tableaux de genre. Nous ne parlerons que de son *Convoi de blessés*, dont le mérite incontestable met tout-à-fait dans l'ombre ses *Contrebandiers* et son *Marché de Schelestadt*.

L'ensemble et la disposition de son tableau méritent des éloges ; les groupes sont artistement combinés. Au premier coup-d'œil, on reconnaît le dessinateur exercé à tracer des scènes militaires et rompu dans l'art de reproduire les détails de l'équipement du soldat. M. Puyo peint depuis peu, on le voit ; aussi, lui reprocherons-nous quelques infractions aux lois de la perspective et généralement de l'exagération dans le volume des têtes de ses personnages. Si quelques parties de son tableau sont bien peintes, d'autres offrent de grandes négligences et des tons d'une extrême crudité. M. Puyo manque de métier, sa brosse va trop vite, et il devrait se garder des tons rouges et bitumineux qui rendent ses fonds lourds et les premiers plans obscurs.

Médaille de Bronze.

M. FAURÉ (LÉON), à Toulouse.

Femme italienne donnant à boire à un cavalier (campagne de Rome). — Aspect séduisant de couleur, mauvais dessin, touche facile, trop facile, excès d'empâtement dans le maniement de la brosse.

Enfants jouant aux dés. — Mêmes qualités, mêmes défauts que dans le précédent tableau. Le petit gitano basané ne manque pas de style, il est mieux étudié que ses petits camarades. Défiez-vous, M. Fauré, d'une désolante facilité. Dessinez, dessinez, dessinez, ou dans peu s'amoindriront les quelques qualités que nous nous faisons un devoir de reconnaître en vous.

Mentions honorables.

M. FROMENT (EUGÈNE), à Paris.

Indiens peaux-rouges de l'Amérique du Nord à la piste d'un parti ennemi. — C'est une scène de Cooper franchement et spirituellement rendue ; tous les incidents d'une surprise sont adroitement exprimés dans ce tableau, chaque personnage de cette petite troupe possède une physionomie bien en situation et s'y trouve parfaitement posé. L'aspect des montagnes, d'un gris-clair, uniforme, nuit beaucoup à la perspective et forme un contraste choquant avec les couleurs éclatantes du premier plan et du ciel.

M. SORIEUL (P.), à Paris.

Deux tableaux de guérillas espagnols. — Charmantes productions traitées avec un talent qui rappelle le faire d'Horace Vernet.

Coloris, dessin, mouvement, couleur locale, tout s'y rencontre.

Mention.

M. SAINT-ANGE-NODE, à Montpellier.

Corbeille de fruits. — Il y a beaucoup d'habileté dans cette composition, mais l'étude particulière de chaque objet nuit à l'ensemble qui manque ainsi d'effet; la lumière est partout.

Canard sauvage. — Belle étude; cependant les plumes n'ont pas assez de souplesse. Touche facile, bonne couleur.

Citation.

M. LAROQUE.

Les trois cadres envoyés par cet artiste renferment des dessins de trois genres, tous trois exécutés avec une adresse remarquable. Le premier contient une *Décoration pour les salons d'un paquebot ;* le second, des *Décorations de théâtre,* et le dernier des *Dessins d'album.*

Il y a, dans tout ce travail, outre un goût excellent,

une précision de touche bien rare et de l'effet sans effort; la couleur surtout est fort séduisante. On comprend difficilement qu'avec deux tons seulement l'on puisse donner du relief à un rideau de théâtre.

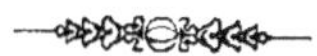

PAYSAGES.

Éloges.

M. RICHARD (Théodore), à Toulouse.

Les nombreux travaux de M. Richard, les récompenses qu'il a si souvent obtenues dans les différentes expositions qui ont eu lieu en France depuis plusieurs années, les élèves qu'il a su former et qui reflètent sur lui quelques rayons de leur gloire, attestent, bien mieux que ne pourraient le faire nos éloges, le talent et le mérite de ce paysagiste.

Le jury de 1845 avait déjà réclamé, pour M. Richard, la croix de la Légion-d'Honneur. Le jury de 1850, qui a pu apprécier les travaux exécutés depuis cinq ans par cet artiste, a cru devoir réitérer cette demande.

M. Richard a exposé plusieurs tableaux, entre autres une charmante marine, *les côtes de la Méditerranée.* Dans cette composition, l'état du ciel indique un commencement d'orage. La vague qui se brise aux pieds du fort est rendue avec vérité, et les eaux sont d'une transparence parfaite.

La toile désignée sous le titre d'*Ivanhoé* est, sans contredit, l'une des meilleures de l'auteur. Elle atteste une étude longue et sérieuse des différents règnes de la nature, étude que les paysagistes, en général, négligent beaucoup trop de nos jours et sans laquelle ils ne parviendront jamais à reproduire ces variétés infinies d'arbres et d'arbustes qui peuplent nos campagnes, nos forêts et nos jardins.

Les différentes études d'animaux dont M. Richard a enrichi l'exposition, et notamment celle de brebis, n° 469 du livret, est vraiment digne du premier maître de Brascassat. La peinture est grassement touchée, et les laines ont un caractère de souplesse telle que l'on serait tenté de plonger sa main dans cette riche et moëlleuse toison.

M. BIARD, peintre, à Paris.

Henri IV et Fleurette. — De gestibus non est disputandum. Quelques frondeurs austères ont fort critiqué le paysage de M. Biard. Ils ont tour-à-tour blâmé la pose un peu décolletée de Fleurette, le ton vernissé du coloris, que sais-je? Mais, comme on ne peut s'empêcher de reconnaître dans cette peinture un talent supérieur, nous nous inscrirons en faux contre le jugement des Aristarques de parti pris.

Les petits personnages sont pleins d'expression, bien dessinés, bien peints et l'allure du *vert-galant* est pleine d'à-propos. Le rapport des tons qui établit les divers plans est parfaitement senti, la couleur est harmonieuse et la perspective profonde. Le fini des détails qui animent cette composition, la fraîcheur que l'on sent sous le feuillage, ces fruits et ces fleurs que l'on voudrait cueillir, tout milite, je crois, en faveur de l'opinion de beaucoup de gens qui pensent qu'un excès de rigorisme n'est pas de la critique.

M. LANOUE (Hippolyte), à Paris.

M. Lanoue, qui a obtenu le grand prix de paysage à Rome, nous a envoyé deux petites toiles qui font, à juste titre, l'admiration des connaisseurs. Plus on les regarde et plus on y découvre de perfections.

La *Vue du Gardon* mérite surtout de fixer l'attention. Les côteaux qui bordent la rivière sont dessinés avec une délicatesse pleine de charme. Les reflets de la lumière sur les eaux du premier plan prouvent un talent réel et des études consciencieuses.

M. DAGNAN, à Paris.

Un site de la forêt de Fontainebleau de M. Dagnan se distingue par la reproduction exacte de la nature. Ce petit paysage a trop de vérité pour n'avoir pas été exécuté sur le terrain ; on n'y sent nullement le travail d'atelier.

M. RENIÉ (Nicolas), à Paris.

La *Vue prise dans la vallée d'Orsay* est un tableau réellement digne d'éloges ; nous regrettons que M. Renié ne nous ait pas envoyé un tableau sur de plus grandes porportions.

M. HOSTEIN (Edouard), à Paris.

Les deux petites toiles de M. Hostein, *Vue prise à Larricia* (près Rome), *Vallon près d'Annonay* (Ardèche), sont très-jolies. On reproche aux arbres un feuillé un peu lourd et, comme dans les œuvres de MM. Lanoue, Dagnan et Renié, on y retrouve un dessin pur, de la perspective et cette transparence de l'air et de l'eau qui font le charme du genre de peinture dont nous parlons.

Rappels de Médailles d'Argent avec éloges.

M. DUSTON (Benjamin), à Toulouse.

On se plaît à reconnaître en M. Duston une étude approfondie de la nature et des grands maîtres de paysage. Son style a une grande élévation ; on sent qu'il s'inspire souvent des œuvres du Poussin. Peut-être que le talent de cet artiste sévère et consciencieux n'est généralement pas assez apprécié de la foule. Une des principales causes qui semblent nuire au charme de ses tableaux, c'est la monotonie des tons : ces tons roulent presque toujours sur une gamme grise et rougeâtre. Nous ne doutons pas que M. Duston ne s'aperçoive tôt ou tard de cette imperfection ; et, s'il parvient à surmonter cette fâcheuse tendance, nous le disons avec conviction, il peut prétendre à de brillants succès.

Le tableau représentant la *Vallée de Longezza* (campagne romaine), vue prise d'après nature, peut être compté au nombre des œuvres remarquables de l'exposition. La beauté du ciel ne peut être contestée ; il y a de la transparence, une grande valeur dans les tons, et l'exécution laisse peu à désirer ; on sent le vide au-delà des montagnes, et c'est là une grande difficulté vaincue. Les fonds et les fabriques qui forment les plans secondaires sont d'un dessin large et d'une grande finesse de coloris. Jusqu'au premier plan, le tableau est irréprochable ; mais ici commence la part de la critique. Cette couleur monotone que nous avons mentionnée plus haut glisse trop

sur les devants et leur ôte la vigueur nécessaire pour repousser les lointains. Les gazons et les terrains sont bien
sentis, mais ils manquent de solidité. Les arbres de
gauche sont d'un grand dessin; on peut leur reprocher
d'être un peu lourds; l'air qui circule largement derrière
eux ne pénètre pas assez dans le feuillage.

Nous aimons à ne trouver sur cette toile qu'un petit
nombre de personnages; trop de figures eussent troublé
le calme du paysage, et ce calme est un des principaux
mérites de cette grande page.

Bergers dans la campagne romaine. — Petit tableau
bien touché, figures bien posées, mais ne se détachant
pas sur les fonds; coloris un peu terne.

M. LATOUR (Joseph), à Toulouse.

M. Latour a exposé plusieurs grandes toiles; c'est une
justice à lui rendre, ses sujets sont toujours bien composés; mais les détails laissent à désirer. Espérons que,
par des efforts continus, cet artiste distingué ne tardera
pas à obtenir, dans le paysage à l'huile, les heureux
succès que lui valent chaque jour ses mines de plomb.

Le Retour du marché a particulièrement fixé notre
attention. Nous le classerions volontiers au rang des
tableaux d'animaux. Ce genre est un de ceux qui offrent
le plus de difficultés; les animaux ne posent pas, il faut
les saisir, pour ainsi dire, au passage; aussi, peu de
peintres arrivent-ils à un grand degré de perfection.
M. Latour devrait se défaire de ces contours allourdis
qui ôtent à la peinture tout son charme. Il devrait aussi
donner à sa touche plus de moëlleux et de finesse. La
charrette remplie de personnages, qui est dans le milieu
du tableau, est d'un très-bon style.

Rappel de Médaille d'Argent.

M. ENGALIÈRE (Marius), à Toulouse.

M. Engalière, qui aborde tous les genres, a voulu lutter aussi pour le paysage à l'huile. Il n'a pas craint de concourir avec des hommes qui ont consacré leur vie à étudier une seule et même chose. Si M. Engalière prouve, par le tableau qu'il a exposé, combien est étendue et variée son organisation artistique, son tableau n'accuse-t-il pas aussi une étude imparfaite de la nature?

Son paysage, *Un jour de foire*, remarquable sous plusieurs rapports, est cependant une œuvre incomplète. Son ciel manque de transparence; mais, en revanche, les fonds sont finement touchés : on reconnaît là l'auteur des délicieuses gouaches qui ont fait sa réputation. Les côteaux de droite sont d'une teinte dure et mate. Les maisons du village sont trop blanches ; ce côté du tableau papillotte à l'œil. La masse d'ombre jetée sur le premier plan est une des principales causes du manque d'effet général. Pourtant, au milieu de ces ombres qui nous paraissent malheureuses, se trouve un vrai petit chef-d'œuvre, c'est la charrette se rendant au marché : pas un point plus lumineux que l'autre, tout est dans la demi-teinte. Il faut que M. Engalière soit doué d'une rare facilité pour avoir vaincu un tel obstacle. L'exécution des personnages et des animaux est faite avec cette netteté et cet esprit que le public connaisseur apprécie si justement en lui.

Médaille d'Argent.

M. BARON, peintre, à Toulouse.

Le paysage de M. Baron ne frappe pas vivement l'attention, et l'on serait tenté de passer outre. En effet, au premier aperçu, ce mélange de gris et de vert qui vous saute aux yeux a quelque chose d'indécis et de froid qui désenchante. Cependant, si on examine ce tableau avec soin, on découvre dans l'œuvre du jeune peintre des qualités qui doivent, avec le temps, lui assigner un rang élevé.

Le côté gauche de la toile est très-remarquable, il y a de la profondeur dans le site; le ciel surtout est bien travaillé et le désordre des nuages avant l'orage est fortement senti; les arbres se détachent franchement sur le ciel, et leur forme atteste qu'ils ont été peints d'après nature.

Médaille de Bronze.

M. GÉLIBERT (Paul), peintre, à Sorèze.

M. Gélibert a exposé plusieurs tableaux. Le principal de tous est *Un loup et des vautours se disputant une proie.* Cette peinture n'est pas dépourvue de mérite, on y sent le travail; mais ce travail pénible qui s'attache plus aux détails qu'à l'ensemble. Le mouton, à moitié dévoré par le loup, est bien; la laine seule, quoique étudiée, n'a pas assez de souplesse. Le loup laisse à désirer. Les deux vautours volent mal; quoiqu'ils soient dans une position différente, on reconnaît trop le même modèle.

M. Gélibert a été plus heureux dans une petite toile qui représente deux moutons. C'est, sans contredit, le meilleur des tableaux que cet artiste a exposés.

Mentions honorables.

M. de MALBOS (Eugène), amateur, à Toulouse.

Parmi les tableaux d'amateurs, M. Eugène de Malbos

mérite une distinction flatteuse. L'heureux choix des sites, dans ses *Ruines de Ventadour* et son *Château de Voguë* (Ardèche), indique à la fois l'homme de goût et le peintre doué du sentiment artistique.

M. PELEGRI, amateur, à Toulouse.

Nous en dirons autant de M. Pelegri. Son *Abreuvoir avec des laveuses* dénote une bonne étude de la nature; il y a dans son paysage des effets de lumière bien touchés, et le soleil frappe et se reflète bien partout.

Citation.

M. QUINSAC, à Toulouse.

Le n° 153 de M. Quinsac est largement composé. Les fonds sont bons, mais le premier plan n'est pas en rapport avec le reste.

M. MENGAUD (Lucien), à Toulouse.

L'auteur de *las Pimpanelos*, M. Lucien Mengaud, a délaissé momentanément, sans doute, la poésie pour la peinture. La muse naïve qui l'inspire quelquefois si bien s'accommodera-t-elle de cette infidélité? Le temps nous l'apprendra. Quelques poètes célèbres furent aussi de grands peintres; mais ces natures d'élite sont rares. Les véritables vocations le sont encore plus. Que M. Mengaud y prenne garde. Nous n'analyserons pas son petit paysage qu'il a conçu et brossé sans maître et sans études préliminaires. L'art ne s'improvise pas, et, s'il est dans la destinée de notre poète patois d'être un jour un bon peintre, nous lui conseillons, pour en arriver là, d'étudier et de se familiariser avec les principes élémentaires du dessin.

PORTRAITS. — TÊTES D'ÉTUDE.

Rappels de Médailles d'Or.

M. VILLEMSENS, à Toulouse.

Petit portrait en pied du jeune Henri C..... — Ce tableau ne nous avait point paru devoir être réuni aux portraits de grandeur naturelle dont nous allons rendre compte; l'exposition d'ailleurs n'en offrait point qui lui fût analogue. S'il était difficile de le classer, il était trop remarquable pour passer inaperçu; en outre, le public l'a vu, il l'a admiré, et c'est le plus bel éloge que peut recevoir un aussi petit cadre.

L'ensemble de ce tableau est calme et harmonieux; les accessoires, d'une étude consciencieuse et d'un fini qui ne laisse rien à désirer, font valoir le personnage par la savante combinaison des tons que l'artiste a su associer; l'air circule, et les meubles ont juste la valeur qu'ils doivent avoir; les étoffes sont traitées avec souplesse et vérité; les moindres détails, un cachet, un encrier surtout, sont parfaitement sentis et rendus. La pose de la figure est heureuse et se distingue par la grâce et la naïveté; la tête, bien coiffée, offre ce caractère particulier qui n'est plus l'enfance sans être encore l'adolescence, et qu'il est si difficile de rendre dans un portrait, quand on a su le voir dans la nature. La main gauche est bien dessinée et bien peinte. — Nous aurions désiré plus de franchise dans l'empâtement de la couleur et le modelé de la tête, un dessin plus correct dans la main droite, une plus rigoureuse exactitude dans le jeu des lignes perspectives. On est porté à devenir sévère avec les ouvrages d'un pareil mérite, et celui de M. Villemsens fait désirer de le trouver parfait.

M. PRÉVOST (Constantin), directeur du Musée, à Toulouse.

La réputation de M. Prévost est faite depuis longtemps, et le portrait qu'il a donné sous le n° 144 est un nouveau fleuron ajouté par lui aux couronnes qu'il a déjà obtenues. La ressemblance est parfaite, non-seulement dans les traits du visage, mais encore dans la spirituelle attitude du personnage. Il était difficile d'atteindre tant de naïveté sans dépasser les limites de l'exactitude; mais l'ensemble général du tableau, sans manquer de grâce, penche un peu vers la sècheresse. La vérité qui jaillit de cette toile captive le public, et si la critique convient que la main gauche gantée n'a pas tout le volume qu'elle devrait avoir, que la main droite laisse à désirer un dessin plus sévère, que le bras droit paraît court, elle se plaît, d'autre part, à admirer le modelé ferme et bien senti de la tête; il est fâcheux que le chapeau nous prive du modelé du front. La manière dont les étoffes sont traitées forme, avec le reste de la figure, un ensemble plein d'harmonie. Ce tableau restera donc comme un ouvrage de mérite et comme une preuve nouvelle du talent avec lequel M. Prévost sait reproduire le caractère intime de ses modèles et jusqu'à l'esprit d'artiste qui les anime.

Rappel de Médaille d'Argent avec éloges.

M. GARIPUY (Jules), à Toulouse.

Portrait de M. V.... — Le portrait que M. Garipuy nous

a donné, sous le n° 78, mérite, à juste titre, de fixer l'attention des connaisseurs. La critique se hâtera de faire ses réflexions, afin de laisser ensuite toute la place à l'éloge. L'ombre du front est un peu dure ; la maigreur de la main qu'offrait le modèle la rend d'un aspect peu agréable ; le velours du collet manque de lumière, les détails qui forment le fonds du tableau sont un peu négligés. Mais l'effet de cette peinture est puissant sur le public, et le jury, qui n'est lui-même qu'une partie du public, doit rechercher les causes de cet assentiment général. Nous pensons qu'il les trouvera dans une composition simple et sévère, qualité rare et dont on doit apprécier le mérite, dans la vigueur et l'énergie du ton, dans un modelé bien senti, dans un relief remarquable, dans l'élévation donnée à la physionomie du personnage. L'harmonie qui lie ces qualités entre elles et qui règne dans l'ensemble fixe longtemps les yeux après les avoir attirés, et la vérité, la ressemblance du personnage, font oublier les quelques négligences de détail échappées au pinceau de cet artiste.

Rappel de Médaille d'Argent.

M. GAMBOGGI (EMILIO), à Toulouse.

Parmi les portraits que M. Gamboggi a présentés à l'exposition, nous en avons remarqué deux : le premier, sous e n° 67, pourrait être placé, par son ordonnance et la pompe de ses détails, parmi les tableaux d'histoire. A ce titre, nous ne devons pas juger à la légère une œuvre qui aspire à être capitale. L'ensemble, au premier abord, est beau et majestueux ; mais cette composition laisse prise à la critique. Le cou est long et étroit, le corps trop serré, surtout dans sa partie inférieure; les mains ne sont pas sœurs, la main gauche laisse à désirer un dessin plus étudié, ses doigts surtout manquent de correction; la main droite n'est pas tout-à-fait sur son plan par rapport à la table qui est devant le personnage; l'extrémité du pied que l'on aperçoit, déterminant la position exacte du corps, n'occupe pas la place où il devrait se trouver; ce défaut donne une trop grande élévation au membre et par conséquent à la taille. Malgré ces observations, nous félicitons M. Gamboggi d'avoir essayé de réintroduire chez nous le genre important du portrait historique.

Le second, sous le n° 69, offre des qualités d'un autre ordre et dénote, dans la palette de M. Gamboggi, une heureuse et flexible variété de ton. Beaucoup de précision et une grande vérité règnent dans ce portrait; il nous semble néanmoins que si l'artiste avait éclairé davantage la joue gauche et le nez, s'il eût touché plus vigoureusement les ombres de la joue droite et du menton, et si les traits du visage eussent été plus accentués, ce portrait aurait acquis un relief puissant et une valeur de coloris qui l'auraient classé dans un rang plus élevé. Passant à des détails d'un ordre inférieur, nous ferons observer que le ton de l'or est trop égal, contrairement aux effets des métaux, dont les demi-teintes doivent toujours trancher avec les lumières.

Rappels de Médailles de Bronze.

M. LACGER (Jules), à Toulouse.

M. Lacger a présenté, parmi plusieurs autres ouvrages, deux portraits que nous avons remarqués. Celui qui porte le n° 104 se distingue par une couleur vigoureuse, un modelé bien senti, des plans bien accusés ; les détails sont en harmonie avec l'ensemble, et l'on doit, sans doute, attribuer au modèle quelque irrégularité que l'on remarque dans les lignes de la figure.

Dans le n° 102, du même auteur, les bras et les mains laissent à désirer un dessin plus correct ; la position du bras droit est forcée, et l'on ne sent pas assez le raccourci du bras gauche ; mais la tête est belle, franchement peinte, lumineuse ; elle présente des demi-teintes remplies de finesse, et, dans son ensemble, on retrouve une naïveté d'expression, une fraîcheur de jeunesse qui décèlent dans cet artiste un sens fin et délicat. Cette qualité précieuse promet à la ville un peintre distingué, et à M. Lacger des succès certains et mérités. Les étoffes et les accessoires sont en général bien traités.

M. QUINSAC, à Toulouse.

Le portrait que M. Quinsac a exposé sous le n° 152 est d'un aspect attrayant ; il se fait remarquer par une pose simple et digne à la fois. Le ton de la tête est fin, mais trop égal, ce qui prive cette peinture de chaleur et d'animation. La main est trop sombre ; il était inutile de la sacrifier ainsi à l'effet général ; l'avant-bras ne se dessine pas sous la redingote, qui, vers le bas, ne se détache pas assez du fonds. Malgré ces observations, l'impression que produit ce portrait est agréable et attachante, parce qu'il y a de la vérité dans l'expression, de la finesse dans le dessin du visage, de la sobriété dans les détails, une harmonie qui plaît et qui captive l'œil.

Citations.

M. VIDAL (Henri), à Toulouse.

Sous le n° 199, M. Vidal a donné un portrait de femme qui offre une grande solidité dans le coloris et dans la manière dont la tête, les mains et le bras droit sont peints; beaucoup de vérité dans la façon dont l'étoffe est traitée. Il est à regretter que les mains et les bras laissent à désirer une plus grande correction dans le dessin.

M. LATUS, à Toulouse.

On a remarqué, dans le n° 116, de M. Latus, une entente harmonieuse, mais peu de facilité dans le maniement de la couleur. La main et surtout le poignet révèlent dans cet auteur d'heureuses dispositions. Son talent a besoin de mâturité et d'études sérieuses.

Mᴸᴸᵉ SUDRES (Eugénie), à Toulouse.

L'idée qui domine dans le portrait exposé par Mᴸᴸᵉ Sudres, sous le n° 186, est ingénieuse et adaptée à l'âge de la personne représentée. La pose est naturelle; mais l'exécution ne répond pas à cette heureuse conception; cependant, on a d'autant plus raison de distinguer cet ouvrage que, sous le même nom d'auteur, nous voyons figurer à l'exposition les nᵒˢ 188 et 190 : ce sont là deux ouvrages qui témoignent des études et des progrès de Mᴸᴸᵉ Sudres.

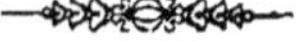

TÊTES D'ÉTUDE.

Médaille d'Argent.

M. GOYET (Eugène), à Paris.

M. Eugène Goyet, peintre à Paris, a exposé une *Tête de Christ représentant l'agonie de l'Homme-Dieu*. Cet ouvrage, classé dans la section des têtes d'étude, se fait remarquer par le style noble et sévère que demande le sujet. Il réunit à l'expression de la douleur dont la physionomie est empreinte, un dessin correct et une couleur vigoureuse.

Mention honorable.

Mⁱˡᵉ SUDRÈS (Eugénie), à Toulouse.

La tête due au pinceau de Mⁱˡᵉ Sudres est d'une couleur vraie et d'un bon effet ; il est à regretter que le dessin ne soit pas irréprochable. Le crâne ne s'arrondit pas assez postérieurement ; les cheveux sont peints avec légèreté. Nous aurions désiré trouver dans cette œuvre la même couleur et la même touche de pinceau que dans les autres productions de cette jeune artiste.

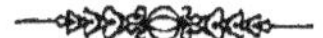

MINIATURES, AQUARELLES, PASTELS, GOUACHES, ETC.

Rappel de Médaille d'Or.

M. LANDELLE (Charles), à Paris.

Les Orphelines (pastel). — Il serait vraiment difficile,

pour ceux qui n'ont pas vu *les Orphelines* de M. Landelle, de comprendre jusqu'où peut aller la vigueur du coloris dans le pastel. Ces charmantes têtes d'étude, qui réunissent à la touchante expression des figures la magie de la couleur et la correction du dessin, sont en tout dignes d'éloges et rehaussent encore à nos yeux le talent de l'auteur de *la Liberté*.

Médaille d'Or.

M. BIDA (ALEXANDRE), à Toulouse.

Dessins aux deux crayons. — Parmi les nombreux dessins aux deux crayons dont M. Bida a enrichi l'exposition, nous mentionnerons d'une manière toute particulière sa *Famille grecque*. Les figures sont dessinées avec une verve, avec un esprit et une vérité locale vraiment inconcevable. L'illusion est poussée si loin, que l'on croirait entendre les sons nazillards de cet Athénien dégénéré qui pince une guitare peut-être encore plus fausse que sa voix. Les vêtements, les armes, le lieu de la scène, tout est exécuté avec une adresse merveilleuse et que rehaussent encore ces tons d'aquarelle disséminés, avec art, sur les parties métalliques.

Les cinq autres dessins, que l'Orient a également inspirés à M. Bida, offrent, à peu de chose près, la même perfection que sa *Famille grecque*. Nous n'analyserons donc ni son *Odalisque* ni ses *Pallikars ;* il faudrait encore louer, et nous craindrions, qu'aux yeux même de M. Bida, l'équité ne ressemblât à de la flatterie.

Pastels. — M. Bida manie le pastel avec autant de facilité que le crayon, et ses dessins, dans ce genre, ont un charme qui captive et ravit. Sa *Léda* et ses *Syrènes* sont remplies de séduction. Mais si le voile mythologique sous lequel il a peint ces voluptueuses figures était trop transparent, pour ne pas effaroucher la pudeur, nous le punirions de ce méfait, en disant que sa *Léda* pèche par défaut d'originalité et que les extrémités inférieures de l'amante de Jupiter manquent de *gracilité.* Quant au groupe des *Syrènes*, non plus syrènes par la voix, mais syrènes par la volupté du regard, nous signalerons, dans les attaches des bras, des incorrections de dessin que l'artiste n'aurait pas commises dans une œuvre plus sérieuse.

N° 13. *Etude.* — Ce portrait, car c'en est un, est une ravissante chose ; grâce, harmonie, pose, dessin, tout s'y trouve.

N° 14. *Portrait de M. C.....* — Charmant portrait d'une ressemblance *ébouriffante* et remarquable par ce que les artistes nomment le *flou.* En reconnaissant l'original de ce portrait, tout le monde disait :

Que de verve et d'esprit dans le portrait de C.... !
— Parbleu, je le crois bien, répond quelqu'un, il parle !

Rappels de Médailles d'Argent.

M. BENASSIS, à Limoges.

Fruits et fleurs au pastel. — M. Benassis se montre grand coloriste dans ce tableau de nature morte. Ses raisins ont une transparence que présente rarement le pastel. Son dessin est ferme et pur.

Il est à regretter que M. Benassis emploie un talent véritable à un genre d'une aussi courte durée que le pastel.

M. ENGALIÈRE (Marius), à Toulouse.

Gouaches. — Souvent habile, jamais médiocre, M. Engalière aborde franchement tous les genres. Son étonnante fécondité atteste la souplesse de son talent. Mais, en éparpillant ainsi les heureuses qualités dont il est doué, ne craint-il pas de les amoindrir? Et, dans l'intérêt de l'art et de l'artiste, ne vaudrait-il pas mieux qu'il demeurât fidèle à sa vocation pour le genre de peinture dans lequel il a acquis une incontestable supériorité?

Une *Vue générale de Bagonne* est, sans contredit, la page la plus importante de ses œuvres. Dans cette gouache, la transparence des eaux, la perspective et de vaporeux lointains pourraient rivaliser, sans trop de désavantage, avec les meilleurs tableaux à l'huile. Il est vrai de dire pourtant que les tons mats de la gouache, maniés avec fermeté, reproduisent plus facilement que la peinture à l'huile certains effets de lumière et de perspective.

Parmi les petits dessins de M. Engalière, ses gouaches représentant des fleurs, des fruits, des meubles, etc., sont remarquables par une finesse de tons habilement touchés. C'est par ces petits chefs-d'œuvre, dans lesquels il excelle, que M. Engalière s'est fait connaître à Toulouse.

Fleurs. — Bouquet aussi beau de tons que peut l'être une gouache; mais il a été bien vite éclipsé par le trumeau à l'huile que le même peintre a exposé plus tard. La nature seule pourrait surpasser les effets produits par d'aussi splendides couleurs.

Médailles d'Argent.

M. BOILLY (Jules), peintre, à Toulouse.

Mendiants italiens. — Pastel fort habile et plein de finesse, d'un dessin correct et élevé. Les tons de chairs sont trop uniformes; ce qui les rend généralement froids. L'harmonie de ce dessin est d'une gamme violacée qui nuit à l'effet général.

M. LACGER, à Toulouse.

Deux Portraits. — Bons pastels, d'une belle couleur et bien étudiés.

M. Lacger est dans une excellente voie. On reconnaît le peintre habitué à la vigueur des tons de la peinture à l'huile.

Dans le portrait de femme, les bras sont d'un ton et d'un dessin parfaits.

M. PUYO, officier d'artillerie, à Toulouse.

Dessin à la plume. — M. Puyo se fait remarquer, dans ses dessins à la plume, par une touche large et facile. Les devants surtout sont exécutés avec une grande habileté; mais le feuillé des arbres est moins heureux. Le *pétinguin*, comme disaient les paysagistes du dix-huitième siècle, n'est pas étudié. Il en résulte que ces grandes masses manquent d'effet. Il y a dans les seconds plans du *marais* et dans le chêne beaucoup trop de *furia francese*. La main finit quelquefois par errer sans guide.

Dans ses *Souvenirs maritimes*, on trouve plus de calme; ce dessin est admirablement touché; le papier y joue peut-être un trop grand rôle.

Un Vendéen. — Composition intelligente et bien sentie, travail large, dessin facile.

Rappels de Médailles d'Argent.

M. LATOUR (Joseph), à Toulouse.

Six vues à la mine de plomb. — Le travail à la mine de

plomb exécuté sur papier teinté, avec des clairs mis en blanc, forme une des plus heureuses manières de dessiner le paysage d'après nature. M. Latour s'occupe, depuis quelques années, de ce genre, dans lequel il a trouvé, même parmi ses élèves, des imitateurs habiles.

Le seul reproche à faire à M. Latour, c'est de rester stationnaire dans un genre qui offre de grands avantages. Ce qu'il fait est toujours bien, mais cela ne suffit pas, il devrait y avoir progrès.

M. DUSTON (Benjamin), à Toulouse.

Une vue de Barccillone (Etats Romains). — *Une bacchanale.* — Ces dessins au fusin et au crayon offrent de la hardiesse et de la vigueur. Ils sont d'un bon effet et rappellent, au premier aspect, les cartons des vieux maîtres. En les examinant avec soin, on pourrait leur reprocher des fautes de perspective, impardonnables à un paysagiste tel que M. Duston. Les figures ne sont pas touchées avec adresse, et parfois elles manquent de mouvement, défaut qui frappe l'œil, surtout dans une scène nécessairement échevelée.

Quelques critiques placent ces dessins au-dessus des paysages du même auteur et ne s'expliquent pas pourquoi la plupart des vues des environs de Rome n'ont ni cette vigueur ni cette énergie que l'on trouve dans la *Vue de Barccillone* et dans la *Bacchanale.*

M. DURAND (Gabriel), à Toulouse.

Le Concert champétre. — M. Durand a beaucoup de facilité ; ses pastels sont d'un joli ton, mais sans effet.

Il y a, dans la disposition des personnages et dans le lieu de la scène, un faux air de parenté avec le *Déca-*

méron qui fait quelque tort au *Concert champêtre.* Du reste, on y remarque de jolies têtes et des poses heureuses, notamment celles de la musicienne; mais cette composition pèche par le choix des modèles, plusieurs d'entre eux manquent de distinction.

Les étoffes laissent à désirer, elles sont peu variées et surtout mal étudiées. Dans ces taffetas glacés, les plis paraissent souvent faux.

Si M. Durand travaille et étudie, il est appelé à prendre un rang distingué parmi les peintres de pastel.

La Lecture. — Dans les deux femmes qui personnifient la lecture, l'artiste a trouvé des tons assez heureux, mais le relief y manque totalement.

Médailles de Bronze.

M. DROUYN (Léo), peintre, à Bordeaux.

Les bords de la Laurence (Dordogne). — C'est un des meilleurs dessins de M. Drouyn. L'effet en est saisissant; la silhouette de ces arbres qui se découpe sur un ciel qu'éclairent les derniers rayons du soleil est d'une grande vérité, et les eaux offrent une transparence dont M. Drouyn possède parfaitement le secret. L'aspect des dessins de cet artiste est celui des vieilles gravures enfumées de l'école de Rembrandt.

Du reste, neuf des onze cadres de M. Drouyn offrent assez peu de variantes : mêmes effets, mêmes arbres, mêmes eaux, même talent.

M. VALETTE (Charles), professeur au lycée de Castres.

Trois paysages à la mine de plomb. — Travail facile et harmonieux. L'effet de neige est bien étudié, mais l'opposition des parties terreuses avec la neige n'est pas assez déterminée.

M. CUCSAC, à Toulouse.

Miniatures. — Ces miniatures, l'une copiée, les autres composées, sont les seules qu'ait reçu l'exposition de cette année.

Elles prouvent une certaine habileté, mais manquent tout-à-fait de relief, bien que d'un ton agréable à l'œil.

Mentions honorables.

M. BACH (Auguste), peintre, à Toulouse.

Cadre renfermant des décorations de diverses époques (détrempe). — De l'exactitude, du dessin et du goût dans le choix des sujets. Que pourrait-on exiger de plus dans ce genre de travail ?

M. DUPRAT (Anacharsis), amateur, à Castres.

M. Duprat a exposé cinq aquarelles d'une jolie couleur, mais elles manquent d'étude.

APPENDICE AUX AQUARELLES, SÉPIAS, ETC.

M. RICHARD (Théodore), à Toulouse.

Trois sépias. — M. Richard est toujours un merveilleux faiseur de sépias. Il sait si heureusement marier la teinte neutre pour les plans secondaires qu'il arrive à produire des effets surprenants.

M. MONNIÉ (HENRI), amateur, à Paris.

La Famille improvisée (quatre aquarelles). — M. Henri Monnié est un dessinateur de talent et un écrivain d'infiniment d'esprit, qualités qui, loin de s'exclure, se combinent facilement. Non content de manier la plume et le pinceau, il embrassa la carrière théâtrale où il débuta dans la *Famille improvisée* dont il était l'auteur.

C'est en souvenir de cette création que, lors de son récent passage à Toulouse, il a dessiné, pour un ami, les quatre types de cette pièce. Ces croquades rappellent par leur facilité le dessinateur populaire des *récréations* et des *grisettes*.

SCULPTURE.

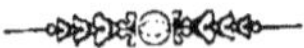

Rappels de Médailles d'Or.

M. GRIFFOUL-DORVAL, professeur à l'Ecole des Arts, à Toulouse.

Statue du général Compans. — Dans l'examen des ouvrages de sculpture, le jury ne s'est point dissimulé que les productions d'un art aussi sévère ne pouvaient être appréciées légèrement, et le soin qu'il a pris de discuter minutieusement ses décisions prouve qu'il a compris toute l'importance de sa mission.

Au nombre des ouvrages exposés se trouvait l'esquisse d'une *statue du général Compans*. Le marbre était encore en voie d'exécution au moment où s'ouvrit l'exposition, et les conditions rigoureuses d'un traité ne permirent pas à l'artiste d'exposer son modèle en plâtre. Ce monument, érigé au moyen d'une souscription publique ouverte par le conseil municipal de la ville de Salies, pays natal du général Compans, a été confié à M. Griffoul-Dorval, auteur de la *statue de Riquet* et du groupe si remarquable du *Calvaire*.

Le jury des beaux-arts s'est transporté plusieurs fois dans l'atelier de M. Dorval pour apprécier son œuvre et formuler un jugement équitable. Un épisode de la campagne de Russie a fourni la donnée du sujet. Au moment de la retraite de l'armée française, le général Compans, placé avec sa division sur une hauteur, défendait le défilé de Krasnoë contre les forces éminemment supérieures du général Kutusoff. Ce dernier envoie un officier au général

Compans pour l'engager à ne pas défendre inutilement une position que les Russes pouvaient lui enlever aisément. Le général Compans, le bras encore en écharpe par suite d'une récente blessure, place son épée dans la main gauche, jette son chapeau à ses pieds et désigne au parlementaire la place où sa division attendra Kutusoff, position qu'elle n'abandonnera pas avant que l'armée française ait effectué son mouvement de retraite.

L'ensemble de la statue produit un effet satisfaisant. Le corps, peut-être un peu trop fortement cambré, est bien assis sur ses pieds. Son attitude n'a rien d'équivoque, et le geste significatif du général indique qu'il est prêt à mourir plutôt que d'abandonner le poste de l'honneur. L'expression et le calme du visage annoncent une détermination inébranlable que rien ne saurait changer. La tête manque un peu de noblesse, mais cela tient, nous le pensons du moins, à ce qu'elle se rapproche trop du portrait.

Une critique méticuleuse pourrait bien apercevoir çà et là quelques imperfections de détail; nous ne nous y arrêterons pas, et nous féliciterons M. Dorval d'avoir, tout en conservant la pureté des lignes, fait sentir, sous les vêtements, le modelé des formes et les mouvements d'ensemble que doit nécessairement provoquer la pensée énergique que le marbre était appelé à reproduire.

Le jury a accordé à M. Griffoul-Dorval un rappel de médaille d'or et renouvelé pour lui la demande de la croix de la Légion-d'Honneur qui avait été formulée par le jury de l'exposition de 1845. Cette haute distinction que le jury sollicite pour M. Dorval lui est due, non-seulement pour ses travaux de statuaire, mais encore pour les services qu'il a rendus à la ville comme professeur. Nous ne devons pas oublier qu'il fut, en 1834, l'un des quatre fondateurs du cours élémentaire de dessin, qui a produit des résultats si avantageux pour l'industrie et dont nous recueillons les fruits dans cette exposition.

M. SALAMON (feu) , à Toulouse.

La Charité (groupe). — La Charité, sous les traits d'une sœur de saint Vincent-de-Paul, vient de recueillir un enfant nouveau-né qu'elle presse contre son sein. Sa main droite aide un malheureux près d'expirer à se soulever; elle l'encourage du regard; ses traits angéliques et les consolantes paroles qu'elle a dû prononcer ont déjà relevé le courage de celui qu'elle vient de secourir. Un autre enfant, sans doute le frère du moribond, contemple avec émotion la scène touchante dont il est le témoin.

Le choix du sujet, la manière dont il est traité, la perfection des parties qui sont terminées, tout atteste ici la nature du talent de Salamon. Artiste par le cœur, il ne lui a manqué, pour devenir un habile statuaire, que d'avoir pu demander au ciel de l'Italie ce complément d'études que les œuvres du génie semblent seules avoir la puissance de communiquer aux adeptes.

Cette supposition que nous émettons ici est venue bien souvent caresser l'esprit du pauvre artiste qui, plus d'une fois, comme le poète, a dû se frapper le front en disant: *Il y avait pourtant quelque chose là.*

Nous n'analyserons pas la dernière page que Salamon a tracée dans les fastes de l'art et qu'il nous a laissée comme un touchant adieu. En présence d'un cercueil, nos regrets parleront plus haut que nos éloges, et la critique, si elle devait se produire, se tairait devant le deuil de la cité.

Rappels de Médailles d'Argent.

M. **PALAT**, statuaire, à Toulouse.

Une petite statue représentant le Temps ou Saturne jouant du violon, offre, quant à l'attribut, quelque originalité. Si c'est une pochade, elle est comique ; si le symbole est pris au sérieux, l'idée est au moins drôlatique. Le Temps, ce rude ménétrier, nous faisant danser le rapide rigaudon, qu'on nomme la *Vie,* nous plaît assez. Que si quelqu'un criait à l'anachronisme, nous lui citerions Holbein qui ne s'est pas fait scrupule de faire jouer du violon à ses affreux squelettes, le Poussin qui place une lyre dans la main du Temps pour faire danser les heures, etc., etc.; mais je m'arrête, car ce diable de violon me mènerait trop loin.

Le modelé de cette statuette est bien senti, les muscles bien attachés et fortement accentués. La tête seule manque d'expression et surtout de l'expression particulière qu'exigeait l'instrument étrange dont le sculpteur a gratifié Saturne.

M. **AUGÉ** (Eugène), statuaire, à Toulouse.

Jésus au jardin des Oliviers. — La tête du Christ est belle et présente le caractère de tristesse qui convient au sujet. Les autres parties de l'œuvre sont médiocres. On avait droit d'espérer davantage de la part de l'auteur de la *Mère pleurant son enfant,* qui avait obtenu une médaille d'argent à l'exposition de 1845.

Médaille d'Argent.

M. LARROQUE, statuaire, à Toulouse.

Un Christ en ivoire. — Le nord de la France avait seul autrefois le privilége de la sculpture en ivoire. Nous devons savoir gré à M. Larroque, sinon de l'avoir introduite à Toulouse, du moins de l'y avoir propagée en la cultivant avec succès parmi nous.

Son Christ, attaché sur la croix, est en général bien sculpté. L'attitude est convenable, la pose naturelle, et la tête exprime ce sentiment de souffrance et de résignation divine qui n'appartient qu'au Christ. Le torse est bien modelé et les extrémités sont rendues avec finesse. Quelques défauts de proportion dans la longueur des bras et quelques irrégularités dans l'attache de certains muscles, voilà la part de la critique.

Rappel de Médaille de Bronze avec éloges.

M. BROUSTET, statuaire, à Toulouse.

Le *Génie de la République.* — M. Broustet, qui aux précédentes expositions avait présenté des œuvres sérieuses, ne nous a envoyé, cette année, que quelques petits bustes et une esquisse de la *République* qui a déjà figuré dans un concours à Paris. Cette statuette a du style, de la noblesse dans la pose; les draperies sont élégantes et bien posées.

Médaille de Bronze.

M. FALGUIÈRE, statuaire, à Toulouse.

La statue en plâtre, représentant la *Résurrection de*

notre Seigneur Jésus-Christ, est due au talent du jeune Falguière. Ce morceau de sculpture se recommande par une étude sérieuse et approfondie de la nature. Quoique son auteur fréquente encore les écoles, il a voulu se montrer au grand jour ; il a compris qu'il pouvait descendre dans la lice avec des espérances fondées ; et, en effet, les productions de M. Falguière annoncent d'heureuses dispositions qui méritent d'être encouragées. On peut envisager son œuvre comme une étude académique. Elle est exécutée avec sentiment ; le torse tout entier, ainsi que les extrémités, sont bien étudiés ; l'expression de la tête du Sauveur est bien rendue ; sa physionomie est radieuse et convient à celle que doit avoir le Fils de l'homme sortant victorieux du tombeau.

Nous engageons M. Falguière à marcher sur les traces de M. Salamon et à réaliser les espérances que l'artiste fondait sur les heureuses dispositions de son élève.

M. Falguière a de plus envoyé à l'exposition le buste de M. Salamon ; c'est un acte de reconnaissance rendu par le disciple à la mémoire de son maître. Quoique ce buste ait été modelé de souvenir, il est d'une ressemblance frappante.

M. LATREILLE, statuaire, à Toulouse.

Les deux bustes envoyés au Musée par M. Latreille méritent des éloges. Celui de M. Lafont-Gouzi est très-ressemblant et remarquable par la finesse du modelé.

M. CALMETTES, statuaire, à Toulouse.

Corbeille de fleurs. — *Bouquet* (en terre cuite). — Ces objets sont traités avec délicatesse et parfaitement fouillés.

Ces qualités donnent à ce travail un intérêt particulier, et dénotent dans ce genre de sculpture un talent tout-à-fait spécial.

Mentions honorables.

M. BEURNÉ, restaurateur des figures antiques du Musée.

M. Beurné a exposé l'esquisse d'une statue de *Marcomir*, père de Pharamond. Ce travail, convenable en tout point, mérite des encouragements ; les six modèles de femmes savantes, inscrits sous le n° 4, se font remarquer par des poses simples, naturelles et sans afféterie. Nous attendons M. Beurné à la traduction de ses modèles en grand.

M. BAISSAS, à Narbonne.

Le *Christ en bois* de M. Baissas, outre le mérite de la difficulté vaincue, se recommande par l'expression de la figure et par le modelé du tronc. Les extrémités laissent à désirer.

Citation favorable.

M. GOURMANEL, à Toulouse.

Il y a beaucoup de goût dans le dessin de son devant de pendule. Il est sculpté avec finesse et fouillé avec soin. Son *Christ en bois*, quoique passablement sculpté, décèle trop le manque d'études anatomiques.

MEUBLES SCULPTÉS.

Médaille d'argent avec éloges.

M. CASSAGNAVÈRE (François), à Toulouse.

La sculpture en ornements a une grande importance. Elle est plus répandue, plus usuelle, plus nécessaire même que la statuaire. Elle participe d'ailleurs aux succès de celle-ci. Aux temps antiques, durant le moyen-âge et à cette époque si brillante que l'on a désignée sous le nom de *Renaissance*, le sculpteur ornemaniste a dû introduire des figures dans ses compositions, et ces figures ont quelquefois été des chefs-d'œuvre. Les boiseries de nos vieilles cathédrales offrent, en ce genre, des modèles toujours consultés. Les vases sacrés, et ceux qui étaient destinés aux usages ordinaires de la vie élégante, furent ornés de bas-reliefs remarquables, de ciselures magnifiques, et Benvenuto Cellini, et notre Nicolas Bachelier, furent le plus souvent, malgré leur incontestable talent pour la statuaire, des sculpteurs ornemanistes. Toulouse avait acquis, par le talent de cette sorte d'artistes, une haute renommée. C'était à Toulouse que l'on accourait, des vingt-trois diocèses du Languedoc et de tous ceux de la Guienne, pour acquérir les objets en métaux précieux destinés à la pompe du culte public; c'était à Toulouse que toute la population venait chercher les bijoux que la mode ornait de bas-reliefs, de figurines; c'était enfin de cette ville que sortaient ces laborieux essaims d'ornemanistes qui allaient, à la voix des évêques et des chapitres diocésains, créer ces boiseries si belles que l'on admire encore.

Le jury a retrouvé en M. Cassagnavère un digne imitateur de ces artistes modestes qui ne signaient presque jamais leurs ouvrages, et qui, sans songer à leur propre gloire, assuraient, pour l'avenir, celle des lieux qui les avaient vus naître et qu'ils avaient enrichi de leurs travaux. Le *Fauteuil monumental*, dû au ciseau correct et facile de ce sculpteur, a paru réunir tous les genres de mérite : pensée, grâce dans les détails, exécution hardie et soignée.

Médaille d'argent.

M. CRICQ (JOACHIM), à Toulouse.

On est trop souvent séduit à la vue de l'un de ces meubles somptueux que les habitudes de ce temps introduisent dans nos demeures; on en fait l'acquisition avec empressement, et, malgré leur prix élevé, on est encore porté à remercier l'industriel qui les fournit. Mais, lorsque la réflexion a succédé à l'enthousiasme, on se demande si ces ornements délicats, si ces agréables sculptures, si ces chantournements, bizarres mais gracieux, si les bouquets de fleurs qui décorent ces objets, sont vraiment des produits de ceux qui les ont vendus. On acquiert alors la conviction que tout ce qui en fait le prix a été façonné par des hommes trop ignorés, par de véritables artistes, par les sculpteurs en ornements, qui sont aussi figuristes, et l'on éprouve le besoin d'être reconnaissant, d'être juste envers eux.

M. Cricq, dont le ciseau est toujours facile, a fait une notable partie des ornements des divers meubles que nos ébénistes, nos bâtonniers, ont exposés cette année. Un seul concourait cependant pour les récompenses promises. M. Cricq l'a senti, et le *Prie-Dieu*, placé sous son nom, a prouvé qu'il devait être distingué. Le bas-relief qui décore ce meuble, fait d'après une composition célèbre de Jouvenet, est très-bien exécuté.

Médaille de Bronze.

M. BARUS (JACQUES), à Toulouse.

Ce jeune ouvrier a gracieusement sculpté le couronnement d'un fauteuil-Pompadour. Le blason qu'il a entouré de fleurs variées, dessinées d'après nature, est de bon goût. Ce travail minutieux atteste, chez son auteur, une grande facilité.

ARCHITECTURE.

Rappel de Médailles.

M. BONNAL, architecte de la ville de Toulouse.

Projet de construction pour les Facultés des sciences et des lettres, etc., etc. — Une loi, rendue en 1790 par l'Assemblée nationale, avait concédé à la ville de Toulouse la propriété de presque toutes les églises des monastères supprimés. Dans le nombre, on distinguait surtout celle des Dominicains. Une paroisse y fut établie; mais, plus tard, abusant du pouvoir, et ne trouvant aucune résistance de la part des autorités locales, le ministère de la guerre, tout en reconnaissant le droit de propriété de la ville, s'empara de cette église, de son cloître, des chapelles qui tiennent à celui-ci et transforma le tout en écurie. Vingt ans plus tard, un ingénieur, que le jury comptait cette année au nombre de ses membres, réclama, au nom de la religion, au nom de l'art, au nom des lois et de la propriété violées. Ce ne fut pas d'abord en vain. L'église des Dominicains, son cloître et les chapelles furent déclarés *Monuments historiques.* Le maire de Toulouse crut que ces vastes locaux seraient enfin rendus, et il ordonna des études pour que l'on pût y établir, selon la proposition de l'ingénieur déjà cité, les Facultés des sciences et des lettres, la Bibliothèque publique, et un Musée d'histoire naturelle.

M. Bonnal, architecte en chef, fut chargé de ces études.

L'église des Dominicains est divisée en deux nefs par des colonnes qui s'élèvent à une grande hauteur. Cette disposition indique que cet édifice devait avoir deux portes, une dans l'axe de chaque nef. Ces portes n'existaient pas depuis longtemps. M. Bonnal en a dessiné de nouvelles. Dans son projet, on revoit la flèche qui s'élançait autrefois de l'élégante tour qui existe encore. M. Bonnal abattait l'édifice qui sert aujourd'hui de caserne, il dégageait le cloître des constructions qui le cachent aux regards, et il élevait un édifice dans le style du quinzième siècle; c'était là que devait être placée la bibliothèque de la ville. Dans l'intérieur de l'ancien monastère, M. Bonnal établissait et les facultés et le musée d'histoire naturelle. Le vaste espace, qui s'étend entre l'ancien couvent et la rue de l'Hospice, transformé en jardin public, aurait donné ce qui manque à cette partie de la ville, ce qui lui manquera peut-être longtemps encore, une promenade intérieure, un air pur, des arbres et des fleurs.

Le travail de M. Bonnal, qui n'était connu que dans les bureaux de la Mairie, offre une bonne appropriation, un système élégant de constructions nouvelles et un ensemble remarquable.

Le même architecte a exposé le *Projet d'une église à construire dans la ville de Toulouse, paroisse de Saint-Aubin*. Ce projet avait été présenté à Mgr l'archevêque en 1840. On y trouve l'heureux emploi de l'architecture romane, que sa grandeur et sa majesté ont fait adopter aujourd'hui par un grand nombre d'architectes qui ont ainsi renouvelé l'art chrétien. Ce projet avait d'ailleurs l'avantage de ne point engager dans de trop fortes dépenses et d'être, par cela même, exécutable en peu de temps.

On retrouve le même style, la même pensée dans l'ouvrage exposé aussi par M. Bonnal, et qui a pour titre : *Plan, coupe et élévation de l'église construite à Saint-Martin-du-Touch, commune de Toulouse.*

M. Bonnal a présenté encore un autre projet, fruit de ses travaux et de son association avec M. Claret : c'est le plan, la coupe et l'élévation d'un théâtre pour la ville de Toulouse.

Médailles d'Or.

M. ESQUIÉ, architecte, à Toulouse.

Architecte du département, M. Esquié a montré, en mainte occasion, du goût, de l'esprit, de la convenance, dans ses diverses productions. Il a exposé le plan et l'élévation de cette gracieuse église de Saint-Martin-du-Touch que, déjà, dit-on, quelques constructeurs éloignés ont pris pour modèle. On a vu avec plaisir, à l'exposition, le projet de théâtre pour la ville de Toulouse, par le même artiste. Il obtint la préférence sur tous les autres présentés au concours jugé le 29 mai 1845. Depuis, les modifications indiquées, soit par le conseil des bâtiments civils, soit par le conseil municipal, furent approuvées le 5 mai 1846. Il y a là tout ce que l'architecture offre de charmes, sans s'écarter de la sévérité des règles, sans se jeter dans des combinaisons qui, pour être nouvelles, ne sont pas pour cela plus acceptables.

On doit au même auteur le projet d'une restauration du Capitole. On retrouve dans cet ouvrage tout le talent de l'auteur. Conservant la façade actuelle de cet édifice, il forme sur les deux ailes de vastes bâtiments, sans doute destinés à l'administration et aux académies; puis il crée un jardin dans lequel s'élève un édifice qui rappellerait, avec l'addition d'un élégant beffroi, la façade de cette ancienne partie du Capitole, qui, malgré ses défauts, offre cependant une masse élégante. Au fond, et séparé par des ombrages, il place le théâtre, dont une des faces se trouverait dans la rue *Porte-Nove*. Si cette restauration du Capitole et celle des Dominicains avaient été exécutées, on aurait fait des choses utiles et dignes d'une grande cité.

M. DELORT, architecte de l'église Saint-Aubin, à Toulouse.

En plaçant au-delà de l'enceinte formée par le Canal du Midi le lieu d'inhumation de la cité, le conseil municipal établit en principe que l'ancien cimetière serait conservé comme étant consacré par les sépultures qu'il renfermait et que ces sépultures ne seraient point violées. Plus tard, sans changer d'avis, le conseil accorda cent mille francs pour servir à la construction d'une église sur ce même terrain. Un concours fut ouvert, et, comme si l'on s'était défié des connaissances architecturales de nos concitoyens, on laissa au conseil des bâtiments civils le soin de choisir, parmi les projets présentés, celui qui lui paraîtrait réunir les meilleures conditions pour un édifice de ce genre. Le plan présenté par M. Delort fut accepté, il est encore en cours d'exécution, et nous espérons qu'il ne sera pas abandonné. Si, malheureusement, il en était autrement, on devrait regretter l'idée qu'on avait eue d'abord de doter, pour une somme médiocre, le faubourg Saint-Etienne et le nouveau quartier qui s'élève d'un monument convenable, mais en rapport avec les ressources restreintes de la ville. Ce projet, qui permettait d'environner de plantations pittoresques le saint édifice, aurait respecté les tombes, aujourd'hui bouleversées et, en sollicitant de pieux souvenirs, appelé la prière sur cette terre sanctifiée par tant de funérailles.

M. Delort, auquel on devra, lorsqu'elle sera terminée, la vaste église dont la partie souterraine est très-avancée, a exposé aussi le projet d'un théâtre pour la ville de Toulouse. Les plans, coupes et élévations qu'il a présentés ont montré combien l'auteur aime l'art qu'il cultive.

M. Delort a exposé aussi un projet en onze feuilles pour la reconstruction du *Capitole*, ou Hôtel-de-Ville de Toulouse.

Ces deux derniers projets avaient été déjà présentés dans plusieurs concours.

Médaille d'Argent.

M. MORTREUIL (Louis), à Toulouse.

Il existe en ce moment un grand nombre d'artistes, et ce ne sont pas les moins distingués, qui ont complètement renoncé au système greco-romain, lorsqu'il faut élever un édifice religieux. Ils étudient Sainte-Sophie, les églises de Ravenne, celles de Saint-Marc de Venise, de Cologne, de Strasbourg, de Chartres, de Reims, de Saint-Saturnin de Toulouse; en un mot, ils sont entrés, comme on l'a dit, en plein moyen-âge. Déjà M. Laffon avait mérité un succès légitime pour son projet d'achèvement de l'église de Saint-Etienne, dans lequel il déployait toute la noblesse du style ogival. M. Bonnal a, comme on l'a vu, suivi l'impulsion de l'époque. M. Mortreuil en a fait autant: il a, dans son projet pour l'église de Saint-Aubin, adopté le style roman ou à plein cintre. Il y a là une plus grande convenance d'économie que dans ces innovations malheureuses qui ont produit ce que l'on a nommé le *style renforcé*, style officiel, il est vrai, chez quelques hauts employés, mais que des critiques ne trouvent pas meilleur pour cela. L'aspect de l'édifice projeté par M. Mortreuil frappe par sa simplicité, par le grandiose et par le calme de la pensée.

M. Mortreuil a exposé aussi un projet d'*Hospice* ou de *Refuge pour la vieillesse*. L'on a remarqué, dans la distribution de cet édifice, d'excellentes dispositions en rapport avec les progrès de la science hygiénique.

Médailles de Bronze.

M. SAINT-ANDRÉ, architecte, à Toulouse.

Nos jeunes architectes sont presque tous entrés, il faut l'avouer, dans une voie qui doit les conduire à la renommée. Si quelques-uns dédaignent les conseils et les exemples et, ne cédant qu'à demi à l'opinion publique, n'abandonnent les Grecs et les Romains que pour s'attacher à un style que l'on pourrait appeler illégitime, si l'on ne le nommait monstrueux, tous les autres étudient avec persévérance, avec succès, le style religieux du moyen-âge. Presque tous ont senti que chaque monument doit avoir dans ses formes un caractère qui le fasse reconnaître. Vous placerez en vain une croix sur le fronton du Parthénon, ce ne sera jamais une église, ce sera toujours le temple de Minerve. Voulant édifier, pour le peuple errant de l'ancienne Judée, un lieu de prière, M. Saint-André, qui a paru avec avantage dans notre exposition, a présenté le dessin, la coupe et le plan d'une synagogue; mais le jury a remarqué qu'au lieu de s'inspirer de la Bible et des antiquités judaïques, l'auteur avait dessiné un monument qui, par l'adjonction d'un ou de plusieurs minarets, serait une mosquée, ou, sans cette addition, ce que l'on nomme un *Santon*..... Bordeaux possède une synagogue célèbre par ses formes et dont les éléments, à coup sûr, ont été puisés dans les livres saints. Comme composition pittoresque, comme étude, on a remarqué les divers ouvrages de M. Saint-André, ouvrages qui ont de l'élégance et qui promettent à la ville de Toulouse un bon artiste de plus.

M. DENAT (André), à Toulouse.

Ce jeune artiste a présenté à l'exposition plusieurs ouvrages qui dénotent beaucoup de patience et d'études. Il y a du talent dans son *Projet de restauration de la fontaine de la place Saint-Georges* ainsi que dans celui de son *Projet de fontaine pour la place Lafayette*. En choisissant ce site, il ne s'est peut-être pas assez rendu compte de la disposition des rues qui y aboutissent; elle est telle que la fontaine projetée ne serait aperçue sous aucun angle favorable. Parmi les autres ouvrages exposés par M. Denat, on a particulièrement remarqué le *Projet d'un tombeau de famille*. Si l'ornementation n'en est pas heureuse, on peut cependant citer cet ouvrage comme étude de lavis; il est digne d'attention et nous rappelle, en quelque sorte, les modèles de ce genre conservés dans nos écoles.

Mention.

M. OUILLAC, à Toulouse.

En considérant les projets de fontaine placés à l'exposition, quelques membres du jury ont pensé que, dédier des fontaines à des personnages plus ou moins célèbres, n'est pas toujours dans les convenances, que les images des grands hommes n'ont nullement besoin d'être environnées d'un grand luxe architectural, et qu'il paraît singulier de faire sourdre des eaux du piédestal de leurs statues. M. Ouillac, lui, a voulu élever un simple monument à M. de Loménie de Brienne, dont le costume archiépiscopal grossit et allourdit extrêmement la figure. L'on s'est demandé ensuite si la ville de Toulouse n'avait pas assez fait pour la mémoire de ce prélat? L'*Histoire de Languedoc*, nouvellement publiée, a démontré que ces quais, ces promenades, que l'on attribue généralement à M. de Brienne, ne sont point son ouvrage. Ce sont les Etats de la province qui, sans que l'archevêque de Toulouse ait rien fait à cet égard, ont ordonné l'exécution de ces monuments, demandée d'ailleurs avec instance par le corps des marchands de cette ville.

Citation favorable.

MM. BONAMY FRÈRES, pépiniéristes-dessinateurs, à Toulouse.

L'art de créer des jardins n'est plus ce qu'il était au dix-septième siècle. Aux pensées, aux créations grandioses de Lenôtre, de ses émules et de ses imitateurs, on a substitué un genre nouveau, qui, déjà, a subi plusieurs révolutions. On a voulu produire des effets piquants, obtenir, à l'aide de plantations et de quelques mouvements de terrain, des sites pittoresques, des points de vue romantiques. Il s'est formé plusieurs écoles d'architectes-paysagistes; une foule de livres ont été publiés à ce sujet, et c'est aujourd'hui, dans quelques contrées,

une très-grande, une très-sérieuse affaire que la création
d'un parc et d'un jardin. MM. Bonamy se sont fait distinguer, dans le pays que nous habitons, par leurs gracieuses compositions en ce genre. Ils en ont offert plusieurs
plans dessinés avec esprit, et le jury leur a accordé une
mention, qui sera pour eux une recommandation aux
yeux de ceux qui voudront joindre, aux champs qu'ils
possèdent, les agréments d'un parc dessiné avec goût ou
d'un jardin offrant, dans un petit espace, tout ce que ce
genre exige.

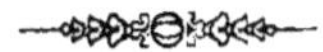

PLANS TOPOGRAPHIQUES.

Médaille d'Or.

M. VITRY (Joseph), inspecteur-voyer de la commune de Toulouse.

Si, aux temps anciens, on avait eu le soin, en faisant
le cadastre de notre ville, d'ajouter aux détails relatifs à
chacune de ses divisions administratives, nommée alors
Capitoulat, une carte, un plan topographique, ce travail,
très-imparfait sans doute, offrirait cependant aujourd'hui
une image de la cité au seizième siècle, et, par suite,
des moyens de comparaison, que nous ne pouvons avoir
qu'assez mal à l'aide du *canage* (on dirait aujourd'hui du
métré) des habitations. Mais cela n'a pas été fait, et s'il
nous reste quelques cartes de cette ville, gravées durant le
dix-septième siècle, ce ne sont que des approximations,
plus ou moins fautives, et qui, ayant d'ailleurs été faites
en perspective cavalière, ou à vue d'oiseau, ne donnent

point le tracé exact des habitations, qui ne sont presque jamais distinguées les unes des autres. Les rues ont d'ailleurs, dans ces cartes, une largeur décuple de leur largeur réelle, les places sont mal dessinées et la vue des monuments presque complètement fausse. Jouvin de Rochefort fit mieux que ses prédécesseurs. Au dix-huitième siècle, on eut à ce sujet des travaux estimables. Dupain-Triel, de La Lande, vers 1772, de Saget, Dezauche, Delmandrier, Vitry père, s'occupèrent, avec succès, du plan de la ville que nous habitons, avant l'époque où de grands événements politiques devaient changer nos institutions et, par une suite nécessaire, bouleverser, renverser, détruire en entier, une notable portion des édifices qui couvraient notre sol. M. Pascal Virebent avait entrepris et presque terminé un beau travail à ce sujet. On en demanda un autre à M. Rivet; celui-ci n'est point terminé. Dans les parties qui le sont, on trouve, sans doute de très-bons documents; mais ils n'ont pu servir à l'administration, et restent, sans être consultés, dans les archives du bureau du génie.

Le plan extrêmement exact, qui fait partie du cadastre du département, a vieilli, en quelque sorte, en présence des nombreux changements opérés dans la configuration de la ville.

Le décret impérial du 27 juillet 1808 et les réclamations nombreuses du ministère de l'intérieur engagèrent l'administration à faire dresser un plan général pour y tracer les alignements, et le 7 mai 1831, M. Joseph Vitry, architecte-voyer, fut chargé de cet immense travail, pour un prix qui n'égalait même pas les frais de copie. Ce travail, qui existe en entier dans le bureau du génie et qui est consulté plusieurs fois chaque jour, est l'un des plus beaux que l'on ait exécutés en ce genre. Mais l'auteur a cru, avec raison, que, pouvant être utile à tous, il devait être offert au public. La seule récompense à laquelle il aspirait, c'était la reconnaissance de ses concitoyens, et il a publié une réduction de ce plan immense, sur une échelle qui lui conserve encore une grande dimension. Dans le rapport lu à l'Académie des Sciences par M. Petit, directeur de notre Observatoire, on trouve un éloge complet et raisonné du plan de M. Joseph Vitry : « *Quant à la grande trigonométrie, dit-il, l'auteur s'est servi de celle qui lui appartenait, de celle qu'il avait obtenue pour son plan général d'alignement, à laquelle il a cependant ajouté une série de triangles émanant du nouvel Observatoire. Il en a rattaché, en outre, les divers sommets à l'Observatoire de Paris par des coordonnées perpendiculaires et parallèles à la méridienne de ce point, tout en conservant néanmoins, pour l'orientation du plan, la méridienne et la perpendiculaire qui passent par le clocher de la Dalbade.* » N'oublions pas d'ailleurs que tous les plans de Toulouse, sauf celui publié par M. Bellot, sont orientés, en général, de l'est à l'ouest, sans doute à cause de la forme de la ville. Celui de M. Vitry est orienté plein nord.

N'oublions pas qu'il a fallu surmonter de grandes difficultés et multiplier les travaux et les sacrifices, lorsque la réduction du plan a été reproduite sur deux pierres d'une forte dimension.

Si le plan de M. Joseph Vitry n'est point un ouvrage proprement architectonique, il rentre cependant, comme œuvre topographique, dans les attributions du jury qui l'a admis à l'exposition. Considéré comme travail scientifique et artistique, tous ceux qui ont examiné ce bel ouvrage l'ont considéré avec estime, avec reconnaissance. C'est le résumé des longues et consciencieuses études de l'un de nos architectes, c'est le plus beau travail qui, en ce genre, ait été fait à Toulouse; et, pour l'accomplir, il a fallu que l'auteur fût animé par un sentiment d'abnégation bien rare, et d'un désintéressement peu commun, car il est assuré qu'il aura encore perdu une forte somme, même après les encouragements que le conseil général du département lui a offerts. Les divers plans de Toulouse nous montrent l'image de la cité pendant environ deux siècles. Celui de M. Joseph Vitry, recherché après un laps de temps égal, ou plus longuement, fera voir aux générations à venir ce que devint Toulouse sous l'influence des idées nouvelles, à l'instant où son enceinte agrandie vit s'élever tant de constructions et surgir des quartiers tout entiers, dans les champs, dans les jardins qui, il y a moins de trente ans encore, environnaient ses vieilles murailles.

SECTION

DE

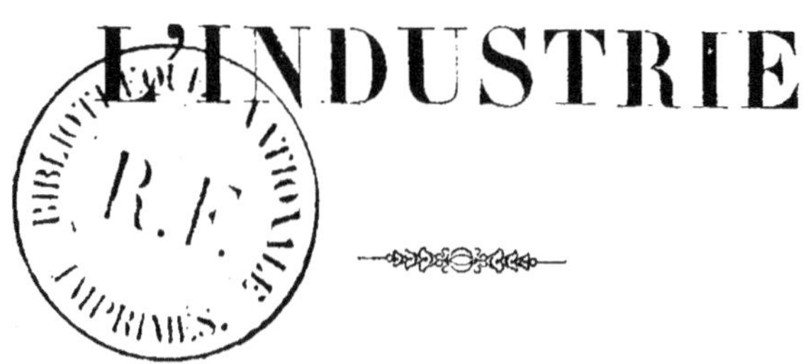

L'INDUSTRIE.

Toulouse a vu s'ouvrir, cette année, sa sixième exposition, non, comme précédemment, dans les salles du Capitole, mais dans les galeries du Musée. Nous applaudissons sincèrement au choix que le premier magistrat de notre cité a fait de ce magnifique local où les divers produits de l'industrie ont pu trouver, suivant leur destination, une classification plus méthodique. Le temps a manqué à l'autorité municipale pour compléter le majestueux ensemble que peut offrir ce beau monument, en ouvrant au public des salles inoccupées au-dessus des galeries du grand cloître.

L'exposition de 1850 a-t-elle été aussi belle que celle de 1845? Telle est la question que l'on s'adressait en parcourant le Musée. Nous sommes forcés de nous prononcer pour la négative. C'est un fait que nous constatons pour prouver combien les commotions politiques sont funestes aux progrès de l'industrie qui ne peut se développer que dans le scin d'une paix profonde ct loin du tumulte des passions.

Comme preuve de ce que nous avançons, nous donnons ici l'état comparatif du nombre des exposants et des récompenses décernées en 1845 et 1850.

RÉCOMPENSES DÉCERNÉES.	1845	1850
Eloges.	3	2
Rappels de médailles d'or.	10	15
Médailles d'or.	16	12
Rappels de médailles d'argent.	10	26
Médailles d'argent.	51	41
Rappels de médailles de bronze.	17	18
Médailles de bronze.	54	67
Mentions honorables.	67	50
Citations favorables.	31	21
Citations.	19	42
Total des récompenses.	278	294
Exposants non récompensés.	77	31
Total des exposants.	355	325

Le chiffre des exposants aurait été sans doute plus élevé, si la commission de réception n'avait pas cru devoir, comme les années précédentes, repousser des objets qui ne supposent dans leurs auteurs, au lieu d'un véritable talent, que le mérite d'une patience à toute épreuve. Puisse cette leçon leur profiter, ainsi qu'à ceux qui seraient tentés de les imiter! Les exposants doivent se rappeler de cette juste définition donnée par Dumarsais que

l'industrie est l'expérience appliquée aux besoins de l'homme.
Les ouvriers et les fabricants doivent s'appliquer à diriger
leur intelligence et leurs efforts vers des produits d'une
utilité reconnue qui puissent être pour eux l'objet d'un
commerce lucratif.

Plusieurs exposants, portés au livret, ne trouveront
pas leurs productions mentionnées dans le rapport : c'est
que le jury n'a pas pu, même par une simple citation,
recommander des objets dont le mérite était fort douteux,
sinon complètement nul. Que ces industriels ne se dé-
couragent pas ; qu'ils s'efforcent de conquérir sur leurs
rivaux l'avantage qu'ils ont perdu cette année !

TITRE PREMIER.

TISSUS.

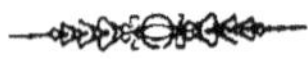

CHAPITRE Ier.

LAINES ET LAINAGES.

Section Ire. — Amélioration des Laines.

considérations générales.

L'industrie qui a pour but l'amélioration des laines est, sans contredit, une de celles qui méritent le plus d'attirer l'attention et l'encouragement des hommes sérieux et éclairés. Que de bras elle occupe en France, depuis le berger qui garde les moutons jusqu'à l'ouvrier qui donne le dernier apprêt aux laines! Quel mouvement de fonds ne produit-elle pas dans notre commerce intérieur et à l'étranger!

C'est donc, à juste titre, que cette industrie a été placée en tête des rapports des expositions. Ce premier rang lui a été assigné à raison de son importance et de son étendue. Pourquoi faut-il que nous ayons à déplorer cette année le peu de zèle des éleveurs de bêtes à laine? Un seul nous a présenté des laines en suint, alors qu'aux expositions précédentes les exposants étaient si nombreux.

Rappel de Médaille d'Argent avec éloges.

M. DUFFOUR-BAZIN, à Lectoure.

Trois toisons ont été envoyées à l'exposition par cet habile éducateur. L'une d'elles, à brins fins, longs et soyeux, nous rappelle les belles laines propres au peigne que cet exposant présenta en 1845. Les deux autres toisons sont remarquables par leur finesse. Elles ont plus de nerf que les plus belles laines d'Allemagne, et elles en ont presque la douceur. Si la France possédait de nombreux troupeaux comme ceux de M. Duffour-Bazin, elle cesserait bientôt d'être tributaire de l'étranger pour l'alimentation de ses importantes fabriques.

Le jury rappelle avec éloges à cet honorable agriculteur la médaille d'argent qui lui fut décernée à la dernière exposition.

SECTION II. — FILAGE DE LA LAINE.

Mention honorable.

M. HIGOUNENC, à Bédarieux (Hérault),

A exposé quatre échantillons de laine déflochée. Le déflochage de la laine atteste un progrès économique dans l'industrie manufacturière. C'est une idée ingénieuse que de faire un tissu avec des matières qui ont servi à d'autres tissus. Toutefois, nous devons dire que les laines déflochées ne peuvent être employées et utilisées qu'en les mêlant dans des proportions convenables avec des laines neuves.

Le jury accorde à M. Higounenc une mention honorable.

SECTION III. — TISSUS DE LAINE.

Rappel de Médaille d'Or avec éloges.

MM. VERNAZOBRES jeune et Ce., manufacturiers, à Bédarieux.

Les cinq pièces de drap que cette maison a présentées cette année soutiennent la haute réputation qu'elle s'est depuis longtemps acquise. En 1845, ces habiles industriels n'avaient exposé que des draps d'un prix élevé. Nous les félicitons, cette année, d'avoir choisi leurs produits dans les prix à la portée de la plus modeste aisance ; ce qui nous prouve que cette maison obtient un succès égal dans tous les genres de fabrication.

Le jury décerne à MM. Vernazobres jeune et Ce le rappel, avec éloges, de la médaille d'or qu'ils avaient obtenue à l'exposition de 1845.

Rappel de Médaille d'Argent.

M. JUHEL-DESMARES, manufacturier, à Vire (Calvados),

Est un industriel habitué aux succès. Son nom a figuré avec avantage dans presque toutes les expositions de la capitale. Si l'on juge de l'habileté de ce fabricant par les produits qu'il a présentés à notre exposition, on reconnaîtra, avec plaisir, que la réputation qu'il s'est acquise est justement méritée. Les quatre pièces de drap castor et cuir-laine donnent une haute idée de sa capacité manufacturière.

Le jury se plaît à rappeler à cet habile et généreux (1) fabricant le rappel de la médaille d'argent qui lui a été décernée à la dernière exposition nationale.

(1) M. Juhel-Desmares, ayant appris qu'une loterie s'organisait dans

Médaille de Bronze avec éloges.

M. AUBEUX, fabricant, à Paris,

A présenté seize coupons d'étoffes de cachemire pour gilets. Leur tissu est bien fait; les dessins ont des dispositions assez heureuses; il y a de l'harmonie dans les couleurs.

Simple ouvrier en 1842, M. Aubeux, par son activité et son intelligence, a su se placer, avec distinction, au nombre des bons fabricants de nouveautés de la capitale.

Aussi, le jury, voulant récompenser les efforts de cet industriel, lui décerne, avec éloges, la médaille de bronze.

Médaille de Bronze.

M. BONNAFOUS aîné, à Mazamet.

Ce fabricant a exposé trois pièces de flanelle croisée dont on admire la bonne confection. La différence qui existe dans leurs prix respectifs est en parfait rapport avec leur qualité.

Le jury, désirant encourager les efforts de cet exposant, lui vote une médaille de bronze.

un but d'intérêt général, en favorisant aux exposants un écoulement facile d'une partie de leurs produits, a offert de contribuer au succès de cette loterie en offrant à moitié prix une des plus belles pièces de drap exposées. M. Juhel-Desmares n'avait réservé, en échange de son offre, qu'un simple billet de loterie.

CHAPITRE II.

SOIES ET SOIERIES.

Section Ire. — Cocons, Soies grèges et filées.

§ 1er. — *Cocons et Soies grèges.*

CONSIDÉRATIONS GÉNÉRALES.

Depuis quelques années, la production de la soie a fait d'immenses progrès dans le département de la Haute-Garonne et dans le sud-ouest de la France. Guidés par les expériences entreprises sous les auspices du Gouvernement qui encourageait la propagation générale de cette belle industrie, nos agriculteurs se sont livrés avec ardeur à une exploitation qui jadis était très-profitable et qui avait, pour ainsi dire, disparu de notre sol par l'effet de la terreur de 93 ; mais n'a-t-on pas poussé au-delà de ses limites la culture du mûrier, et dans les nombreuses plantations qui ont été faites, n'a-t-on pas cédé à une impulsion peu réfléchie dont on n'avait pas su prévoir toutes les conséquences? L'industrie séricicole n'est pas chose aussi simple et aussi productive que certains enthousiastes le pensent. On doit la maintenir dans les conditions qui lui sont propres et l'associer aux cultures naturelles de notre sol, sans avoir l'ambition de la substituer à aucune d'elles.

Si les éducateurs des vers à soie n'ont pas envoyé des échantillons des produits de leurs magnaneries, comme ils l'avaient fait à nos précédentes expositions, c'est parce que, sans doute , le marché public, qu'une administration municipale généreuse et éclairée leur a ouvert , est le terrain le plus convenable pour leurs exhibitions.

On désigne sous le nom de *soie grège* le produit immédiat du dévidage des cocons; le titre de la soie indique le nombre de cocons qui ont concouru à former le fil. La soie grège sert à la fabrication des toiles à bluter les farines et matières qui doivent être tamisées. Les autres tissus de soie sont fabriqués avec des fils formés par le moulinage des soies grèges de divers numéros.

Mention pour mémoire.

MM. COUDERC et SOUCARET, filateurs et fabricants de gazes
à bluter, à Montauban,

Ont envoyé des soies de 4|5 à 13|14 cocons. Ces produits sont remarquables et témoignent de l'habileté des fileuses et de la bonne qualité des cocons employés.

M. LAURENT, à Toulouse,

A présenté cinq flottes de soie filée à 2, 4, 14, 24 et 50 cocons.

La soie à 2 cocons est un peu crépue et manque peut-être de croisure. Celle à 50 cocons a dû présenter de grandes difficultés dans son exécution. Filée à ce titre, la soie peut être employée, sans autre préparation, à la confection des gazes *Zurich*, destinées à extraire de la farine les sons et les gruaux. Les 50 filaments qui composent cette soie sont parfaitement unis entre eux et se séparent plus difficilement que les deux fils dont la réunion forme les soies des titres 10 et 20 que quelques fabricants produisent, comme soies ouvrées, par l'opération même du dévidage des cocons.

M. BONNAL, à Montauban,

A exposé des soies à 2|3 , 3|4 et 4|5 cocons. Ces soies sont très-belles; mais, filées depuis un an, elles ont perdu de leur éclat.

M. RAYNAUD, filateur et fabricant de gazes, à Toulouse,

A présenté des soies à 3, 4, 5, 6, 10 et 20 cocons. Les soies de ces derniers cocons ont été ouvrées en filant.

Ce fabricant a fait exécuter, devant la commission du jury, de la soie à 40 cocons, composée de 4 fils de 10 cocons chacun. Dans cette opération, qui se fait avec deux bassines, chaque fileuse conduit deux groupes de 10 cocons dont les fils se joignent d'abord entre eux et se réunissent, à l'aide d'une forte croisure, à ceux qui sortent de l'autre bassine.

M. Tessier-Ducros, habile filateur à Valleraugue (Gard), avait envoyé à l'exposition nationale de 1844 un échantillon de soie à 48 cocons, qui fut considéré comme un chef-d'œuvre de filature. Cette soie avait été obtenue par le procédé qu'emploie M. Raynaud. La soie filée par ce dernier à 40 cocons est d'une parfaite exécution, de même que celle des divers autres numéros qu'on peut regretter seulement de trouver sous de trop faibles échantillons.

Le jury a cru devoir réunir, dans les récompenses dont MM. Laurent, Raynaud, Bonnal, Couderc et Soucaret ont été l'objet, leurs soies filées avec les autres produits de leurs fabriques.

Mention honorable.

M. MARAVAL, filateur, à Lavaur,

A envoyé quatre écheveaux de soie filée à 5 cocons.

Il est à regretter que cet exposant n'ait fourni aucun renseignement sur l'étendue de sa filature. Le jury n'a eu qu'à juger la qualité des produits soumis à son examen; il lui accorde toutefois une mention honorable.

Citation.

Mᴵˡᵉ **CEPET**, à Lavaur,

A envoyé deux flottes de soie fine dont elle n'a pas fait connaître les numéros. Ces produits ont paru convenables. Le jury les a jugés dignes d'une citation.

§ 2. — *Soies à coudre et à broder.*

Toutes les personnes qui s'intéressent au succès de l'industrie séricicole et qui désirent la voir prospérer à Toulouse voient avec regret que deux choses manquent, une étuve publique propre à étouffer la chrysalide, et, pour les filateurs et les fabricants de tissus de soie, un appareil de moulinage. On voit, par les essais qui ont été tentés et dont les résultats n'ont pas été infructueux, que nos filateurs cherchent à s'affranchir du tribut onéreux qu'ils paient aux mouliniers étrangers pour la préparation des soies destinées au tissage. Les graves inconvénients qu'entraîne l'envoi des soies filées ont fait désirer de voir créer dans notre cité un appareil de moulinage qui pût suffire aux besoins de nos fabricants.

Une demande en subvention a été adressée au conseil municipal; mais nous craignons que l'état des finances de la ville ne soit un obstacle sérieux à l'accomplissement du vœu que nous formons pour l'avenir d'une industrie qui reçoit déjà une assez large part d'encouragement sur les deniers publics. Aussi, est-ce avec un intérêt bien vif que l'on a cru reconnaître, à l'occasion de quelques produits exposés, que Toulouse possède les germes de la nouvelle industrie dont nous signalions plus haut l'absence.

Médaille de Bronze.

M. XAVIER, fabricant, à Toulouse,

En exposant des soies floches et des soies à coudre, paraît avoir présenté la solution désirée. Ces échantillons, dont la beauté a frappé le jury, l'ont amené à demander à ce fabricant quels étaient ses moyens de fabrication et quelle était son importance. Nous regrettons bien vivement que ses ressources pécuniaires ne soient pas assez abondantes pour le développement de l'industrie qu'il a importée. Espérons que la fortune privée lui viendra en aide pour assurer le succès de ses efforts.

Avec les moyens très-insuffisants dont il peut disposer, M. Xavier exécute avec habileté toutes les opérations que doit subir la soie avant et après sa torsion à la machine et son passage à la teinture. Ces opérations sont nombreuses et délicates ; elles constituent une véritable industrie dont le travail du moulin n'est plus que l'accessoire matériel qu'une machine peu coûteuse doit opérer.

Le jury, voulant récompenser le mérite réel et les efforts de M. Xavier, lui décerne une médaille de bronze.

SECTION II. — SOIES OUVRÉES.

§ 1er. — *Etoffes de soie.*

Rappel de Médaille d'Or avec éloges.

MM. ROUGET FRÈRES, fabricants, à Toulouse.

Nous ne répèterons pas, au sujet des produits de ces

fabricants, ce que nous avons dit dans le compte-rendu de la dernière exposition. Nous dirons cependant que leurs beaux tissus ne le cèdent en rien à ceux de 1845. On y découvre même de nouvelles perfections; ainsi les lampas pour meubles et les damas pour ornements d'église peuvent rivaliser avantageusement avec les fabriques de Tours et de Lyon.

MM. Rouget n'avaient monté, il y a quelque temps, que cinq métiers-Jacquart; aujourd'hui dix suffisent à peine à leur fabrication.

Le jury rappelle, avec éloges, à ces honorables exposants la médaille d'or qui leur fut décernée en 1845.

Rappel de Médaille d'Argent.

M. CARQUILLAT, maître-ouvrier, à Lyon,

A exposé, comme nouveau produit de son industrie, un tableau, tissé en soie, représentant S. S. le pape *Pie IX*. C'est un chef-d'œuvre au moins égal, s'il n'est même supérieur, au tableau du même fabricant qui représentait la visite qui fut faite à son atelier par M. le duc d'Aumale.

M. Carquillat a eu l'heureuse idée de mettre ses deux tableaux en présence, afin que le jury pût les apprécier par comparaison. A notre avis, le tissage du portrait du Pape nous a paru présenter plus de difficultés, pour reproduire surtout le dessin en hachures avec une perfection aussi remarquable.

M. Carquillat a obtenu, à la dernière exposition nationale, une médaille d'argent. Le jury a cru de toute justice devoir lui rappeler cette récompense, ainsi que celle qui lui fut décernée à Toulouse en 1845.

§ 2. — *Rubans.*

.   .   .   .

§ 3. — *Etoffes en filoselle.*

Médaille de Bronze.

M. GUIBLAUD (L.-Auguste), fabricant, à Semalens,

A exposé trois belles pièces de filoselle ; l'une est en chaîne-coton, les deux autres sont en chaîne-filoselle.

Longtemps la ville de Castres a eu le monopole de ce genre d'étoffe. Il est évident, en examinant les trois coupes exposées, que désormais la petite ville de Semalens peut rivaliser, pour cette fabrication, avec la ville de Castres.

Le jury décerne à M. Guiblaud une médaille de bronze.

§ 4. — *Gazes et Toiles à bluter.*

On distingue les toiles à bluter, en toiles proprement dites et en gazes dites *Zurich*. La différence qui existe entre ces deux tissus consiste en ce que dans les toiles les fils de la trame passent alternativement dessus et dessous chaque fil de la chaîne, tandis que dans les gazes *Zurich* il y a deux fils de la chaîne à chaque dent du peigne, et que la lisse fait mouvoir ces deux fils, de manière à ce qu'ils forment, en quelque sorte, deux nœuds, entre lesquels se trouve fixé chaque fil de la trame. Par cette disposition, la forme des mailles carrées qui composent le tissu est presque inaltérable. Ce genre de fabrication a encore pour résultat inévitable de retrécir l'espace libre pour le tamisage. Aussi, n'est-il applicable qu'aux tissus à larges ouvertures destinées à la séparation des matières les plus grossières de la mouture, telles que les sons et les gruaux. Cette disposition, indispensable pour maintenir l'égalité entre des fils dont l'écartement est parfois de plusieurs millimètres, peut être appliquée également à des tissus plus serrés. Elle en prévient l'éraillement et les rend supérieurs, pour la durée, aux simples toiles; mais, comme ces dernières coûtent moins, tant à raison de la quantité de matière employée que relativement à la main-d'œuvre et qu'elles présentent moins d'obstacles au passage des matières, elles sont préférées pour le blutage des parties fines de la farine.

Les gazes *Zurich* exigent des fils d'autant plus forts qu'ils doivent être plus écartés. Les soies grèges, à moins de les filer à un très-grand nombre de cocons, ainsi qu'ont entrepris de le faire MM. Laurent et Raynaud, ne sauraient être employées à la confection de ces gazes. L'opération du doublage et du moulinage devient donc, pour ce genre de fabrication comme pour celle de tous les autres tissus de soie, un intermédiaire indispensable entre le travail de la filature et celui du tissage. Ces observations donnent une nouvelle force au vœu que nous avons émis de voir s'établir à Toulouse un atelier de moulinage.

Après avoir établi la distinction qui existe entre les deux espèces de tissus exposés, nous allons donner les résultats obtenus par l'examen des nombreux échantillons exposés.

Rappel de Médaille d'Or.

MM. COUDERC ET SOUCARET, à Montauban,

Dont nous avons déjà loué les soies grèges, ont envoyé une collection complète des produits de leur fabrique.

Les numéros de leurs gazes et toiles à bluter sont de 12 à 230. Ce dernier numéro sert de limite aux toiles d'un emploi utile. Les gazes des numéros 180 à 230 sont particulièrement recherchées par l'Espagne. Les minoteries françaises n'emploient guère les toiles à bluter au-delà du numéro 150.

La fabrique de MM. Couderc et Soucaret est la plus importante des établissements de ce genre en Europe. Créée en 1830, elle se composait de six métiers, qui successivement, par l'habileté et les ressources de ses créateurs, ont été portés à cent cinquante et à cinquante-deux bassines. Elle occupe plus de deux cent cinquante ouvriers et contribue, pour une large part, à l'écoulement des cocons apportés sur le marché de Toulouse et au développement, dans nos contrées, de l'industrie sérigène.

MM. Couderc et Soucaret ont obtenu, à la dernière exposition de Toulouse, une médaille d'argent. Le jury central de l'exposition nationale de 1849 a décerné à ces habiles fabricants la plus haute des récompenses, la médaille d'or. Le jury de Toulouse ne peut que la leur rappeler.

Médaille d'Argent.

M. RAYNAUD, à Toulouse,

A exposé des gazes *Zurich* des numéros 30 à 90 et des toiles à bluter de 100 à 150. Ces tissus sont très-beaux; comparés aux produits des précédents exposants, ils ont paru souvent d'un mérite égal.

M. Raynaud, associé en 1845 avec M. Rouget son

beau-frère, avait obtenu, pour les soies grèges qu'il avait exposées, le rappel de la médaille de bronze qui leur avait été décernée à l'exposition de 1840. Le jury, considérant que M. Raynaud, en conservant seul la filature de soie, a joint à son ancienne industrie une fabrique de toiles à bluter, remarquables par leur perfection, lui accorde une médaille d'argent. Ce serait une injustice que de ne pas citer, avec éloges, dans ce rapport, M. Bousquet, ouvrier d'une haute capacité, qui, par son intelligence, seconde si habilement les efforts de son chef.

Rappel de Médaille de Bronze avec éloges.

M. LAURENT, à Toulouse,

N'est pas resté au-dessous de l'opinion que le jury s'était formée de ses produits. Il est heureux de constater que ses toiles à bluter peuvent entrer en concurrence avec celles des autres fabricants. Aussi, le jury lui accorde le rappel, avec éloges, de la médaille de bronze qu'il a obtenue aux précédentes expositions.

Rappel de Médaille de Bronze.

M. BONNAL, à Montauban,

A présenté des gazes *Zurich* des numéros 15 à 50 et des toiles à bluter des numéros 80, 100, 110, 130, 140, 160, 170 et 180.

Ces tissus, quoique de belle qualité, ont paru inférieurs à ceux des deux premiers concurrents. Toutefois, le jury a été unanime pour rappeler à M. Bonnal la médaille de bronze qu'il a obtenue à l'exposition nationale de 1849.

CHAPITRE III.

LIN ET CHANVRE.

SECTION Ire. — FILATURE.

SECTION II. — TISSAGE.

§ 1er. — *Toiles ouvrées et damassées.*

Médaille d'Or.

M. BÉGUÉ (FÉLIX), fabricant, à Pau,

A exposé une série remarquable d'objets de linge de table, fil blanc et écru, à carreaux et à dessins damassés.

La fabrication de cet honorable industriel, dont les produits avaient fait défaut depuis 1840, atteste de véritables progrès qui ont paru notamment plus sensibles dans une nappe d'autel et dans un beau service de table damassé dont le dessin (une chasse) est dû au crayon inventif et correct de Mlle Bégué.

Malgré la concurrence active des fabriques du Nord, M. Bégué, fidèle aux bonnes traditions béarnaises, a religieusement conservé les laizes et les longueurs de ses nappes et de ses serviettes ; il en a également maintenu la force et la bonne qualité. Nous devons signaler et louer en même temps ce système de fabrication qui donne une plus longue durée à ces toiles et les fait particulièrement rechercher par les consommateurs du Midi, malgré leur prix plus élevé que les toiles des fabriques du Nord.

Le jury, considérant les efforts qu'a faits M. Bégué pour conserver au Béarn l'antique réputation de son linge de table et le succès qui a couronné son patriotique dévouement, lui décerne la médaille d'or.

Médaille d'Argent.

M. CASSÉ (JEAN), fabricant, à Lille (Nord),

A envoyé à notre exposition les nombreux et riches produits de sa fabrique pour lesquels il a pris un brevet en France et une patente en Angleterre. Ce genre de fabrication, qui permet de tisser aux quatre coins des serviettes des sujets différents, est un important perfectionnement à la mise en carte, qui ne se retrouve que dans le linge damassé de l'exposant.

Les produits de M. Cassé sont fins, apparents; leurs lisières sont parfaites. Le blanc et l'apprêt ne laissent rien à désirer. Si la main ne trouve pas dans ces toiles ce qu'elle voudrait y rencontrer, l'œil, du moins, est satisfait. Toutefois, nous rendons une entière justice à la correction et au luxe des dessins. Il y a une finesse de détails que l'on n'a pas encore rencontrée dans les produits d'aucune autre fabrique.

Le jury a jugé M. Cassé digne de la médaille d'argent.

Mention honorable.

M. MAURAN, tisserand, à Toulouse,

A exposé douze douzaines de serviettes en fil écru, dans le genre panissière. C'est de la toile excellente, faite consciencieusement dans sa laize et dans sa longueur, et très-bonne pour le consommateur qui tient surtout à la durée.

Le jury, voulant récompenser le travail de cet honnête ouvrier, lui accorde une mention honorable.

§ 2. — *Batistes, Toiles fines, etc.*

. . . .

§ 3. — *Toiles communes, unies, etc.*

Mention honorable.

M. LÉZÉRAC AÎNÉ, fabricant, à Toulouse.

Cet exposant a présenté quatre coupes coutil fil pour pantalon.

Ces coutils sont bons et solidement établis; mais ils n'ont pas toute l'apparence et toute la régularité de ceux qu'on fabrique dans le Nord. Le mérite de ces toiles est dans leur durée. Nous engageons M. Lézérac à perfectionner sa fabrication, et nous ne doutons pas qu'il ne fasse bientôt disparaître les défauts que nous signalons.

Le jury lui accorde, à titre d'encouragement, une mention honorable,

§ 4. — *Cordages.*

Rappel de Médaille de Bronze avec éloges.

M. BOUCHARD, à Nevers (Nièvre),

A exposé plusieurs échantillons de cordages également remarquables par leur solidité et par leur perfection. Le jury a appris avec plaisir que l'importance de ses ateliers a augmenté depuis 1845. Aussi, il lui accorde le rappel, avec éloges, de la médaille de bronze qui lui fut décernée à cette époque.

CHAPITRE IV.

COTON.

SECTION Ire. — FILATURE.

. . . .

SECTION II. — TISSUS.

§ 1er. — *Etoffes.*

Médaille d'Or.

MM. DAUDVILLE (A) et Comp^e., fabricants, à Saint-Quentin,

Ont exposé des échantillons et des pièces entières en tissus de coton brochés, damassés, etc.

On n'a pas oublié que, dans les premiers temps où fut connue l'ingénieuse invention de Jacquart, on borna son application à la fabrication des tissus du prix le plus élevé. Aujourd'hui, grâces à la marche progressive de toutes les parties du tissage, aux nombreux essais tentés et aux sacrifices répétés des hommes éminents de cette industrie, le métier *Jacquart*, mis à la portée de toutes les intelligences ouvrières, ne fonctionne pas seulement pour le riche, il pourvoit encore aux besoins de l'artisan et lui procure le luxe à bon marché. Pour justifier ce que nous avançons, il nous suffit de dire que la fabrique de Saint-Quentin offre des tissus *guîpures* dans des dessins très-riches, à 60 centimes le mètre. Les tissus dits *vitrages, ramages,* etc., sont cotés de 70 à 80 centimes.

Parmi les échantillons que les exposants ont présentés, le jury a remarqué un tissu qu'ils appellent *mousseline-batiste extra-fine brochée*, cotée au prix de 2 fr. 75 c. le mètre. Ils affirment être les premiers qui soient parvenus à faire de la mousseline brochée avec une chaîne n° 150 et une trame n° 220, et que c'est par un perfectionnement dans le montage qu'ils ont atteint ce résultat, ainsi que la netteté des contours du dessin. Le jury a applaudi à cet essai dont il se plaît à constater la complète réussite.

Nous parlerons encore des pièces entières qui font partie de l'exhibition de MM. Daudville. Nous signalerons surtout les deux grands stores, dont l'un représente, de la manière la plus gracieuse, une fontaine avec des lions et des cascades; dans l'autre store, qui, à notre avis, est la pièce capitale, un habile crayon a placé au centre un groupe d'enfants, entourés de fleurs, de fruits, de papillons, etc., disposés élégamment et sans confusion. Enfin, MM. Daudville ont offert les prémices de l'une de leurs inventions. C'est un grand rideau portant un bouquet au centre et dans lequel les exposants ont groupé tous leurs genres de fabrication. Ils ont résolu le problème, jusqu'alors insoluble, qui consiste à produire simultanément, sur le même tissu, des effets de dessin, de gaze sur mousseline et réciproquement, de broché simple et double, de guipures, etc. Espérons que cette heureuse innovation trouvera bientôt de nombreux imitateurs. Ce sera une conquête industrielle ajoutée à toutes celles dont la fabrique de Saint-Quentin a le droit de s'enorgueillir.

Le jury, considérant que l'exhibition de MM. A. Daudville et Comp^e a incontestablement occupé le premier rang dans la série des tissus, accorde à ces habiles fabricants, comme une juste récompense de leurs efforts, une médaille d'or.

§ 2. — *Couvertures.*

Mention honorable.

M. DELPECH, fabricant, à Bordeaux,

A exposé trois couvertures de coton, dont deux croisées et une lisse. Nous ferons à cet exposant le reproche que lui adressait le jury de l'exposition de 1845. Le tissu de ces couvertures n'est pas assez serré et manque de nerf. La matière première employée à leur fabrication est bonne. Le jury ne croit pas encore devoir accorder à M. Delpech une récompense plus élevée qu'une mention honorable.

§ 3. — *Tissus, soie, laine et coton.*

Rappel de Médaille d'Argent.

MM. MEYNARD FRÈRES, fabricants, à Nismes,

Ont présenté à l'exposition une série d'articles de leur fabrication, composée de gants de cachemire et de soie satinée, de guêtres d'enfants, de mitaines, de réseaux, etc. Tous ces objets ont paru, au jury, justifier la haute opinion qu'on s'était formée de ces fabricants. Leurs produits, dont la confection est en général si minutieuse, trouvent de nombreux débouchés, tant en France que dans l'étranger. Cette importante maison a obtenu une médaille d'argent à l'exposition nationale de 1834. Elle lui a été rappelée en 1839 et en 1844. Le jury de Toulouse se plaît à reconnaître que MM. Meynard sont toujours dignes de cette récompense.

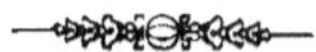

CHAPITRE V.

TISSUS IMPRIMÉS.

La teinture et l'impression des tissus constituent à Toulouse une des branches les plus importantes de l'industrie. L'exposition actuelle démontre que nos fabricants, dans ce genre, sont entrés largement dans la voie du progrès. La plupart des produits que le midi de la France allait chercher, il y a quelques années, dans les manufactures du Nord sont préparés aujourd'hui dans notre ville avec le même degré de perfection ; il en est même quelques-uns pour lesquels l'industrie toulousaine se montre supérieure à celle des autres parties de la France.

Rappel de Médaille d'Or.

MM. JOSSERAND et Compᵉ., fabricants, à Toulouse,

Ont exposé des échantillons très-variés de toiles imprimées. Le jury a signalé, avec plaisir, la bonne confection des articles dits *lapis* que MM. Josserand préparent avec une remarquable perfection. Il leur sait gré d'avoir fait une exhibition de fonds unis, car c'est là surtout qu'on peut apprécier le soin apporté à la préparation de ces produits. Les couleurs bronze et cannelle appliquées à quelques-uns de ces tissus se distinguent par leur pureté et leur vivacité.

Le jury, considérant que MM. Josserand soutiennent avec avantage la réputation que leur maison s'est acquise, leur rappelle, avec satisfaction, la médaille d'or qu'ils avaient obtenue en 1845.

Médaille d'Or.

MM. BRUN et Comp^e., fabricants, à Toulouse,

Ont envoyé à l'exposition de nombreux échantillons de tissus imprimés. Les châles *lapis*, qui ont été soumis à l'appréciation du jury sont fabriqués avec soin et avec beaucoup de goût. On a remarqué, avec satisfaction, parmi les produits sortant de la manufacture de MM. Brun, les foulards de coton dont le fond de couleur chamois est d'une grande pureté et d'une grande délicatesse. La couleur rouge qui est appliquée sur ces foulards est d'une vivacité remarquable. Ces produits peuvent soutenir la comparaison avec les meilleurs produits de ce genre provenant des fabriques du Nord.

MM. Brun ont également exposé des échantillons d'étoffe dite *perse*. Ce n'est que depuis peu de temps qu'ils se livrent à ce genre de fabrication. Cet essai est heureux et promet pour l'avenir.

Le jury constate que ces habiles industriels ont ajouté de nouveaux articles à leur fabrication, qu'ils ont introduit de notables améliorations dans leur industrie ; aussi, croit-il juste de leur accorder une médaille d'or.

Médaille de Bronze.

MM. MEYSONNIER et Comp^e, fabricants, à Toulouse,

Ont présenté plusieurs échantillons de fichus imprimés. Leur fabrique, établie depuis peu de temps, n'a, pas encore acquis une très-grande importance. Toutefois, le jury, satisfait de la bonne exécution des produits soumis à son appréciation par MM. Meysonnier et Comp^e., leur accorde une médaille de bronze.

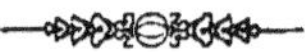

CHAPITRE VI.

TISSUS DIVERS.

SECTION Ire. — TAPIS.

Nouvelle Médaille d'Argent avec éloges.

MM. VAYSON (THÉODORE) et Comp^e., fabricants de tapis, à Paris,

Ont exposé deux tapis moquette qui se distinguent par la force du tissu, l'excellent choix des matières premières et la solidité des couleurs. Les dessins de ces tapis sont élégants et d'une grande distinction. Cette maison avait acquis une très-grande importance, puisqu'avant 1848, elle avait quatre-vingts métiers en activité. Les événements politiques qui se sont accomplis à cette époque les avaient réduits de moitié. Ils sont maintenant remontés à soixante.

MM. Vayson (Théodore) et Comp^e ont obtenu, à l'exposition de 1845, une médaille d'argent comme récompense de leurs efforts pour suivre la voie du progrès. Le jury de 1850, constatant de nouvelles perfections dans les beaux produits de leur fabrication, leur décerne, avec éloges, une nouvelle médaille d'argent.

SECTION II. — BRODERIES.

§ 1er. — *Ornements d'église.*

Médailles d'Argent.

M. BENT, brodeur, à Toulouse,

A exposé une bannière en velours cramoisi, brodé or et argent, et une chasuble en drap d'or.

Nous voyons, avec plaisir, que le bon goût a présidé au choix du dessin de la bannière sur laquelle il a exécuté divers genres de broderie qui produisent un bon effet.

Le jury, attendu les progrès sensibles signalés dans la fabrication de M. Bent, lui accorde une médaille d'argent.

M. ESTÈVE, chasublier, à Toulouse, rue Saint-Antoine-du-T,

A exposé une bannière brodée or et argent, un canon d'autel et une pale de calice.

Nous signalons également, dans la bannière de M. Estève, l'heureux choix des dessins. Toutefois, nous ne concevons pas qu'on veuille imiter, avec la broderie, des figures, des têtes, des mains : ceci n'enlève nullement le mérite réel de sa fabrication. Aussi, le jury croit-il devoir mettre M. Estève au niveau de son concurrent en lui décernant une médaille d'argent.

Médaille de Bronze.

Mˡˡᵉ **VERNET**, à Toulouse, rue Saint-Etienne, 4,

A présenté à l'exposition divers articles de broderie qui justifient la réputation qu'elle s'est acquise depuis longtemps dans ce genre de fabrication.

`L'échantillon de devant d'autel exposé est remarquable par la richesse du dessin et par le fini du travail. Autrefois, Lyon avait le monopole de cette broderie, assez généralement dédaignée par les chasubliers, parce qu'à raison de sa légèreté, elle ne peut être vue qu'à petite distance, et que d'ailleurs son exécution est d'une grande difficulté.

La fabrication de Mˡˡᵉ Vernet a sensiblement progressé depuis 1845. Aussi, le jury lui décerne, à titre de récompense bien acquise, la médaille de bronze.

Citation favorable.

Mˡˡᵉ **DOTEZAC**, à Toulouse, faubourg Saint-Cyprien,

A exposé un voile de saint-sacrement, en velours cramoisi, brodé or et argent, qu'elle a offert à l'église de Saint-Nicolas, sa paroisse.

On a principalement remarqué l'effet de la broderie du milieu de ce voile, dont la perfection décèle une main plus exercée que celle d'un amateur.

Le jury, appréciant toutefois le talent réel de cette jeune personne, sa pieuse générosité, lui accorde une citation favorable.

§ 2. — *Broderies sur canevas.*

Citation favorable.

M. RAYMOND (Edouard), amateur, à Toulouse, rue du Lycée, 17,

A exposé deux pièces de tapisserie sur canevas pour canapé. C'est de la broderie au petit point dont l'exécution mérite à son auteur une citation favorable.

Citations.

Mme CLOOSTERMANS (Fanny), à Toulouse,

A présenté une broderie au petit point pour canapé, qui représente des ramages, des fleurs variées d'une exécution parfaite et d'un dessin exquis. Les feuilles de cette jolie broderie sont nuancées avec beaucoup de goût, et elles sont disposées de manière à se faire valoir mutuellement.

Le jury accorde à Mme Cloostermans une citation.

Mme MARTIN, à Toulouse, rue des Jardins, 7,

A qui nous devons une magnifique exhibition de plantes grasses, a exposé une pièce de tapisserie brodée sur les genoux et représentant une vue du canal de Marseille.

Cette œuvre annonce, dans son auteur, une grande habileté et beaucoup d'intelligence.

Le jury accorde à Mme Martin une citation.

§ 3. — *Broderies diverses.*

Citation.

Mlle VIGNOLA (Antoinette), à Lombez (Gers),

A envoyé un joli couvre-pieds à carreaux brodés,

façon point d'Angleterre. Le jury a apprécié cet ouvrage à sa juste valeur et lui accorde une citation.

CHAPITRE VII.

CRIN VÉGÉTAL.

Médaille d'Argent.

MM. AVERSENG et Comp^e., fabricants, à Toulouse, rue Malbec, 6,

Ont exposé plusieurs échantillons de crin végétal d'Afrique.

La fabrication du crin avec la feuille du palmier nain, introduite à Toulouse depuis deux années, a pris un tel développement que l'établissement, fondé par M. Averseng, occupe déjà plus de soixante ouvriers et peut livrer, par jour, au commerce 300 kilogrammes de cette matière.

Le crin végétal ne peut point, dans certaines circonstances, remplacer le crin de cheval ni celui de bœuf, mais il est substitué avec avantage à l'étoupe, à la bourre et au foin, dont se servent trop souvent les tapissiers.

L'emploi de ce produit ne peut que s'étendre, surtout depuis que MM. Averseng ont trouvé le moyen de le dégager de l'odeur forte que naturellement il répand.

Les préparations que subit la feuille du palmier donnent lieu à des déchets assez considérables, qui sont utilisés dans la fabrication du carton et du papier.

Le jury décerne à MM. Averseng et Comp^e., à titre de récompense pour le passé et d'encouragement pour l'avenir, une médaille d'argent.

TITRE DEUXIÈME.

MÉTAUX ET PRODUITS MINÉRAUX.

CHAPITRE Ier.

SUBSTANCES MINÉRALES.

SECTION Ire. — INDUSTRIE DES MARBRES.

CONSIDÉRATIONS GÉNÉRALES.

En voyant la richesse de l'exposition de 1845 en marbres ouvrés des Pyrénées, on avait conçu l'espoir que Toulouse aurait pu être considérée comme le centre de cette industrie, avantage que sa position et son importance semblaient d'ailleurs lui assurer. Dans le but de récompenser les efforts de ses principaux marbriers et d'encourager leurs nobles tentatives, le jury avait accordé, pour cette seule industrie, trois médailles d'or. C'est avec peine que nous venons déclarer ici que nos encouragements n'ont pas produit tout le fruit que nous avions espéré. L'exposition actuelle a été à peu près nulle sous le rapport de la beauté, de la variété et surtout de la nouveauté des marbres pyrénéens, les seuls que nous devions encourager. Deux marbriers seulement ont exposé quelques produits, presque tous en marbres étrangers; encore les offrent-ils à l'appréciation du jury plutôt sous le rapport du fini du travail et de la sculpture qu'à cause de la matière première elle-même. Hâtons-nous de dire que ce triste résultat doit être attribué, en très-grande partie, aux malheureuses circonstances qui sont venues dans l'intervalle des deux expositions paralyser tous les efforts, arrêter, ou au moins ralentir, toutes les industries. La recherche de l'extraction des marbres entraîne à de grands frais. Le travail et la sculpture de ces belles matières ne sont pas moins coûteux ; et aujourd'hui l'acheteur ne paraît pas disposé à tenir compte à l'artiste de ses frais et de ses soins. Les marbres ouvrés, communs, peu coûteux, indispensables à la modeste décoration des maisons ordinaires, ont seuls la chance d'être vendus. Dès-lors, comment s'étonner que l'esprit de progrès et de découverte s'éloigne pour céder la place aux tendances purement mercantiles?

Rappels de Médailles d'Or.

MM. VIREBENT, DOAT et Compe., marbriers, à Toulouse.

Du bel atelier de ces messieurs, nous n'avons eu, cette année, à l'exposition, que les objets suivants :

1° Deux grandes cheminées, l'une en portor, et l'autre en marbre jaune de Sienne, à consoles en Carrare.

Ces cheminées sont d'un style simple et sévère ; elles sont ornées avec une sobriété conseillée par un goût pur et exercé. Le poli en est parfait ; mais, à une exposition toulousaine, nous eussions préféré voir des marbres ouvrés de nos montagnes.

2° Un beau bénitier en marbre de Saint-Béat, qui n'est que la reproduction de celui que nous avons loué en 1845, et des consoles en Carrare, à feuilles sculptées d'un beau travail.

3° Diverses tranches de marbres pyrénéens parmi lesquelles le jury a remarqué une plaque de Sarrancolin.

4° Une jolie table en stalactite, provenant de Mont-
brun (Haute-Garonne), où existe, au sein des couchcs
secondaires qui constituent les premières montagnes des
Pyrénées, un gîte remarquable de cette belle matière.

Nous croyons devoir signaler encore un petit reliquaire
en forme de tabernacle exposé après l'impression du
livret. Il est en marbre de Carrare : l'exécution en est
très-soignée; mais ce qui le recommande surtout, c'est
la beauté et la rareté des matières qui en forment les
principaux ornements, notamment deux petites colonnes
en albâtre oriental *(arragonite)* zoné, du plus joli aspect,
et une très-belle plaque d'*agate* également zonée. Les
ornements accessoires sont en malachite et en *lapis-
lazuli.*

Il est à regretter que MM. Virebent et Doat n'aient
envoyé à notre exposition qu'un nombre aussi restreint
de leurs produits. Indépendamment des beaux autels
montés dans leurs ateliers, nous aurions voulu voir y
figurer, parce que la matière en est nouvelle, une petite
cheminée en un assez joli marbre jaune à veines rouges,
improprement nommé *jaune spathique.* C'est un calcaire
qui fait partie d'un terrain à nummulithes de Mancioux
où l'on connaissait déjà le marbre *nankin glanduleux,*
si employé à Toulouse.

MM. Virebent et Doat, ayant obtenu, à la dernière
exposition, la plus haute des récompenses, le jury ne
peut aujourd'hui que la leur rappeler. Il nous charge en
même temps d'adresser des éloges à M. Barthélemi Audu,
contre-maître, dirigeant le bel établissement de nos
honorables compatriotes.

Médaille de Bronze.

M. BERGÉS aîné, sculpteur-marbrier, à Toulouse,
boulevard Saint-Aubin, 50.

A exposé une belle cheminée en marbre bleu fleuri
d'Italie, avec frise et consoles en Carrare sculptées, style
renaissance. Peut-être l'ensemble de cet ouvrage manque-
t-il un peu d'harmonie et de proportion. Les consoles
ont paru au jury un peu fortes et un peu trop chargées
de sculpture. Toutefois, le travail du ciseau n'est pas
sans mérite et fait honneur à M. Bergés.

Le jury, voulant encourager le zèle et les efforts de
cet ouvrier laborieux, lui décerne une médaille de
bronze.

SECTION II. — SUBSTANCES MINÉRALES EMPLOYÉES DANS LES ARTS

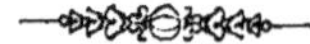

CHAPITRE II.

MÉTAUX DIVERS.

SECTION Iʳᵉ. — CUIVRE ET BRONZE.

Rappel de Médaille de Bronze.

M. MAUREL, fondeur-mécanicien, à Marseille,

A exposé deux cloches fondues selon un système nouveau dont il est l'inventeur. Ce système consiste à supprimer les anses et à fixer le mouton au cerveau de la clo-

che au moyen de quatre boulons qui le traversent.
Cette disposition a pour avantage de permettre avec plus
de facilité, lors de la coulée, le dégagement de tout l'air
contenu dans le moule.

M. Maurel a également modifié la manière d'attacher
le battant à la cloche, ce qu'il fait au moyen d'un cin-
quième boulon auquel est adapté un ressort à pince dont
l'effet est d'empêcher le battant de se reposer sur la
cloche lorsqu'elle est mise en branle à grande volée et de
conserver, à cette dernière, toute sa sonorité.

Le jury n'a pu juger de la bonté du mécanisme nouveau inventé par M. Maurel que sur une cloche d'un
petit calibre. Toutefois, il se plaît à lui rappeler la médaille de bronze qu'il a obtenue si justement à l'exposition
nationale de 1849.

Médaille de Bronze.

M. LOUISON, fondeur, à Toulouse, allée Lafayette,

A exposé une cloche de 510 kilogrammes. M. Louison
n'a pas changé de système ; il monte et fond ses cloches
comme jadis avec des anses pour fixer le mouton. Leur
solidité n'a laissé aucun doute dans l'esprit du jury, qui
a été également satisfait des explications qui lui ont été
données par le fondeur sur ses procédés de moulage au
moyen d'épures parfaitement entendues.

L'établissement de M. Louison fournit à une grande
partie du Midi. Ses produits sont généralement estimés.
Aussi, le jury lui accorde une médaille de bronze.

Section II. — Étain.

Nouvelle Médaille de Bronze avec éloges.

MM. LAURENT frères, à Toulouse, rue Cujas, 6,

Ont envoyé un assortiment d'objets de leur fabrication, tels que couverts, bols, lampes, seringues, etc.

Le métal dit *platinique* qu'ils emploient est formé par un alliage d'étain, d'antimoine et d'un peu de cuivre, dans des proportions dont ces fabricants se réservent le secret. Les couverts fabriqués avec cette composition présentent une assez grande résistance à la cassure. Toutefois, ces couverts ont l'inconvénient de se déformer sous l'effort de la main; c'est pour y remédier que l'on a imaginé de placer dans l'intérieur du manche une *âme* en fer. Avec cette modification, ils présentent un avantage incontestable sur les couverts en fer pur, à cause de leur fini et de l'élégance de leur forme.

L'ensemble de la fabrication de MM. Laurent est toujours fort remarquable. Ils ont apporté des modifications heureuses dans la forme et dans la construction de leurs lampes de cuisine dont certaines sont disposées pour l'éclairage à l'alcool térébenthiné.

Ces honorables industriels ont obtenu, à l'exposition de 1835, une médaille de bronze qui leur a été rappelée en 1840 et en 1845. Le jury, en considération des efforts que ces exposants n'ont cessé de faire pour l'amélioration d'une industrie aussi intéressante, leur accorde, avec éloges, une nouvelle médaille de bronze.

Médaille de Bronze.

M. FLAGES fils, à Toulouse, rue de Tounis,

A exposé plusieurs couverts assortis en métal d'alliage avec carcasse en fer.

Ce qui distingue l'industrie de ce fabricant, c'est que dans ses fourchettes la pièce en fer arrive jusqu'à l'extrémité des branches du fourchon. Il est obligé, pour faciliter l'adhérence du métal, d'étamer la pièce en fer avant de la placer dans le moule où elle est recouverte de métal d'alliage. Malgré ce surcroît de travail, le prix des couverts n'est pas sensiblement augmenté.

M. Flages est le seul, dans le midi de la France, qui se livre à ce genre particulier de fabrication. Le jury a pensé que cette industrie, qui a de l'avenir, doit être encouragée, afin de la fixer à Toulouse; il lui accorde une médaille de bronze comme récompense méritée de ses efforts persévérants.

Section III. — Fer, Fonte, Tôles.

Rappel de Médaille d'Or.

M. ANDRÉ, maître de forges, au val d'Osne (Haute-Marne),

A envoyé à notre exposition un assortiment varié de fontes sorties de ses ateliers.

Ces pièces diverses, qui consistent principalement en balcons, balustres, lances, fleurons, pilastres, etc., ont constamment fixé l'attention du public. Mais ce qui était surtout l'objet de ses éloges, c'est cette gracieuse fontaine placée au centre du petit cloître, et le beau baptistaire, parfaitement exécuté, malgré les difficultés que cette pièce présentait au moulage. Le jury a remarqué la pureté et l'élégance des formes qu'il donne à ses produits si variés, et surtout la fidèle reproduction du fini des surfaces de ses beaux modèles.

Pour justifier la haute réputation dont jouit M. André, nous mentionnerons les magnifiques fontaines-candélabres qu'il a fournies pour la place de la Concorde, à Paris.

M. André a obtenu à l'exposition nationale de 1844 la médaille d'or qui lui a été rappelée en 1849. Le jury de Toulouse regrette que la loi qu'il s'est imposée ne lui permette de donner à cet honorable fabricant que le rappel, avec éloges, de ces hautes récompenses.

Rappel de Médaille d'Argent.

M. CHASSINET, directeur des forges des Avalats (Tarn).

L'usine des Avalats est depuis longtemps connue dans nos contrées pour la bonne fabrication et la qualité de ses produits. Les fers y sont fabriqués au moyen d'un mélange de *riblons* et de fonte au charbon de bois, et l'expérience a démontré que, lorsqu'on apporte quelque soin dans le choix des riblons, on obtient, par ce procédé, un fer doué de qualités spéciales, remarquables particulièrement par le nerf et la tenacité. Cette dernière qualité est surtout indispensable pour la fabrication des chaînes-câbles que l'usine des Avalats expédie dans plusieurs ports de l'Océan.

Les gros rondins envoyés à l'exposition, l'un de huit centimètres de diamètre et de neuf mètres de longueur, l'autre de onze centimètres de diamètre et de six mètres de longueur, sont une preuve incontestable de l'habileté des ouvriers et du bon outillage dont on dispose dans cette usine.

Les produits de la forge des Avalats sont bien appréciés à Toulouse, où leur consommation a pris un grand développement. Les fers méplats pour bandes de roues des malles-postes ont été reconnus excellents sous tous les rapports, particulièrement sous celui de la durée.

Cet important établissement avait obtenu, en 1845, la médaille d'argent. Le jury, convaincu, d'après l'exhibition de cette année, que sa fabrication s'était maintenue dans le même degré de perfection, se plaît à leur rappeler cette récompense.

Médaille d'Argent.

MM. DROUILLARD, BENOIST et Comp^e., aux forges d'Alais (Gard).

Les produits des usines d'Alais sont remarquables à plusieurs titres. Dans cette usine, qui consomme exclusivement du combustible minéral, on ne fabriquait naguère que des fers impurs, difficiles à souder, impropres aux usages ordinaires de la serrurerie ; mais, depuis quelques années, par l'emploi de minerais plus riches, tels que ceux de l'Algérie, de la Corse et de l'île d'Elbe, on a modifié notablement la qualité de ces fers, et l'on est parvenu à les faire adopter par les mécaniciens, les serruriers et les forgerons ; ces derniers l'emploient aujourd'hui très-volontiers pour le bandage des roues et même pour les autres parties de la carrosserie. Ce fer est, en effet, doux, homogène et se laisse travailler avec une grande facilité à chaud et à froid.

On a trouvé que les essieux laissent à désirer, quant à leur forme et à la proportion de leurs parties ; mais cela peut être attribué à l'ignorance où étaient les fabricants des formes employées de préférence dans notre contrée. Quoi qu'il en soit, la qualité de ces essieux a été constatée par des épreuves faites à l'arsenal de Toulouse, desquelles il résulterait que les essieux d'Alais présentent une résistance à la rupture aussi grande que ceux fabriqués avec des fers au charbon de bois, les seuls jusqu'à présent que l'on eût destinés à ce genre de fabrication.

Le prix des essieux et des fers ordinaires d'Alais sont notablement inférieurs à ceux des mêmes qualités de fer fabriqué au charbon de bois, et c'est ce qui surtout doit être signalé.

En résumé, l'ensemble de la fabrication de l'usine d'Alais paraît constituer un véritable progrès dans cette importante branche d'industrie que le jury croit devoir récompenser par une médaille d'argent.

Mention honorable.

M. PONSIAN-ORMIÈRES, à Bordeaux,

A exposé deux pièces de fonte destinées à empêcher l'eau de passer entre les jets-d'eau et les cadres dormants des portes et des fenêtres. Ces pièces ont un petit chenal dans l'intérieur de la croisée et une nervure qui sert de point d'appui à cette dernière. A l'extérieur est une seconde nervure fixée sur le dormant de la croisée. Plusieurs trous destinés à laisser couler l'eau du chenal à l'extérieur sont pratiqués à la nervure verticale.

Le jury s'est rendu théoriquement compte de ce mécanisme. Il regrette de ne pas l'avoir vu fonctionner; toutefois, il accorde à son auteur une mention honorable.

SECTION IV. — ACIERS, LIMES, OUTILS DE FORGE, QUINCAILLERIE, COUTELLERIE.

§ 1ᵉʳ — *Aciers et Limes.*

Rappel de Médaille d'Argent avec éloges.

MM. MONTOUSSÉ (Louis) et Compᵉ., fabricants, à Carbonne (H.-G.),

Ont présenté des échantillons d'acier et de limes fabriqués dans leur usine de la Terrasse.

Les aciers exposés par cette maison sont d'une qualité remarquable et justifient la haute réputation qu'elle s'est déjà acquise. Les progrès signalés dans la fabrication des aciers ne sont pas aussi sensibles dans la fabrication des limes. Toutefois, le jury a été unanime pour rappeler, avec éloges, à MM. Montoussé et Cᵉ, la médaille d'argent qu'ils ont obtenue à l'exposition de 1845.

Médaille de Bronze.

M. FREY (IGNACE), fabricant, à Nevers,

A exposé une grande variété de limes qui se recommandent par leurs bonnes qualités. Les tiers-points et les limes fines surtout sont parfaitement bien fabriqués sous le double rapport de la forge et de la taille.

Il est à regretter que des renseignements précis sur l'importance de la maison de M. Frey ne nous soient pas parvenus.

Le jury, appréciant le mérite réel des produits de cet exposant, lui décerne une médaille de bronze.

§ 2. — *Outils de forge , Enclumes, Soufflets.*

Rappel de Médaille d'Argent avec éloges.

MM. CHAUFFRIAT et RAUGÉ, maîtres de forges, à Saint-Etienne,

Ont envoyé à l'exposition des enclumes, des étaux, un soufflet, des bigornes et quelques autres outils de leur fabrication.

Le jury a été unanime pour louer la bonté de ces produits et les prix modérés auxquels on les livre à la consommation.

MM. Chauffriat et Raugé ne se livrent pas à la seule fabrication des produits qu'ils ont exposés : ils confectionnent avec succès les filières et les tarauds de toute dimension, les clés anglaises, les crics de différentes forces. Ils font usage, pour les pièces de forge de grande dimension, du marteau *pilon* dit *marteau anglais*, du poids de 2000 kilogr., mis en jeu par la vapeur qui donne en même temps l'action à une machine de 30 chevaux, nécessaire pour mettre en mouvement les tours, les soufflets de ce vaste établissement.

On pourra juger de son importance, lorsqu'on saura qu'il livre au commerce des produits pour une valeur moyenne de 600,000 fr.

La fabrique de MM. Chauffriat et Raugé a obtenu à la dernière exposition une médaille d'argent, à l'exposition nationale de 1849 une médaille de bronze. Le jury considère ces exposants toujours dignes de ces récompenses et les leur rappelle avec éloges.

Rappel de Médaille de Bronze.

M. PRADINES, taillandier, à Toulouse, au Busca,

A exposé des étaux très-bien exécutés, qui ont supporté la comparaison avec ceux de ses concurrents.

Il est à regretter que M. Pradines ne donne pas plus d'extension à sa fabrication. Le jury élèverait alors sa récompense au-dessus du rappel de la médaille de bronze qui lui fut décernée en 1840.

Médaille de Bronze.

M. VERGER, fabricant de soufflets, à Toulouse, rue Saint-Jérôme.

Les soufflets de forge exposés par M. Verger sont vraiment remarquables par le soin et l'intelligence qui ont présidé à leur construction. En employant le bois de noyer et le bois de peuplier à fil contrarié reliés entre eux avec la colle-forte et des vis à bois, on n'a pas à craindre que les têtes de ces soufflets présentent des gerçures par où le vent s'échappe, comme on le voit dans les soufflets dont la tête est formée d'une seule pièce en bois que l'on creuse pour y adapter la tuyère. Les tables extérieures sont en bon bois de noyer bien sec; la disposition des ferrures est bien entendue.

M. Verger a fait à ses soufflets une heureuse application de la soupape aussi simple qu'ingénieuse qu'on trouve dans les machines des chemins atmosphériques.

Pour encourager ce jeune constructeur à marcher hardiment dans la voie qu'il s'est ouverte, le jury lui décerne une médaille de bronze.

Citation.

M. CEZERAC, armurier, à Beaumont,

A exposé un enclumeau pour piquer les limes. Cet outil a paru bien fabriqué et a mérité à son auteur une citation.

§ 3. — *Quincaillerie.*

Médaille d'Or.

MM. YARZ et Cᵉ, à Toulouse, rue de la Trinité, 21,

En présentant un assortiment complet des produits de leur industrie, ont complètement justifié l'opinion que le jury de 1845 avait conçue de leur haute capacité. Cette fabrique, qui occupait à cette époque 25 ouvriers, en comptait près de 75 en 1848. Mais les événements qui se sont accomplis et qui ont été si funestes à l'industrie avaient sensiblement restreint ce dernier nombre. Il a fallu du courage et de la persévérance pour soutenir une fabrication de cette nature à travers ces mauvais jours. Disons cependant que, grâces au calme qui semble apparaître à l'horizon politique, les affaires commerciales reprennent un peu d'activité, et la fabrique de MM. Yarz voit augmenter le nombre de ses ouvriers. Ces fabricants ont eu donc le mérite de fonder et de fixer définitivement, dans nos contrées, une industrie pour laquelle des essais infructueux avaient été tentés.

Le jury, voulant donner un témoignage de sa sympathie à ces honorables fabricants, leur décerne une médaille d'or.

Médaille de Bronze.

M. MALLEN, à Beaumont-de-Lomagne (T.-et-G.),

A soumis à l'examen du jury un tableau contenant divers échantillons de ferronnerie dont la bonne exécution ne saurait être mise en doute. Fidèle à nos expositions, M. Mallen nous rend témoins de ses progrès.

Aussi, le jury veut-il l'encourager à suivre cette heureuse voie, en lui accordant une médaille de bronze.

Citations favorables.

M. GOMMARD jeune, serrurier, à Toulouse, rue Saint-Michel, 54,

A exposé un cadre renfermant divers articles pour voitures, tels que loqueteaux et charnières pour portières, nœuds pour compas de capotage, etc. Il est à craindre que les moyens dont peut disposer M. Gommard ne lui permettent pas de lutter avantageusement contre les produits de même nature venant de Paris. Toutefois, les carrossiers de Toulouse trouvent qu'il leur est quelquefois profitable de faire exécuter sur les lieux et selon leur convenance certaines pièces de serrurerie qui, sous le rapport du travail, rivalisent avec celles de Paris.

Le jury a délibéré d'accorder à M. Gommard une citation favorable comme une juste récompense de ses efforts.

M. MONTAMAT, à Toulouse, boulevard Saint-Aubin,

A exposé sept paires d'éperons qui, sous le rapport du fini de l'exécution, ne laissent rien à désirer. En 1845, M. Montamat avait présenté des éperons construits sur le même système qui consiste en une combinaison de ressorts destinés à diminuer, à volonté, la saillie des molettes, mais dont la solidité a paru fort douteuse. Néanmoins, le jury déclare ce fabricant toujours digne d'une citation favorable.

Citation.

M. TALANDIER, serrurier, à Toulouse, rue du Taur, 48.

En engageant cet exposant à perfectionner la main-d'œuvre de ses compas et de sa filière, le jury lui accorde une citation.

§ 4. — *Coutellerie, Instruments de chirurgie.*

Rappel de Médaille d'Argent.

M. BOURDEAUX, coutelier, à Montpellier,

A exposé de nombreux instruments de chirurgie sortis de ses ateliers ; nous citerons, entre autres, un forceps à axe brisé, un brise-pierre urétral, un perce-crâne de Smellie avantageusement modifié, etc. Ces divers instruments font infiniment d'honneur à M. Bourdeaux, car ils possèdent aujourd'hui la double qualité de l'élégance et de la solidité. Cet habile coutelier, dont les produits sont exportés en Espagne et en Italie, a paru avec avantage à l'exposition de 1849 où il a obtenu une médaille d'argent. Le jury est heureux de déclarer que M. Bourdeaux mérite, par son exhibition, cette haute distinction et la lui rappelle avec plaisir.

Médaille d'Argent.

M. FERRAS, coutelier, à Toulouse, rue des Couteliers,

A exposé de magnifiques instruments et un nombre

varié d'objets de coutellerie qui n'ont d'autre mérite que celui d'avoir été choisis avec goût.

Cependant, le jury a remarqué, comme sortant de ses ateliers, une boîte à amputation, une boîte à autopsie, plusieurs instruments de chirurgie vétérinaire. Tous ces objets, dont la fabrication est irréprochable, sont livrés à des prix modérés, qui font espérer que ce coutelier pourra satisfaire aux demandes des chirurgiens de Toulouse et des départements voisins. Comme Charrière et Bourdeaux, M. Ferras va dans les hôpitaux pour étudier le mécanisme des instruments qu'il peut être appelé à fabriquer ou à modifier.

Le jury, satisfait des progrès qu'a faits ce jeune fabricant depuis la dernière exposition, lui décerne une médaille d'argent.

Rappel de Médaille de Bronze.

M. COURANJOU AÎNÉ, coutelier, à Toulouse, rue des Balances.

Parmi les instruments présentés par ce coutelier, on signale le céphalotribe modifié. Toutefois, il faut dire que les dents de la crémaillère n'ont pas paru au jury être assez en saillie pour fonctionner avec toute sécurité. Néanmoins, on constate un mérite réel dans les produits de ce fabricant, et le jury lui rappelle la médaille de bronze qu'il avait obtenue dans les expositions précédentes.

Médaille de Bronze.

M. COURANJOU JEUNE, à Toulouse, rue des Couteliers, 4.

Cet habile et modeste ouvrier a exposé des ciseaux

tondeurs, des sécateurs, des instruments variés pour les plâtriers et les mouleurs.

Tous ces objets, sortis de son atelier, sont pour lui une spécialité. Nul autre ne fait, avec autant de précision, les ciseaux tondeurs, qui sont recherchés dans tout le Midi et la Catalogne.

Pour reconnaître le mérite et l'intelligence de ce fabricant, le jury lui accorde une médaille de bronze.

Mentions honorables.

M. EVRARD, coutelier, à Toulouse, place Saint-Etienne.

L'atelier de M. Evrard est avantageusement connu dans le commerce par la bonté de ses rasoirs et de ses couteaux de table. Il est à regretter que ce fabricant n'ait pas précisé au jury les objets fabriqués par lui; il aurait peut-être obtenu une récompense d'un ordre plus élevé qu'une mention honorable.

M. LANNES, coutelier, à Paris,

A exposé une collection de rasoirs et de tranchets qui forment la spécialité de sa fabrication. Ces divers objets sont de bonne qualité et justifient la réputation de leur auteur. Le jury lui accorde une mention honorable.

Citation.

M. PICAULT, à Paris.

Plusieurs produits de la fabrique de ce coutelier ont été déposés dans les salles du Musée, entre autres des couteaux de table, des couteaux forme catalane, etc. Ces derniers objets ont paru d'un prix élevé; comme aussi le jury n'a pu accorder au tranchant-scie des couteaux exposés tout le mérite que lui attribue son auteur.

La maison de M. Picault est avantageusement connue par la bonté de ses produits et mérite d'être citée dans le rapport général.

SECTION V. — SERRURERIE.

§ 1er. — *Meubles en fer.*

Médaille de Bronze.

M. BOUZIGUES, serrurier, à Toulouse, rue d'Astorg, 8,

A exposé plusieurs crémones, des verroux à double mouvement, des lits en fer, etc.

Entre tous ces objets, le jury se plaît à signaler les crémones et les verroux à double mouvement.

Les crémones, destinées à remplacer les espagnolettes des croisées, qui présentent tant d'inconvénients, ont été l'objet d'études sérieuses qui ont été couronnées d'un plein succès. M. Bouzigues n'a pas manqué de fabriquer les crémones de manière à corriger le gauchissement des fenêtres par des moyens de rappel. Jusqu'en 1844, les crémones n'offraient point, comme les espagnolettes, l'avantage de tenir les fenêtres entrebâillées pour donner passage à l'air. Ce moyen, imaginé par M. Charbonnier, de Paris, a été appliqué par M. Bouzigues à ses crémones, qu'il a également munies de serrures extrèmement simples pour fixer les châssis à volonté et les tenir complètement fermés. Nous craignons toutefois que ces mécanismes ne péchent par le défaut de solidité.

Ce fabricant a exposé quelques meubles en fer qui ont le mérite de pouvoir être livrés à bon marché.

Le jury, appréciant l'ensemble de l'exposition de M. Bouzigues et surtout le mérite réel de ses crémones, dont le prix modéré les rend accessibles à toutes les fortunes, lui décerne une médaille de bronze avec l'espoir que cet habile ouvrier redoublera d'efforts pour conquérir plus tard une récompense plus élevée.

Mention pour ordre.

M. AFFRE, constructeur, à Toulouse, allée Lafayette,

A exposé un lit en fer qui ne peut être ici que pour mémoire et comme témoignage de la variété de ses produits, ses travaux spéciaux devant être le sujet d'un autre rapport.

Mention honorable.

MM. GRANIÉ FRÈRES, fabricants de meubles, à Toulouse,

Qui se sont présentés avec tant d'avantage aux précédentes expositions, n'ont soumis, cette année, à l'appréciation du jury, qu'un mécanisme de croisée destiné à faire suivre aux rideaux le mouvement de la fenêtre afin d'éviter que l'espagnolette les touche.

C'est une heureuse innovation qui peut trouver son application dans beaucoup de localités. Le jury l'a jugée digne d'être mentionnée honorablement.

§ 2. — *Objets divers.*

Mention honorable.

M. ARNAUD, serrurier, à Toulouse, canal de Brienne, 1,

A exposé une volière en fil de fer. On a remarqué un

véritable progrès dans la confection de ces sortes d'ouvrages sortis de l'atelier de cet ouvrier. Cette cage se distingue par sa forme gracieuse et par la perfection du travail. Aussi, le jury, voulant récompenser M. Arnaud de sa persévérance, lui accorde une mention honorable.

Citation.

MM. TRENQUE jeune et Ce, fabricants, à Toulouse, faubourg Saint-Cyprien,

Ont exposé des toiles métalliques en fil de fer et de laiton qui ont été jugées dignes d'une citation.

TITRE TROISIÈME.

MACHINES.

CHAPITRE Ier.

MACHINES ET INSTRUMENTS SERVANT A L'AGRICULTURE.

Avant de rendre compte des objets exposés qui se rattachent à cette section, nous devons, au nom du jury, exprimer le regret qu'il a éprouvé, en voyant le petit nombre d'instruments véritablement agricoles envoyés cette année à l'exposition. Il a été vraiment affligé de voir le peu de zèle qu'ont montré les fabricants de nos contrées pour soumettre à son appréciation ces utiles machines qui ont contribué si puissamment depuis quelques années aux progrès de notre agriculture. Il ne craint pas de dire que ce défaut de zèle n'est point un signe de décadence, mais plutôt un temps d'arrêt qui servira à faire connaître à la prochaine exposition de nouvelles et sérieuses découvertes.

SECTION Ire. — INSTRUMENTS ARATOIRES.

Mention honorable.

M. TOUSSAINT, forgeron, à Saverdun (Ariège),

A présenté une charrue qu'il appelle *talon-versoir*. Cet instrument, qui au premier aspect diffère peu d'une charrue déjà connue et assez répandue dans nos contrées, a présenté cependant quelques modifications qui, par leur importance, méritent une place dans ce rapport. M. Toussaint, pénétré des difficultés que présentent, pour l'ajustage des diverses pièces, les nombreux boulons employés dans la plupart des charrues, les a radicalement supprimés en faisant couler, en une seule pièce de fonte, le versoir, le sep et la *muraille* de son instrument et en leur substituant, dans d'autres parties, des clavettes et des coins. Si c'est un avantage sous le rapport de la solidité, n'y a-t-il pas aussi un inconvénient? En effet, lorsqu'une des parties du corps de la charrue sera usée, il faudra de toute nécessité changer toute la partie en fonte de l'instrument. M. Toussaint obvie, dit-il, à cet inconvénient en faisant fondre des pièces de rechange.

Quoi qu'il en soit, il est évident que cet exposant a rendu des services à l'agriculture de son pays, en y popularisant la charrue en fer, à laquelle il a fait subir des modifications appréciées par quelques agronomes intelligents de l'Ariège.

Pour reconnaître les soins qu'apporte M. Toussaint à la fabrication des charrues, le jury lui accorde une mention honorable.

Section II. — Machines a égrener, Ventilateur, etc.

Rappel de Médaille d'Argent.

M. CHAUCHARD (Félix), mécanicien, à Gaillac (Tarn),

A exposé trois tarares-ventilateurs perfectionnés ou modèle Dombasle. Ces instruments sont traités avec beaucoup de soin et méritent des éloges à leur auteur, soit sous le rapport de la parfaite entente de toutes leurs parties, soit à raison des prix modérés auxquels il les a fixés.

M. Chauchard a soumis de plus à l'appréciation du jury un coupe-racine perfectionné dont le disque vertical, d'une seule pièce de fonte, est armé de lames en fer forgé. Cet instrument, si utile dans les exploitations agricoles, est construit avec autant d'intelligence que de solidité et prouve une fois encore que M. Chauchard apporte dans sa fabrication cette supériorité qui distingue tous les objets qu'il a exposés.

En conséquence, le jury le proclame toujours digne de la médaille d'argent qui lui fut décernée en 1845.

Rappel de Médaille de Bronze avec éloges.

M. BATAILLER, propriétaire-cultivateur, à Montargis (Loiret),

A exposé un modèle-relief d'un appareil destiné à animaliser les eaux servant aux irrigations. Cet appareil, construit avec simplicité, doit présenter de grands avantages aux cultivateurs qui peuvent disposer d'une quantité d'eau suffisante pour se livrer aux irrigations. Nous n'entreprendrons pas de décrire cet appareil; ce serait dépasser les bornes que nous nous sommes imposées. M. Batailler a fait d'ailleurs connaître, dans une notice imprimée, les moyens dont il s'est servi pour le faire fonctionner utilement, et les avantages qu'il en a retirés. De nombreux témoignages de satisfaction lui ont été adressés, soit de la part des comices agricoles, soit de la part de plusieurs sociétés savantes. Le jury de l'exposition nationale de 1849 a décerné à M. Batailler une médaille de bronze comme juste récompense de ses efforts et de ses succès. Le jury de Toulouse, s'associant à ce jugement, lui rappelle, avec éloges, cette honorable distinction.

Médaille de Bronze.

M. VERDIER, mécanicien, à Toulouse, faubourg Saint-Cyprien,

A présenté un ventilateur avec onze pièces de rechange. Cet instrument a paru posséder toutes les qualités qui distinguent les meilleurs ventilateurs connus jusqu'à ce jour. L'expérience comparative faite avec un instrument du même genre faisant partie de l'exposition a démontré que le tarare de M. Verdier réunit toutes les qualités nécessaires pour bien vanner le grain. On a remarqué que son échelle mobile adaptée avec habileté séparait mieux les graines étrangères, qualité qui le rend très-utile dans la préparation du blé pour semences. Cet instrument peut encore, à l'aide de quelques changements dans l'intérieur, servir à la préparation des diverses qualités de grains et particulièrement à l'épuration de la graine de trèfle. Le jury n'a pas pu vérifier par lui-même la propriété de ce ventilateur sous ce dernier rapport; mais des témoignages honorables lui sont parvenus qui ne laissent aucun doute à cet égard.

Le jury, reconnaissant les soins que ce mécanicien apporte à la confection de ses tarares et persuadé des bons effets qu'ils peuvent produire, lui accorde une médaille de bronze.

Mentions honorables.

M. CASTEX-BLERSY, mécanicien, à Toulouse, place Saint-Michel,

A présenté un fouloir pour la vendange. Cet instrument, peu répandu dans nos contrées, commence à être avantageusement apprécié. Son mécanisme est simple et peu sujet à se déranger. Les parties qui le composent sont solidement établies. Si le prix de ce fouloir pouvait être baissé, nul doute qu'il ne devînt d'un usage général dans nos contrées.

Le jury, appréciant le mérite de cette machine, qui a déjà reçu la sanction de l'expérience, accorde à M. Castex-Blersy une mention honorable.

M. PEYRONNET, propriétaire, à Saint-Pons (Hérault),

A envoyé le modèle d'un fouloir-égrappeur. Cet instrument, qui parait bien entendu et parfaitement construit, n'a pu être apprécié que théoriquement, d'après une notice qui a été fournie par son auteur. Il est à regretter qu'aucun fait pratique ne soit venu éclairer le jury et lui démontrer le mérite des perfectionnements dont ses mécanismes ont été l'objet. Le jury reconnaît cependant que ce fouloir peut être très-utile aux propriétaires de grands vignobles, puisqu'il leur procure une économie de temps en faisant simultanément deux opérations, et une perfection dans la fabrication du vin.

M. Peyronnet a coté son fouloir-égrappeur à la somme de 500 francs, prix beaucoup trop élevé, auquel ne pourront atteindre que les grandes exploitations.

La conception de cet instrument est ingénieuse, son emploi peut rendre de grands services à l'industrie vinicole. Le jury délibère de le mentionner honorablement.

M. LIMOUZIN (Pierre), à Toulouse, rue de Tounis, 74,

A exposé un pressoir à vendange qui se distingue des autres instruments de ce genre par un mécanisme simple et ingénieux, par lequel on obtient à volonté l'écartement des douves de la cage, afin de diviser la vendange et de recommencer la pressée sans soulever le plateau.

Cette utile modification, la bonne construction de ce pressoir, sont des motifs suffisants pour accorder à M. Limouzin une mention honorable.

Citation favorable.

M. BIEULAC, DIT JALBERT, fabricant, à Toulouse,

A présenté un tarare-ventilateur. Comme modification principale, cet exposant a substitué aux deux chaînes ou crochets qui retiennent la grille deux chariots servant au mouvement de va-et-vient et dont l'utilité ne peut être reconnue que par l'expérience. Ce ventilateur a été comparé à celui de M. Verdier, et le jury s'est convaincu qu'il ne vannait pas le grain d'une manière plus parfaite que ne peuvent le faire les tarares perfectionnés. En résumé, cet instrument, construit avec plus de solidité que d'élégance, fonctionne bien; mais il a le grand tort d'être d'un prix trop élevé. Le jury accorde à M. Bieulac une citation favorable, dans l'espoir qu'il modifiera ses prétentions.

Citation.

M. LASBAX FILS, tamisier, à Toulouse, faubourg Saint-Cyprien,

A exposé un ventilateur et une échelle pour épurer les grains. Ces deux objets sont faits avec soin, mais ne présentent aucune modification qui puisse être signalée. M. Lasbax ne court point après les récompenses. Son ambition est de se faire connaître et de tirer parti de ses produits. Le jury les a jugés dignes d'être cités.

CHAPITRE II.

MACHINES HYDRAULIQUES.

SECTION Ire. — POMPES.

Mention pour mémoire.

M. DELPY, mécanicien-fondeur, à Toulouse, rue Villenouvelle, 2.

M. Delpy, fidèle à nos expositions, se présente avec plusieurs modèles de pompes : 1° une pompe aspirante à manége à double corps pour jardin ; 2° une pompe aspirante pour le service domestique ; 3° une pompe élévatoire ; 4° enfin, une pompe foulante.

Toutes ces pompes sont construites sur un même système inventé par l'exposant et pour lequel il a pris un brevet.

Nous n'entreprendons pas la description de ce système qui ne pourrait être compris qu'au moyen d'un dessin. Il suffira de dire que c'est une idée entièrement neuve qui témoigne des études intelligentes que l'exposant a faites de ces sortes de machines.

Les avantages que présentent ces pompes peuvent se résumer ainsi : 1° impossibilité de se désamorcer, quelque temps qu'elles restent inactives ; 2° suppression du clapet du piston qui avait l'inconvénient d'étrangler la veine fluide ; 3° placement des soupapes à portée de la main, ce qui en rend les visites et les réparations extrêmement faciles.

Le jury, frappé de ces avantages, aurait décerné à M. Delpy une distinction honorable, si cet habile industriel n'était signalé plus bas pour une récompense d'un ordre élevé (Voir *Horlogerie*).

Médaille de Bronze.

M. GRENIER, mécanicien, à Toulouse, rue Montaudran, 17,

A exposé une pompe à double corps à manége, plusieurs pompes domestiques, et enfin, comme pièce capitale de son exposition, une pompe à incendie.

La pompe à manége ne présente aucun avantage sur les mécanismes de cette nature connus jusqu'à ce jour. Les pompes destinées à l'usage domestique sont construites sur le même principe que celles que M. Grenier présenta à l'exposition de 1845.

En construisant la pompe à incendie, l'exposant a eu pour but : 1° de rendre à volonté solidaires ou indépendants les deux corps de pompe de manière à pouvoir la faire manœuvrer par deux ou trois hommes au début de l'incendie, et en attendant des renforts; 2° de produire le jet par le mouvement ascensionnel du piston, au lieu de le produire par refoulement comme dans les pompes ordinaires à incendie.

Cette pompe a été essayée en présence du jury qui a jugé favorablement son effet, mais qui a reconnu comme vicieux et nécessitant une modification : 1° le point d'attache de l'articulation des pistons qui devrait être renversé; 2° le point d'attache et la disposition du balancier ou fléau destiné à rendre alternatifs les mouvements des pistons.

M. Grenier a adopté, pour ses pompes, le piston *Letestu*. Toutefois, pendant les expériences auxquelles la pompe à incendie a été soumise, cet exposant a fait subir à ce piston une modification assez importante. Il a été reconnu que ce piston, ainsi modifié, était très-solide et fonctionnait très-bien.

Le jury, persuadé que M. Grenier profitera des observations qui lui ont été adressées sur les défauts que présentait sa pompe à incendie et voulant le récompenser de ses efforts, lui accorde une médaille de bronze.

Mention honorable.

M. BROS, fontainier de la ville de Toulouse,

A exposé une pompe à incendie rigoureusement copiée sur les pompes, nouveau modèle, confectionnées à Paris.

Le jury a fait fonctionner cette pompe et a comparé son effet avec celui d'une pompe de la ville en très-bon état d'entretien. Cette comparaison a démontré que la pompe de M. Bros, quant à son effet, n'était en rien inférieure à son modèle.

Ce fontainier offre ses pompes au même prix que celles de Paris; il y a avantage de s'adresser à lui, en vue de l'économie du transport et de la facilité des réparations qu'elles peuvent présenter.

Par ces considérations, le jury décerne à M. Bros une mention honorable.

Citation.

M. DARTIGUES, pompier, à Toulouse, rue des Tourneurs, 22,

A exposé deux pompes aspirantes et foulantes, avec corps de pompe en cuivre, construites sur un modèle depuis longtemps connu. Il a exposé plusieurs autres pompes en fer fondu qui ne présentent rien de remarquable.

Le jury décide de citer ces produits.

SECTION II. — NORIAS.

Médaille de Bronze.

M. JEANSOULIN, ferblantier-pompier, à Marseille,

A envoyé une noria à syphon *inamorçable*.

M. Jeansoulin a voulu remédier à la perte d'eau que font les godets des norias par le trou pratiqué dans leur fond et destiné à l'évacuation de l'air comprimé au moment de l'immersion. A cet effet, M. Jeansoulin a établi dans chaque godet un syphon en métal qui s'ouvre à l'intérieur près du fond et dont la branche extérieure se prolonge au-delà de ce fond. Pendant l'immersion, l'air refoulé s'échappe par le syphon et sort par la longue branche; l'eau entre alors sans obstacle. Lorsque le godet se relève, le syphon le viderait entièrement; mais l'évasement conique de sa branche extérieure permet à l'air de s'introduire, ce qui arrête immédiatement l'aspiration.

Le jury, reconnaissant dans l'invention de ce syphon un perfectionnement aussi ingénieux qu'utile, décerne à M. Jeansoulin une médaille de bronze.

SECTION III. — MOTEURS.

CHAPITRE III.

MÉTIERS ET MACHINES DIVERSES.

SECTION Ire. — MACHINES A FILER.

. . . .

SECTION II. — CARDES ET PEIGNES.

Médaille d'Or.

MM. DURAND ET BAL, successeurs de Chatelard et Perrin,
à Lyon (Rhône),

Ont exposé quatre peignes pour la fabrication des toiles à bluter, de 140, 200, 220 et 230 dents au pouce. Ces peignes sont très-certainement les produits habituels de la fabrication de ces habiles industriels, puisqu'ils ont été vendus à MM. Couderc et Soucaret et qu'ils portent encore les bouts des pièces de soie qu'ils ont servi à tisser. Il ne faut pas se dissimuler que c'est au perfectionnement de la fabrication de ces peignes que l'on doit en grande partie ceux que l'on remarque dans les toiles à bluter. Quand on considère les peignes et les gazes exposés cette année, on est amené à croire que ces deux industries ont atteint leurs dernières limites.

MM. Durand et Bal soutiennent avec honneur l'excellente réputation acquise à la maison Chatelard et Perrin, leurs anciens associés dont ils sont les successeurs. Cette fabrique a obtenu, dans toutes les expositions, des récompenses honorables. Le jury de 1840 lui décerna une médaille d'argent pour de nouveaux perfectionnements réclamés par les besoins de la bluterie en construisant des peignes de 210 dents. Le jury de 1850, voulant récompenser MM. Durand et Bal de leur persévérance à améliorer leurs produits et de la part qu'il leur revient dans le mérite des gazes exposées par MM. Couderc et Soucaret, leur décerne la plus haute de ses récompenses, la médaille d'or.

Médaille d'Argent avec éloges.

M. TROJELLI (G.-A.), fabricant de cardes, à Toulouse, allée Saint-Etienne,

A exposé des plaques et des rubans de cardes à laine et à coton.

Les cardes sont des instruments qui servent à séparer les brins de laine ou de coton pour les disposer à être filés. La finesse et l'égalité de la filature, la beauté de l'étoffe à laquelle ses produits sont destinés dépendent plus de la régularité et de la perfection du cardage que de la main-d'œuvre du tissage. En effet, un ouvrier médiocre fabriquera plus aisément une belle étoffe avec un fil bien fait qu'un ouvrier habile en se servant d'un fil peu régulier; mais la perfection du cardage dépend aussi, bien plus de la perfection des cardes que de l'ouvrier qui l'emploie.

C'est à M. Espinasse que nous sommes redevables de l'importation, dans nos murs, d'une fabrique de cardes à la mécanique, depuis longtemps réclamée par l'industrie manufacturière des draps du Midi. Admirablement secondé par M. Trojelli, habile mécanicien, M. Espinasse vit prospérer son nouvel établissement et augmenter une clientelle qui trouvait dans ses produits les conditions d'une fabrication parfaite.

Aujourd'hui, M. Trojelli a succédé à son patron. Cette marque de confiance, donnée par M. Espinasse à son ancien ouvrier, est, pour ce dernier, la juste récompense de son assiduité, de son zèle et de son intelligence.

Depuis 1845, cette fabrique a fait de notables progrès. Ses produits d'une supériorité incontestable rivalisent avec les produits du même genre qui nous viennent du Nord. Elle se distingue par l'emploi des meilleurs matériaux. Ainsi, ses cuirs sortent des ateliers ᶜde M. Goube-Pierache, dont nous aurons à nous occuper dans le cours de ce rapport ; ses fils de fer réunissent l'élasticité à la solidité ; le boutage est d'une régularité parfaite ; enfin, l'ensemble des cardes de M. Trojelli réunit les conditions les plus rigoureuses d'une bonne fabrication.

Comme ouvrier, M. Trojelli reçut, en 1845, une médaille d'argent. Aujourd'hui, comme exposant, le jury fait un acte de justice en lui accordant la même récompense avec éloges.

Médaille d'Argent.

M. HENRY (Claude), fabricant, à Lyon,

A envoyé à l'exposition un cadre renfermant sept peignes à tisser des numéros 20, 34, 70, 180, 230 et 250. Ce dernier est en acier fondu et paraît être le plus fin qui ait été produit. Aussi, n'a-t-il pas eu, jusqu'à ce jour, d'emploi utile, du moins pour la minoterie. Ces sept peignes paraissent exécutés avec soin, mais ne présentent pas la perfection des peignes exposés par MM. Durand et Bal.

M. Henry expose pour la première fois à Toulouse et ne paraît pas s'être encore présenté aux expositions de Paris. Le mérite réel de ses produits, les difficultés qu'il a eues à surmonter pour exécuter le peigne de 250 dents en acier fondu, par 27 millimètres, paraissent au jury des titres suffisants pour décerner à cet habile fabricant une médaille d'argent.

Pour mémoire.

M. LEZERAC AÎNÉ,

Dont nous avons déjà fait mention au titre Ier, a exposé un peigne en roseaux d'une exécution soignée, mais qui n'offre aucune différence avec les peignes dont se servent les tisserands de nos campagnes.

SECTION III. — MACHINES-OUTILS.

Éloges.

M. D'AURIOL, à Paris,

A exposé un régulateur dit *Molinié*. Cet ingénieux appareil est destiné, comme son nom l'indique, à régulariser l'action des moteurs hydrauliques et à vapeur.

Avant l'invention de M. Molinié, le régulateur à boule et à force centrifuge, ou pendule conique, était le seul appareil employé pour régulariser le mouvement des machines. Mais, il faut le dire, cet agent modérateur de la force n'a pu, dans plusieurs circonstances, remplir l'objet auquel il était destiné. Ainsi, appliqué aux roues hydrauliques par des constructeurs de haute capacité, il a été, dans la plupart des cas, reconnu insuffisant, soit parce que son action sur les vannes n'était pas immédiate, soit parce qu'il ne pouvait opérer dans des limites très-restreintes, soit encore parce que ses oscillations continuelles ne permettaient pas de maintenir les vannes dans une position convenable. Il est arrivé plusieurs fois de voir se briser des engrenages ou autres organes qui servaient de communication entre le modérateur à boules et les vannes, quand celles-ci rencontraient des obstacles imprévus dans leur course, ou bien dans le cas où la force motrice était insuffisante pour donner à la résistance la vitesse de régime. Pour les machines à vapeur, cet appareil n'a pas éprouvé les mêmes difficultés; et cependant il est loin de satisfaire les manufacturiers qui ont besoin d'une vitesse constante dans le mouvement de leurs métiers.

M. Molinié, manufacturier à Saint-Pons, avait reconnu depuis longtemps toutes les imperfections du pendule conique, et s'était occupé de rechercher un appareil qui fût aussi simple de construction et qui ne présentât pas les inconvénients que nous venons de signaler. Propriétaire d'une filature, il avait compris toute l'importance d'une grande régularité dans le mouvement des métiers. Pour atteindre ce but, M. Molinié imagina l'ingénieux appareil qui a paru à l'exposition. Présentée dans des circonstances où l'insuffisance des moyens connus de régularisation des moteurs était bien constatée, l'invention de M. Molinié devait être accueillie avec faveur ; elle le fut en effet, et ce régulateur devient désormais le complément indispensable de toute fabrique mue par l'eau ou par la vapeur, dans laquelle s'exécute un travail délicat.

M. d'Auriol est le cessionnaire des brevets qu'avait obtenus M. Molinié et qui étaient exploités par ses héritiers. C'est dans ses ateliers que sont construits, avec une rare perfection, les régulateurs nombreux qu'il livre aux manufacturiers. Ces appareils ingénieux ont obtenu déjà les plus hautes récompenses dans les expositions où ils ont été présentés.

Le jury de Toulouse, appréciant les avantages que le régulateur *Molinié* offre à l'industrie manufacturière, adresse à M. d'Auriol les plus grands éloges comme le propagateur de cette utile invention.

Médailles d'Argent.

M. CAROLIS, mécanicien, à Toulouse, allée Saint-Etienne, 21,

A exposé une presse d'imprimerie avec compteur. Cette presse est construite d'après le système *Stanhope*, dont l'usage est aujourd'hui à peu près général. Le jury a remarqué l'élégance des formes et la solidité de cette jolie machine; l'exécution de toutes les pièces qui la composent est traitée avec le plus grand soin. Le parallélisme des deux plateaux est absolu et tel que l'exige l'égalité de pression d'une simple feuille de papier sur toutes les parties de la surface. L'ajustage de la vis en fer et de son écrou en bronze, quoique fait avec la plus grande justesse, laisse au jeu de cet organe de la pression toute la douceur que les ouvriers imprimeurs apprécient au plus haut degré.

Un compteur, inventé par M. Carolis, est adapté à cette presse et reçoit son mouvement du jeu de bascule résultant de la pression qu'exerce l'ouvrier. Cet appareil simple et ingénieux permet de s'assurer, à tout instant, du nombre de feuilles qui ont été tirées.

Les perfectionnements importants que M. Carolis a apportés à sa presse, la précision et le soin qui ont présidé à son exécution, sont des motifs suffisants pour valoir à ce mécanicien une médaille d'argent.

M. ROECK (Louis), mécanicien, à Lyon,

A présenté une collection d'instruments applicables à l'industrie de la soie. Le premier et le plus important sans doute est le *sérimètre*, qui sert à indiquer, au moyen d'une aiguille marchant sur un cadran à divisions, le nombre de grammes que peut supporter la soie sans se rompre, et à montrer, sur une échelle divisée en millimètres, l'allongement qu'elle a subi. Le second instrument est celui que M. Roeck désigne sous le nom de *jauge mobile portative*, destinée à apprécier la finesse et la régularité des traits de passementerie, la tréfilerie des tissus métalliques et les dents des peignes à tisser. Cette jauge indique, sur un cadran, en centièmes de millimètre, la différence d'épaisseur des objets que l'on fait passer entre la mâchoire fixe et la mâchoire mobile d'une petite pince en saillie sur la surface de cet instrument. Vient ensuite le *compteur d'apprêt* ou *d'ouvraison*, que M. Roeck fournit aux fabricants d'étoffes de soie pour apprécier, avec une rigoureuse exactitude, le nombre de tours, par unité de longueur, que l'organsin ou toute autre espèce de fil a reçus avant et après le doublage. Enfin, son *croiseur mécanique à ressort* devrait être adopté par tous les filateurs dont la soie manque trop souvent de nerf et de rondeur par l'insuffisance du nombre de tours donnés aux deux fils, qui, sortis chacun d'un groupe différent de cocons, doivent, par le frottement que la torsion leur fait exercer l'un sur l'autre, unir, en un seul faisceau, les divers filaments qui les composent. On trouve joints à cet utile instrument un *porte-filière* et une paire de *trembleurs porte-bouts* garnis d'agathe sur lesquels les fils de soie, partant de la bassine pour se rendre sur le tour, doivent glisser avec une extrême facilité.

Ces divers instruments de précision donnent une haute idée de l'exposant et de ses connaissances en tout ce qui concerne l'industrie des soies.

Par tous ces motifs, le jury croit n'être que rigoureusement juste en accordant à M. Roeck une médaille d'argent.

Médaille de Bronze avec éloges.

M. BONNEMAISON (FÉLIX), à Lussan (Gers),

A présenté une sonnette à détente à mouvement circulaire continu.

Cette ingénieuse machine, dont le modèle exposé a été exécuté au quinzième de sa grandeur réelle, offre des avantages incontestables sur tous les appareils de ce genre ; l'*embrayage* et le *débrayage* du mouton par la main de l'homme sont supprimés. Cette opération s'effectue d'elle-même sans choc et avec une précision admirable. Avec la force d'un cheval-vapeur ou de deux chevaux de manége, un mouton du poids de 750 kilog., parcourant un décimètre par seconde, pourrait être élevé à six mètres de hauteur dans une minute. On conçoit dès-lors avec quel succès on peut employer ce précieux appareil. Le système imaginé par M. Bonnemaison annonce en lui une connaissance profonde de la théorie des lois mécaniques unie aux avantages d'une application pratique.

Le jury, voulant témoigner à ce jeune mécanicien la satisfaction qu'il a éprouvée en examinant sa machine, lui décerne une médaille de bronze avec éloges.

Mention honorable.

MM. GAYMARD et GÉRAULT, fabricants, à Paris,
rue Montmorency, 10.

Les quatre presses à copier envoyées par ces fabricants
sont parfaitement construites. Les modèles, dont l'un à
écrou en bronze et l'autre à tablette en acajou, se distinguent par leur élégance. Il est à regretter que les
fabricants de Toulouse qui confectionnent ces petites
machines ne soient pas entrés en lice avec MM. Gaymard
et Gérault. N'ayant pu juger que le mérite réel de ces
derniers, le jury leur accorde une mention honorable.

Mentions pour mémoire.

M. CASTELBOU, serrurier-mécanicien, à Toulouse,

Dont nous aurons bientôt occasion de parler, a présenté un plateau destiné à fixer les pièces sur le tour. Cet
appareil a paru bien confectionné et parfaitement approprié à sa destination.

M. MÉRICANT père, à Toulouse, rue de la Pomme,

Est un de nos exposants émérites. Il a présenté un tour
en l'air et quelques autres pièces de son commerce, dans
le seul but d'apporter son contingent à l'exposition sans
prétendre à aucune récompense.

M. BOUZIGUES, serrurier, à Toulouse, rue d'Astorg, 8,

Qui a déjà été favorablement mentionné dans ce rapport pour la construction de ses crémones, a exposé une
machine ingénieuse appelée *bouche-bouteilles* qui peut
rendre de très-grands services à l'économie domestique.

Si M. Bouzigues peut en diminuer le prix, nul doute qu'il n'en popularise l'emploi.

Citations.

M. BIRLICHY, serrurier, à Toulouse, rue Riguepels.

Cet exposant a présenté un tourne-broche dans lequel une crémaillère est substituée à cet appareil de cordages et de poulies si embarrassant dans les cuisines. Il n'a pas, sans doute, la prétention de remplacer le tourne-broche à ressort, si ingénieux et d'un usage si commode, mais il peut être d'une grande utilité dans les campagnes où le premier serrurier venu pourra le réparer. Le jury, qui trouve bon le principe adopté par M. Birlichy, ne peut donner son approbation à l'ajustement de certaines parties de ce tourne-broche qui péche, en général, par la main-d'œuvre. Ces motifs le forcent à ne lui accorder qu'une simple citation.

M. HÉBRARD, tailleur, à Toulouse, rue de la Pomme, 13,

A soumis au jury une équerre en cuivre avec montants et traverses gradués, destinée à donner toutes les mesures pour la confection des habits. Cet instrument paraît un peu compliqué ; néanmoins, le jury lui accorde une citation.

SECTION IV. — MÉCANISMES RELATIFS AUX ÉDIFICES.

Médaille de Bronze.

M. CAMPISTRON, peintre-vitrier, à Toulouse, rue Pharaon, 35.

Pénétré des inconvénients attachés à la disposition et à la forme des œils-de-bœuf en terre cuite, M. Campistron s'est étudié à les remplacer par un appareil qui permit de donner le plus de lumière possible dans une surface donnée et de renouveler l'air de la pièce qu'il éclaire. Nous voyons, par les ciels-ouverts exposés, que ce résultat a été complètement obtenu. Le jury a principalement remarqué le ciel-ouvert désigné par le n° 4, de 82 cent. sur 62, destiné à éclairer une grande pièce et disposé cependant de manière à pouvoir modérer le jour à volonté. Le n° 5 présente, sur les autres ciels-ouverts, un avantage qui consiste dans la possibilité d'enlever et de replacer les carreaux de vitre qui sont montés chacun sur un cadre mobile. Enfin, le n° 6 est destiné à remplacer les lucarnes. Tous ces appareils sont construits avec soin et intelligence. M. Campistron s'est surtout attaché à les rendre extrêmement solides. Par tous ces motifs et comme preuve de sa satisfaction, le jury lui décerne une médaille de bronze.

SECTION V. — SERRURERIE DE PRÉCISION.

Médaille d'Or.

M. LEPAUL, serrurier, ingénieur-mécanicien, à Paris, rue de la Paix, 2.

L'exposition de M. Lepaul se compose d'une collection à peu près complète de serrures de tout genre et de toute dimension qui, par leur forme agréable et leur parfaite exécution, ont constamment attiré l'attention du public. Nous n'entreprendrons pas de décrire ces diverses serrures, qui appartiennent presque toutes au système de Bram. Nous dirons seulement que, malgré le fini du travail et la richesse de leurs formes, M. Lepaul a eu le bon esprit d'en mettre le prix à la portée des plus modestes fortunes. Aussi, a-t-il vu s'accroître rapidement une nombreuse clientelle, que peuvent à peine satisfaire trois ateliers renfermant ensemble 150 ouvriers. Cet habile fabricant a paru à toutes les expositions nationales et y a obtenu les plus flatteuses distinctions. Le jury, appréciant le mérite éminent de ces beaux produits, croit devoir les récompenser par une médaille d'or.

Rappel de Médaille d'Argent.

M. CASTELBOU, serrurier-mécanicien, à Toulouse, rue Montardy,

A exposé deux coffres-forts qui ont paru être d'une construction solide et qui présentent une forme agréable. M. Castelbou est le seul dans Toulouse qui construise, avec une supériorité marquée, la serrurerie de sûreté. Pour prix de ses efforts et de ses succès, il obtint, en 1845, une médaille d'argent. Cette année, le jury, satisfait, délibère de lui rappeler cette récompense. .

Citations.

M. GIARD (Ephrn), ouvrier-apprenti, à Montauban (Tarn-et-Gar.)

La clef, présentée par ce jeune exposant, a paru mériter une récompense à cause des difficultés de forge qu'il a dû vaincre. On conçoit que, lorsqu'au début cet ouvrier a su tirer un aussi bon parti d'une matière difficile à manier comme le fer, on est en droit d'attendre de lui, pour l'avenir, des œuvres plus complètes et mieux finies.

Le jury lui accorde une citation.

M SERAC (Antoine), à Grenade (Haute-Garonne).

La serrure qu'il a exposée se distingue par le mécanisme et l'ajustage. Le double mouvement est très-précis et la clef est d'un travail fini. Ces considérations déterminent le jury à citer cet exposant.

CHAPITRE IV.

CONSTRUCTIONS DE BATEAUX.

Médaille de Bronze avec éloges.

M. MADER (FRANÇOIS), à Toulouse, au Port-Garaud.

Ce jeune ouvrier, charpentier de marine (il fait partie de l'inscription maritime), est employé dans les chantiers des frères Mader, ses oncles, constructeurs de barques, où il s'occupe spécialement du trait et du gabarit. François Mader a acquis à Toulouse les connaissances nécessaires à un ouvrier constructeur de bateaux ; il en a fourni une preuve incontestable en exécutant, sur une petite échelle, la charpente d'une gabarre de 600 tonneaux, avec son canot, pouvant porter 20 pièces de canon. Cet ouvrage est accompagné d'épures soignées qui prouvent son intelligence. On trouverait difficilement à Toulouse des ouvriers plus capables, dans cette spécialité, que M. François Mader. Aussi, le jury, pour lui témoigner l'estime qu'il a de son talent, lui décerne une médaille de bronze avec éloges.

TITRE QUATRIÈME.

INSTRUMENTS DE PRÉCISION.

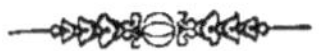

CHAPITRE Ier.

HORLOGERIE.

Section Ire. — Horlogerie publique.

Rappel de Médailles d'Argent avec éloges.

M. DELPY, mécanicien-fondeur, à Toulouse, rue Villenouvelle, 2,

A exposé deux horloges, l'une à huit jours, l'autre à 30 heures, toutes les deux à demies et à répétition. La commission du jury avait cru remarquer dans la construction de ces beaux appareils quelques inconvénients ; mais les explications claires et précises de M. Delpy ont entièrement dissipé les doutes qu'elle avait conçus, et elle se plaît à reconnaître que ces horloges sont construites dans les meilleures conditions et que cet habile mécanicien a dignement soutenu la réputation qu'il s'est déjà depuis longtemps acquise. En considérant que M. Delpy, de simple ouvrier, a su s'élever par les seules ressources de son intelligence, de son travail et de sa moralité, au rang de chef d'atelier ; qu'il a fondé à Toulouse un établissement où ses travaux, dans les diverses branches de la mécanique, occupent un nombre assez considérable d'ouvriers, le jury regrette encore, cette année, que

M. Delpy n'ait pas été mis à même , par une commande
convenable , de construire une horloge à force constante
dont l'exécution eût valu, sans le moindre doute, à
cet exposant , la récompense la plus élevée. En attendant
que des temps meilleurs lui en fournissent l'occasion, le
jury délibère de rappeler, avec éloges, à M. Delpy, les
diverses médailles d'argent qu'il a obtenues à nos précédentes expositions.

SECTION II. — GNOMONIQUE.

Citation.

M. LACOMBE, typographe, à Toulouse, rue Bonaparte, 14,

A présenté un cadran solaire vertical qu'il a construit
expérimentalement et dont la gravure est exécutée avec
beaucoup de soin. Le jury a regretté que l'absence de
connaissances gnomoniques suffisamment exactes aient
induit en erreur M. Lacombe sur la position de l'axe de
son cadran et, par suite, sur la valeur des différents
angles horaires. La méridienne de temps moyen déterminée par l'image d'un petit trou percé dans une plaque
indépendante de l'axe, comme aussi la patience et le zèle
dont M. Lacombe a fait preuve dans son travail, ont été
néanmoins jugés dignes d'une citation que le jury lui
accorde à titre d'encouragement.

CHAPITRE II.

INSTRUMENTS DE PHYSIQUE.

Médaille d'Or.

M. BIANCHI, opticien, à Toulouse, rue de la Pomme,

A exposé une série d'appareils et d'instruments de physique, de chimie et d'astronomie qui ont vivement fixé, à plus d'un titre, l'attention du jury.

Nous n'entreprendrons pas de décrire, d'une manière détaillée, chacun de ces nombreux instruments. Cette description excèderait les bornes de ce rapport; mais nous ne pouvons résister au plaisir d'en citer les principaux.

En première ligne se présentent deux héliostates, instruments qui offrent, dans leur construction, plusieurs difficultés relatives à la précision et au bon ajustement des pièces. L'un de ces appareils, acquis par la Faculté des Sciences de Toulouse, est établi d'après le système de Gambey; l'autre, dont l'invention est plus récente, a été imaginé par Silbermann. Ces deux instruments de précision réunissent les qualités que l'on peut désirer pour les expériences auxquelles ils sont destinés.

Les mêmes éloges peuvent être donnés à un cathétomètre de 1 mètre de course, dont le vernier donne les cinquantièmes de millimètre. Cet instrument a été également acheté par la Faculté des Sciences.

Nous citerons encore une syrène acoustique, à 10 trous, grand format, d'un nouveau modèle. Cette syrène offre l'avantage de soutenir un son avec bien plus de facilité que ces sortes d'instruments ne le comportent ordinairement. Les sons qu'elle produit ont beaucoup plus d'ampleur et de sonorité que ceux des syrènes ordinaires. Des expériences comparatives faites avec les syrènes de la Faculté et du Lycée ont permis de le constater facilement. Enfin, M. Bianchi a eu l'heureuse idée de rendre visible le mécanisme du compteur en fermant, avec une glace, la caisse qui le renferme.

Le monde savant a retenti dernièrement du bruit des expériences faites par M. Dumas sur la liquéfaction du protoxyde d'azote, au moyen d'une machine construite à Paris par la maison Bianchi, d'après les indications du savant professeur. C'est un appareil tout-à-fait semblable qui a été présenté à notre exposition. Cet appareil offre toutes les garanties de solidité désirable, et la manœuvre en est rendue facile par une disposition simple et ingénieuse.

Avant de terminer cette revue, nous parlerons de la lunette que M. Bianchi a exposée. Ce bel instrument a été soumis à des expériences variées, de manière à vérifier la netteté des images de la Lune et de Saturne. Nous signalerons aussi une très-bonne machine pneumatique à deux corps de pompe et à double épuisement.

Enfin, les autres instruments de M. Bianchi présentent les mêmes qualités et la même perfection de travail.

Le jury, considérant que la réunion de ces objets forme un ensemble très-remarquable, tant sous le rapport de la bonne confection que sous celui de l'importance scientifique, décerne à M. Bianchi la médaille d'or.

CHAPITRE III.

BALANCES ET INSTRUMENTS A PESER.

Médaille d'Argent.

M. LANNEBIT, mécanicien, à Vic-Fezensac,

A exposé deux bascules, l'une d'une portée de 400 kilo-grammes avec leviers dans le rapport de 1 à 10, et l'autre de la force de 5,000 kilogrammes destinée à peser des voitures chargées ; les leviers de cette dernière bascule sont dans le rapport de 1 à 100.

La balance-bascule, dont le but a été de constater avec une rigoureuse exactitude la pesanteur des fardeaux par des poids qui n'en représentent que la 10ᵉ partie, a été inventée par Quintetz. Des modifications importantes ont été introduites dans ces instruments de pesage par MM. Rollé et Schwilgué de Strasbourg, qui, par plu-sieurs brevets de perfectionnements, s'étaient assuré trop longtemps le monopole de cette fabrication. Après l'expi-ration de ces brevets, une salutaire concurrence est venue réduire de plus de 50 p. % le prix de ces bascules.

M. Lannebit, ancien contre-maître d'une importante maison de Lyon, a fondé dans nos contrées un établisse-ment, dans lequel ces sortes d'appareils sont fabriqués, depuis la bascule-*joujou* destinée à peser les écheveaux de soie, jusques aux ponts-à-bascule pouvant supporter une charge de 10,000 kilogrammes.

Les deux bascules exposées ne laissent rien à désirer sous le rapport de la main-d'œuvre. Une disposition qui consiste à rendre mobiles les coussinets sur lesquels repo-

sent les axes des leviers, afin d'éviter le moindre frottement, a paru au jury une heureuse innovation. Ces
instruments ont été soumis à plusieurs épreuves qui ont
constaté leur grande sensibilité. Ainsi deux grammes
posés sur le plateau du pont-à-bascule chargé de 500 kilogrammes lui ont fait subir un mouvement prononcé.

Le jury, rendant justice au mérite de M. Lannebit et
voulant attester la bonté de ses appareils de pesage, lui
accorde une médaille d'argent.

CHAPITRE IV.

MESURES DE CAPACITÉ.

Mention honorable.

M. CONSTANT, poêlier, à Toulouse, rue d'Astorg,

A exposé une série de mesures de capacité fabriquées
en tôle, commençant au décilitre et se terminant au
double-décalitre. M. Constant n'a rien créé; il a voulu,
en construisant des mesures en métal, remédier aux vices
que présentent les mesures en bois. A-t-il atteint son
but, et ses instruments n'ont-ils pas aussi leurs inconvénients, surtout celui du bosselage? Comme M. Constant
peut livrer les mesures en tôle au même prix que sont
vendues les mesures en bois, laissons l'expérience en con-
sacrer le mérite. En attendant et en considération des
essais tentés par l'exposant, le jury lui a accordé, à titre
d'encouragement, une mention honorable.

CHAPITRE V.

INSTRUMENTS DE MUSIQUE.

SECTION Ire. — INSTRUMENTS A CORDES.

§ 1er. — *Pianos.*

La commission, nommée pour l'examen des instruments de musique, avait annoncé dans sa première réunion qu'elle allait d'abord s'occuper de l'appréciation des nombreux pianos envoyés à l'exposition. Elle déclarait en même temps que trois exposants devaient être mis hors de concours : M. Erard, qui, par l'excellence de ses produits, a été nommé, il y a déjà quelques années, membre de la Légion-d'Honneur, et qui n'envoie plus ses instruments aux différentes expositions de France et de l'étranger que pour prouver qu'il est toujours à la tête des facteurs de tous les pays ; M. Boisselot, facteur de pianos, à Marseille, qui a obtenu, à Paris et à Toulouse, des médailles d'or et les rappels de ces hautes distinctions ; enfin, M. Kriegelstein, qui vient d'obtenir à l'exposition nationale de 1849 la médaille d'or, comme témoignage de la supériorité de ses instruments.

Il est de notre devoir de rapporter l'incident qui s'est produit dans cette séance. M. Boisselot, qui avait été introduit pour donner quelques explications, a déclaré vouloir concourir avec M. Erard. Sur l'observation qui lui était faite, que M. Erard, d'accord avec la décision de la commission, n'entendait plus concourir dans aucune exposition de France, M. Boisselot s'est alors écrié vivement, qu'il était las d'être traîné à la remorque de

M. Erard ; que ses pianos étaient meilleurs que ceux de ce facteur ; qu'il construisait mieux que lui ; et qu'il allait faire retirer ses instruments, puisqu'il n'y en avait pas un capable de lutter avec les siens. La commission du jury, étonnée de cette assurance, résolut alors, tout en maintenant sa première résolution, de comparer les instruments de ces deux facteurs, et d'émettre son opinion avec toute l'indépendance dont elle était animée.

Il est résulté de cet examen approfondi que, tout en rendant justice à la bonne facture de M. Boisselot, celle de M. Erard l'emportait de beaucoup dans les différents genres de pianos exposés. Ainsi, les pianos droits à cordes verticales de M. Erard ont été jugés meilleurs que ceux de M. Boisselot, soit dans l'égalité, l'intensité, la rondeur du son et surtout dans la facilité du clavier. Il en a été de même d'un piano oblique où les qualités les plus essentielles et les plus indispensables l'ont encore emporté sur les instruments de M. Boisselot. Passant aux pianos à queue, la commission a déclaré unanimement que ces instruments pouvaient servir de modèle aux facteurs les plus en renom, et que M. Erard avait obtenu dans ces pianos une admirable sonorité, ronde, brillante dans toutes ses parties. Elle a trouvé que les basses étaient excellentes de profondeur et d'intensité, que le médium était d'un moelleux exquis et d'une égalité parfaite, que les parties élevées du clavier offraient une pureté de son qui ne laissait rien à désirer, et que cette partie n'était jamais écrasée par les extrémités graves de l'instrument. Quant au clavier, au double échappement dont M. Erard est l'inventeur, à la douceur extrême de son toucher, à la facilité avec laquelle on adoucit et on renforce les sons, aucune expression ne peut donner une idée de cette ingénieuse mécanique ; c'est l'exécutant seul qui peut apprécier les immenses avantages que lui donne cet admirable clavier, qui est composé de touches qui semblent disparaître sous les doigts, et qui, par leur extrème souplesse, leur rapidité de percussion, permettent à l'artiste de donner à son exécution les plus délicates nuances, et d'imprimer à son jeu ce que l'expression a de plus difficile et de plus chaleureux.

Toutes ces qualités font des pianos de M. Erard des instruments hors ligne, et leur assurent une supériorité que personne, jusqu'à ce jour, n'a pu leur enlever.

Les pianos droits et mi-obliques de M. Boisselot ont été jugés d'une bonne facture, quoique les sons ne soient pas toujours d'une égalité parfaite, et que les claviers laissent à désirer sous le rapport de la douceur du toucher. Ses pianos à queue, grand format, sont sans doute d'excellents instruments, et, s'ils ne réunissent pas les avantages de ceux de M. Erard, ils n'en sont pas moins recommandables, et classent la facture de M. Boisselot parmi les premières fabriques de la capitale, en même temps qu'ils le placent à la tête des facteurs de la province. En résumé, les sons de ces instruments possèdent une grande puissance, une excellente égalité, un clavier facile qui fuit bien sous les doigts ; ils méritent, sous tous ces rapports, la haute réputation dont ils jouissent.

Telle est l'appréciation impartiale qui a été faite des pianos de M. Erard et de M. Boisselot, et que le jury a cru devoir publier dans ce rapport.

Rappel de Médaille d'Or.

M. KRIEGELSTEIN, facteur, à Paris.

Les pianos envoyés par cet exposant ont attiré l'attention du jury. Il a constaté que ce facteur fabriquait d'excellents instruments, qu'il réussissait aussi bien dans les pianos droits et mi-obliques que dans les pianos à queue. Il a reconnu tout le fini, tout l'ensemble d'une excellente fabrication.

Le clavier possède une grande facilité, et l'échappement perfectionné par un mécanisme nouveau donne à ces instruments une valeur réelle. Aussi M. Kriegelstein a-t-il obtenu, à l'exposition nationale, la médaille d'or. Le jury de Toulouse accorde à cet habile facteur le rappel de cette haute récompense.

Rappel de Médailles d'Argent avec éloges.

M. CROPET, facteur, à Toulouse,

S'est présenté cette année avec quatre pianos droits. Trois de ces instruments sont munis d'un mécanisme nouveau qui possède une supériorité marquée sur l'ancien. Dans le mécanisme ordinaire des pianos, dit *mécanisme anglais*, il existe un ressort qui met en mouvement le marteau qui frappe les cordes. Ce ressort donne plus ou moins de rapidité à l'échappement, selon sa force; mais, s'il vient à se rompre, ce qui arrive souvent, l'échappement n'a plus lieu, et le marteau ne pouvant agir, la corde reste muette. M. Cropet a voulu obvier à cet inconvénient : il a imaginé une mécanique combinée sur d'autres bases, et, quoique le ressort y joue également un rôle, la disposition des pièces est telle qu'il peut se rompre sans que l'échappement perde ses moyens d'action ; le marteau n'étant pas privé de son moteur agit toujours, peut-être avec un peu moins de promptitude, mais avec la même intensité, et le ressort brisé n'arrête pas le son, ce qui avait lieu avec l'ancienne mécanique.

Le jury a signalé ce perfectionnement : il a reconnu

un mécanisme des mieux établis, un travail soigné et solide, une qualité de son très-agréable dans tous les registres du clavier et une égalité fort remarquable. M. Cropet est un véritable facteur; il fait tout par lui-même; il n'est pas de pièces dans un piano, quelles qu'elles soient, qui n'aient été construites par lui. C'est un ouvrier dans toute l'acception du mot, mais un ouvrier recommandable qui doit à son talent et à son labeur seuls la vogue dont il jouit.

Le jury, tout en rendant pleine et entière justice à la perfection des pianos droits de M. Cropet, regrette bien vivement que son exposition n'ait pas été complétée par un piano à queue; nul doute que cet instrument n'eût soutenu la comparaison avec ceux de ses concurrents. Le jury lui aurait décerné une récompense plus élevée que le rappel avec éloges des médailles d'argent qu'il a obtenues aux expositions de 1840 et de 1845.

Médailles d'Argent.

M. AUCHER, fabricant de pianos, à Paris.

Le piano droit envoyé à l'exposition par ce facteur mérite d'être distingué. Cet instrument, par sa qualité de son, par la bonté de son mécanisme, a valu à son auteur une médaille d'argent. En faisant l'acquisition de ce piano, la commission de la loterie a sanctionné ce jugement.

M. DEBAIN (Alexandre), facteur, à Paris,

A exposé des pianos droits et un instrument de ce format auquel il a adapté une mécanique des plus ingénieuses qui, tout en ne rendant aucun service à l'art musical, n'en sera pas moins d'une immense ressource pour les danseurs de contredanses, de valses et de polkas. Avec cet instrument, tout le monde peut jouer du piano d'une manière fort agréable, pourvu qu'il soit d'accord et qu'il soit muni de ses partitions mécaniques. Nous le répétons, cette invention est très-ingénieuse et admirablement exécutée ; et, quoique l'art n'y gagne rien, l'auteur mérite une récompense, non-seulement pour cette machine si difficile à trouver et si simple en même temps, mais aussi pour la bonne facture de ses pianos, qui réunissent d'excellentes qualités, malgré le bas prix auquel il les livre. Le jury accorde en conséquence à M. Debain une médaille d'argent.

M. POL (Louis), facteur de pianos, à Toulouse, rue de la Pomme, 19,

Se présente à la tête d'une fabrique importante, établie à Nismes. Il se propose d'en fonder une pareille à Toulouse.

Le jury, tout en rendant justice aux bonnes qualités des pianos exposés par M. Pol, a trouvé cependant que le son laissait à désirer sous le rapport de la qualité, la distinction lui faisant un peu défaut. Il a remarqué aussi que les basses pourraient avoir plus de rondeur ; mais il loue sans restriction la confection des instruments sortis de cette fabrique ; tout y est soigné avec la plus scrupuleuse attention ; le fini et la solidité du mécanisme ne laissent rien à désirer.

Le jury, voulant encourager cet habile industriel et récompenser en même temps son mérite, lui décerne une médaille d'argent.

M. STAUB-WARNECKE, facteur de pianos, à Nancy,

A exposé deux pianos dont l'un possède un mécanisme parfait et une double table d'harmonie qui donne au son une grande puissance. Les soins et le talent qui ont présidé à la facture de ce piano ont été jugés dignes d'une récompense. Le jury accorde à M. Staub-Warnecke une médaille d'argent.

Mention favorable.

M. POULIÉ (Louis), facteur de pianos, à Toulouse, allée Lafayette,

A présenté un piano droit qui a été remarqué sous le rapport du mécanisme. Le jury, voulant encourager ce facteur à son début, lui accorde une mention honorable.

§ 2. — *Instruments à cordes et à archet.*

Rappel de Médaille d'Or avec éloges.

M. BERNARDEL, luthier, à Paris, rue Croix-des-Petits-Champs,

A exposé deux basses et quatre violons.

La commission, chargée de juger le mérite de ces instruments, a déclaré qu'ils réunissaient à la fois les précieuses qualités du son à l'élégance de la forme. Le jury, considérant que M. Bernardel a obtenu la médaille d'or à la dernière exposition nationale, confirme le jugement qui a été fait à Paris de ses instruments, et lui rappelle avec éloges cette haute récompense.

Nouvelle Médaille d'Argent avec éloges.

M. COUTURIEUX, luthier, à Toulouse, rue Pargaminières, 80,

A exposé un quatuor et un violon, copie de Stradivarius. Les violons de M. Couturieux ont été trouvés excellents, l'alto a paru faible, la basse laisse quelque chose à désirer. Il est à regretter que ces légers défauts aient été auprès du jury des motifs pour réserver la plus haute de ses récompenses. Néanmoins, comme les instruments exposés décèlent dans son auteur un véritable talent et lui font infiniment d'honneur, le jury accorde à M. Couturieux une nouvelle médaille d'argent avec éloges.

Médaille d'Argent.

M. SIMONIN (Charles), luthier, à Toulouse,
rue Saint-Pantaléon,

A exposé deux violons et une basse.

Si les violons de M. Simonin ont été jugés un peu inférieurs à ceux de son compétiteur, en revanche, sa basse est supérieure à celle de M. Couturieux. Le jury récompense le talent de M. Simonin par une médaille d'argent.

§ 3. — *Cordes d'instruments.*

M. SAVARESSE AÎNÉ, fabr. de cordes à boyaux, à Nevers (Nièvre),

A exposé des cordes pour violon. Tout le monde connaît la qualité supérieure de ces cordes ; mais le jury a regretté que l'exposition de M. Savaresse n'ait pas été plus complète en envoyant des cordes de toute qualité. Sans aucun doute, M. Savaresse aurait pu prétendre à une récompense d'un ordre élevé.

SECTION II. — INSTRUMENTS A VENT EN CUIVRE.

Rappel de Médailles d'Argent.

M. GAUTROT, fabricant, à Paris,

A envoyé une série complète d'instruments en cuivre, tels que cors ordinaires, cors à piston, cornets, trompettes à cylindre, ophicléides, altos, etc. Tous ces instruments ont été essayés par des artistes spéciaux qui en ont constaté la bonté. M. Gautrot obtint, en 1845, une médaille d'argent; une récompense pareille lui a été décernée à l'exposition nationale de 1849. Le jury les lui rappelle comme preuve de sa satisfaction.

SECTION III. — ORGUES.

§ 1er. — *Orgues d'église.*

Médaille d'Or.

M. MOITESSIER, facteur d'orgues, à Montpellier (Hérault),

A exposé : 1° un orgue de chœur à deux claviers à la main, composé de treize jeux; 2° le grand orgue de seize pieds placé depuis peu dans l'église de la Dalbade, magnifique instrument qui a déjà été jugé par une commission spéciale et qui a été reconnu comme l'œuvre d'un artiste d'un véritable talent. Le rapport qui a été signé par les hommes spéciaux, les sommités artistiques de Toulouse et par M. Lefébure-Wely, le célèbre organiste de la Madelcine, donne la garantie du jugement favorable que le jury a porté sur les orgues de M. Moitessier. Nous n'entreprendrons pas de décrire ce bel instrument. Il nous suffira de signaler l'*abrégé pneumatique* inventé par ce facteur et destiné à adoucir la résistance des touches des claviers. M. Moitessier, ne pouvant employer la machine Barker, dont le brevet n'était pas expiré, imagina de se servir de l'air dilaté au lieu de l'air comprimé, principe sur lequel repose l'invention du mécanicien anglais. L'emploi de cette ingénieuse machine a permis au facteur de supprimer les abrégés et tout l'attirail de vergettes qui communiquent le mouvement des touches aux soupapes. Elle offre l'avantage, comme le levier de M. Barker, de permettre l'accouplement de tous les claviers et de leurs octaves graves et aiguës, sans que les doigts éprouvent sur les touches une plus grande résistance. La soufflerie, cette partie si importante de l'orgue, a été jugée parfaitement établie. Il a été prouvé que le vent était constamment distribué dans une égale proportion, quels que fussent les jeux que l'exécutant mettait en mouvement. Les claviers et les tuyaux ont été traités avec un soin tout particulier ; les sommiers, admirablement construits, ont une double laie qui permet à l'organiste de supprimer ou d'introduire à volonté, au moyen d'une pédale, les jeux d'anches. Le clavier des pédales, établi d'après la méthode allemande, présente un perfectionnement ; chaque touche est articulée au moyen d'un ressort. Enfin, le choix des matériaux qui ont servi à la construction de cet orgue et leur mise en œuvre ne laissent rien à désirer.

La partie harmonique a été l'objet des soins de M. Moitessier. Elle a été, pour le jury, la preuve que ce facteur réunissait le génie d'un véritable artiste à l'habileté d'un excellent ouvrier.

Ce que nous venons de dire de la perfection de l'orgue de la Dalbade s'applique également à l'orgue placé dans la grande galerie du Musée. Les nombreux visiteurs de notre exposition ont pu juger de l'effet des sons harmonieux de cet instrument, lorsqu'il était touché par une main habile.

Le jury, sanctionnant le jugement du public, accorde à M. Moitessier, comme juste récompense de son mérite, la médaille d'or.

Médaille de Bronze.

MM. PUGET (Théodore) et ses fils, facteurs d'orgues, à Toulouse,
rue des Trois-Piliers, 18,

Ont exposé un orgue de neuf jeux, à deux claviers à
la main.

Ces facteurs ont également voulu doter leur instrument
d'un levier pneumatique, fondé sur le même principe
que celui de M. Barker, avec cette seule différence qu'ils
ont remplacé, par une soupape, le petit soufflet employé
par ce mécanicien. Cet appareil, appliqué à cet orgue,
fonctionne bien. Toutefois, le jury ne peut pas se prononcer sur son mérite réel, et l'expérience seule pourra
en constater la bonté, lorsqu'il aura été employé dans un
orgue plus considérable.

L'instrument exposé a donné lieu à plusieurs observations importantes. On a été unanime pour reconnaître
que le travail matériel était négligé, que les jeux de fond
avaient peu d'égalité, et que ce défaut d'égalité était d'autant plus grave qu'il pouvait être attribué à l'imperfection
de la main-d'œuvre. Une autre observation n'a pas
échappé au jury, c'est que, si le grand jeu de l'orgue de
MM. Puget avait de la puissance, il ne le devait qu'aux
poids excessifs qui chargent la table des soufflets et qui
donnent aux sons une aigreur qui disparaîtrait s'ils
étaient moins chargés.

M. Puget, aidé de ses fils, possède tous les éléments
qui constituent un bon facteur. Qu'il fasse des efforts pour
perfectionner la main-d'œuvre de ses orgues, qu'il leur
donne cette qualité et cette égalité de son que l'on remarque dans les orgues de ses concurrents. Le jury, persuadé que MM. Puget profiteront des conseils qui leur

ont été adressés et voulant encourager une industrie locale, leur décerne une médaille de bronze.

§ 2. — Orgues expressives.

Rappel de Médaille d'Argent avec éloges.

M. DEBAIN (Alexandre), facteur, à Paris,

Que nous avons déjà mentionné comme facteur de pianos, a exposé un harmonium de quatre jeux complets. Cet instrument, dont la fabrication rentre dans la spécialité de M. Debain, a été jugé très-favorablement sous le double rapport du son et du mécanisme. Le jury lui accorde le rappel, avec éloges, de la médaille d'argent qui lui a été décernée à la dernière exposition nationale.

Rappel de Médaille d'Argent.

M. ALEXANDRE, facteur, à Paris,

A fait présenter à l'exposition un harmonium à percussion de quatre jeux. A voir ce magnifique instrument, d'une exécution élégante dans sa forme comme dans son mécanisme, le jury a dû se livrer à certaines investigations qui lui ont bientôt donné la preuve qu'il n'avait pas été fait pour paraître à l'exposition et qu'il avait été spécialement construit pour M. Lefébure. En effet, on s'est rappelé que c'est sur cet harmonium, qui le suivait dans ses voyages, que cet éminent artiste nous a fait connaître, il y a quelques années, toutes les ressources de son talent si souple, si varié et si gracieux. Il était donc évident, pour le jury, malgré l'assertion insidieuse du représentant de M. Alexandre, que l'harmonium exposé était un type hors ligne dont la fabrication s'écartait entièrement de celle des instruments de même nature que M. Alexandre livre habituellement au public. D'après ces considérations, cet instrument aurait dû être mis hors de concours ; mais le jury, connaissant les progrès sensibles qu'a faits la fabrication de M. Alexandre, les modifications heureuses qu'il a introduites dans la construction de ses instruments, vote à cet habile facteur le rappel de la médaille d'argent qui lui a été décernée à Paris, en 1849.

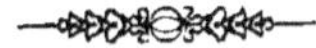

CHAPITRE VI.

APPAREILS D'ÉCLAIRAGE.

Médailles d'Argent.

M. CHARBONNIÈRES, lampiste, à Toulouse, rue des Balances, 50,

A exposé un grand nombre de lampes de divers modèles.

Des expériences multipliées qui ont eu lieu pour déterminer l'effet des appareils d'éclairage comparés à la lampe solaire, ont démontré que, sous le rapport de la dépense, la lampe de M. Charbonnières donnait la lumière à un prix moins élevé que tous les autres systèmes d'éclairage soumis à l'appréciation du jury. Malheureusement, cette lampe est toujours accompagnée d'une boule qui en rend l'effet peu gracieux pour l'éclairage de luxe ; mais, dans l'éclairage de cabinet et dans celui de certains établissements, tels que les lycées, les maisons de commerce, etc., ce léger inconvénient est plus que compensé par les conditions économiques de l'appareil. Nous devons ajouter que M. Charbonnières exécute lui-même toutes les parties de ses lampes ; qu'il a imaginé et heureusement appliqué un système ingénieux de suspension ; qu'il se montre en même temps ouvrier et mécanicien habile. Aussi, en considération de la précieuse économie des lampes de M. Charbonnières et pour récompenser le zèle de cet exposant qui ne cesse de perfectionner avec fruit les divers détails de ses appareils, le jury lui décerne une médaille d'argent.

M. SALLES, fabricant, à Toulouse, rue de la Pomme, 36,

A présenté diverses lampes à alcool térébenthiné qui, sous le rapport de l'éclat et de la blancheur de la lumière qu'elles fournissent, ne laissent rien à désirer. Les appareils de M. Salles, un peu plus simples au bec d'éclairage que ceux inventés précédemment à Paris par M. Robert, offrent des formes élégantes qui les rendent très-propres à l'éclairage de luxe. Le jury n'a pas cru devoir s'arrêter aux inconvénients que l'on pourrait attribuer à l'emploi du liquide très-inflammable qui sert à la combustion. Il regrette que les droits d'entrée qui frappent encore les alcools dénaturés par la térébenthine élèvent à 0 fr. 70 c. le prix de la quantité de lumière que la lampe Charbonnières fournit à 0 fr. 54 c., et la lampe solaire pour 0 fr. 47 c. Néanmoins, en considérant que M. Salles a fondé à Toulouse un atelier de fabrication de ses lampes ; qu'il parvient, au moyen d'un grand appareil qu'il vient d'établir, à obtenir, du premier coup, un alcool concentré à environ 98°, capable de dissoudre 35 à 40 pour cent de térébenthine ; que la lumière produite par cet alcool brille du plus vif éclat, le jury lui accorde une médaille d'argent.

Mention honorable.

M. MELLIÉS , amateur, à Toulouse, quai Saint-Pierre, 3,

A présenté une lampe qu'il appelle pneumatique et dans laquelle l'ascension de l'huile à la mèche est déterminée par la pression d'un gaz qui se produit pendant la durée de la combustion. L'appareil de M. Melliés est ingénieusement conçu : le principe qui lui sert de base paraît appliqué d'une manière heureuse, et la lampe a l'avantage de pouvoir être transformée, à l'aide d'un simple tour de vis, en lampe à niveau constant comme la lampe Charbonnières, ou en lampe à déversement comme la lampe *Carcel*, sans avoir ni l'un ni l'autre des inconvénients qui ont été reprochés à ces deux systèmes, c'est-à-dire le réservoir supérieur au bec ou le mouvement d'horlogerie. Néanmoins , comme le système de la lampe Melliés qui n'est, pour ainsi dire, qu'à l'état d'essai exige l'emploi d'un acide et des manipulations qui pourraient avoir dans l'économie domestique quelques inconvénients sur lesquels la pratique seule doit être appelée à prononcer, le jury regrette, en présence de cet ingénieux appareil, de ne pouvoir décerner à son auteur qu'une mention honorable.

TITRE CINQUIÈME.

ARTS CHIMIQUES.

⸭⸭⸭⸭⸭

CHAPITRE Iᵉʳ.

SUBSTANCES ALIMENTAIRES, SAVONS, COLLES, ETC.

Sᴇᴄᴛɪᴏɴ Iʳᵉ. — Pʀᴇ́ᴘᴀʀᴀᴛɪᴏɴ ᴇᴛ ᴄᴏɴsᴇʀᴠᴀᴛɪᴏɴ ᴅᴇs Sᴜʙsᴛᴀɴᴄᴇs ᴀʟɪᴍᴇɴᴛᴀɪʀᴇs.

§ 1ᵉʳ. — *Blé et Farines.*

Éloges.

M. ROLLAND, directeur de la ferme-école de **La Mothe**,

A présenté plusieurs échantillons de blé de diverses qualités, dont le plus grand nombre est désigné sous le nom de blé de mars ; quelques échantillons sont le résultat de semences faites en ligne à l'aide du plantoir. Le jury a examiné l'ensemble de ces produits avec le vif intérêt qu'inspire tout ce qui se rattache à l'agriculture : il n'a que des éloges à donner à M. Rolland pour son zèle à faire connaître le résultat de ses expériences, afin d'appeler l'attention des propriétaires sur les divers moyens qui peuvent servir à agrandir le cercle de leurs cultures et à donner plus de valeur à leurs exploitations agricoles. Quelques échantillons de blé semés au plantoir ont été l'objet particulier de son attention. Il a remarqué la beauté de certains épis, la force de leur végétation, la richesse de leurs talles , enfin une meilleure nature de grain. Ces résultats prouvent, une fois de plus, tout le bien qu'on peut attendre des semences en ligne exécutées, comme l'a fait M. Rolland, dans de bonnes conditions.

Le jury croit remplir un devoir en accordant les plus grands éloges à cet habile agronome.

Citation.

M. FAURÉ, minotier, à Lavaur,

A exposé un échantillon de farine provenant de la matière désignée sous le nom de *résillon.* Cette farine est riche en gluten ; elle est d'une belle blancheur, son goût est agréable ; elle réunit, en un mot, toutes les qualités d'une bonne farine. M. Fauré assure qu'on peut, en opérant d'après sa méthode, qu'il tient d'ailleurs secrète, préparer ce produit à un prix tel qu'on obtiendrait du pain de luxe au prix du pain ordinaire. Le jury, n'ayant aucun moyen d'apprécier l'importance de sa découverte, lui accorde une simple citation.

§ 2. — *Pâtes et Fécules.*

Rappel de Mention honorable.

M. BAYLAC, vermicellier, à Toulouse, avenue de Muret,

A exposé trois caisses de différentes pâtes, façons d'Italie.

Le jury constate, dans ces pâtes, le même degré de perfection qui fut signalé dans celles qui faisaient partie de l'exposition de 1845 et qui furent mentionnées honorablement. En conséquence, il vote à M. Baylac le rappel de cette récompense.

Citation favorable.

M. MAYSSONNIER, à Toulouse, rue des Filatiers, 30,

A exposé divers échantillons de substances alimentaires et de drogues médicinales réduites en poudre. Il a été constaté que ces échantillons ont été préparés avec des matières pures qui ont été amenées à un état de division assez considérable. Cependant, elles sont loin d'approcher, sous ce rapport, de celles que M. Meynier prépare dans son usine près Paris. Le jury engage M. Mayssonnier à donner aux poudres qu'il livre habituellement à la droguerie le même degré de finesse de celles qui ont été exposées. Ces produits ont été jugés dignes d'être cités favorablement.

§ 3. — Chocolats.

Nouvelle Médaille de Bronze avec éloges.

M. MARCEL JEUNE, chocolatier-confiseur, à Toulouse,
rue Croix-Baragnon, 22.

Cet honorable industriel se présente, en 1850, avec une médaille de bronze conquise à l'exposition de 1845 et avec une citation favorable qui lui a été décernée par le jury central de l'exposition de 1849. Ces récompenses obligent : aussi, M. Marcel a-t-il constamment cherché à perfectionner sa fabrication. Ses produits furent trouvés parfaits en 1845 ; en 1850, ils sont excellents. Les connaisseurs distingueront surtout ses chocolats porto cabello pur et double vanille, qui sont d'une suavité exquise. Les qualités moyennes et inférieures ne laissent rien à désirer ; il y en a pour tous les goûts et pour toutes les fortunes à des prix avantageux. L'industrie de M. Marcel est en voie de prospérité, grâces à la perfection de ses produits. Le jury, voulant récompenser cet honorable exposant de ses progrès, lui décerne une nouvelle médaille de bronze avec éloges.

Mentions honorables.

M. AYMARD, chocolatier, à Toulouse, rue Pharaon, 48.

Gendre et successeur de M. Francisco, M. Aymard soutient la réputation que s'était acquise son beau-père pour la fabrication du chocolat. Parmi les échantillons qu'il a exposés, il en est qui ne cèdent en rien aux meilleures qualités de ses concurrents. M. Aymard fabrique lui-même à la main ; ses produits méritent d'être recherchés pour leur bonne qualité et pour la modération des prix.

Le jury lui accorde une mention honorable.

MM. PUENTE ᴇᴛ Cᴏᴍᴘᵉ, chocolatiers, à Pau (Basses-Pyrénées).

Cette maison, avantageusement connue dans le Midi, a envoyé divers échantillons de ses chocolats. La pâte préparée à la mécanique est homogène et bien liée ; les qualités supérieures de ses produits sont très-bonnes et les prix n'en sont pas exagérés. Comparativement, les qualités inférieures ne paraissent pas aussi avantageuses pour le goût et pour le prix. MM. Puente et Compᵉ paraissent pour la première fois à notre exposition. Le jury, pour les encourager, leur accorde une mention honorable.

Citations.

M. CORTADELLAS, chocolatier, à Toulouse, rue des Balances, 6,

Est venu de Barcelonne pour se fixer à Toulouse. Ses produits, préparés à l'espagnole, ne brillent pas par la forme ; mais ils se recommandent par leur qualité. Le jury décide de les citer.

M. GAPIAND (Henri), chocolatier, chez M. Marcel.

Nous ne pouvons résister au plaisir de le citer pour les objets en chocolat fabriqués par lui et présentés à l'exposition. Entre ses mains, le chocolat prend toutes les formes et se plie à tous ses caprices. Une citation est la récompense de son travail.

§ 4. — *Pain de gluten.*

Médaille de Bronze.

M. DURAND, boulanger, à Toulouse,

A exposé deux échantillons de pain de gluten ; l'un de ces échantillons, qui avait déjà été présenté à l'exposition de 1845, est dans un tel état de conservation qu'on croirait qu'il vient d'être préparé ; le deuxième échantillon, qui est d'origine plus récente, est préférable au premier sous le rapport de la saveur : on pourrait cependant lui reprocher d'être un peu salé. Le pain de gluten préparé par M. Durand constitue un aliment très-nourrissant dont les médecins pourraient tirer parti.

Le jury, voulant récompenser les efforts de cet honorable industriel, lui accorde une médaille de bronze.

Section II. — Savons.

Rappel de Médaille de Bronze.

M. MILLIAU jeune, fabricant, à Marseille (Bouches-du-Rhône),

A exposé deux barres de savon blanc, dont l'une, portant le n° 1, est d'une qualité irréprochable ; l'échantillon désigné par le n° 2 est de qualité un peu inférieure, quoique plus beau en apparence. La maison Milliau jouit depuis longtemps, dans le midi de la France, d'une réputation justement méritée ; ses produits sont recherchés par les meilleures manufactures de France et de l'étranger.

M. Milliau a obtenu, en 1845, une médaille de bronze ; cet honorable industriel a paru toujours digne de cette récompense dont le jury lui accorde le rappel.

Médaille de Bronze.

M. DELCROS jeune, fabricant, à Toulouse, rue des Arts, 15,

A exposé un grand nombre d'objets de parfumerie, tels que savons de toilette, pommades, eaux de senteur, qu'il fabrique lui-même. Après avoir appris son état à Paris, où il a résidé longtemps, cet exposant s'est décidé à venir dans notre ville pour y créer une industrie qui nous rend tributaires de la capitale. Mais tel est le préjugé local, pour tout ce qui tient à Paris, que M. Delcros est obligé de vendre ses produits sous un pseudonyme parisien. Afin d'éclairer le public sur le mérite des objets fabriqués par M. Delcros et pour l'encourager dans son entreprise, le jury lui accorde une médaille de bronze.

SECTION III. — OBJETS DIVERS.

Rappel de Médaille de Bronze.

M. SEGUIN, pharmacien, à Albi (Tarn),

A envoyé un grand flacon d'essence d'anis.

Cet habile pharmacien est connu déjà depuis longtemps

pour ce genre de fabrication; il livre, tous les ans, au commerce des quantités considérables d'essence d'anis très-pure à un très-bas prix.

Le jury rappelle à M. Seguin la médaille de bronze qu'il a obtenue à la dernière exposition.

Mention honorable.

M. CASTEX, amidonnier, à Bordeaux,

A exposé trois échantillons d'amidon de belle qualité : le premier est désigné sous le nom d'amidon superfin; le deuxième premier blanc, et le troisième amidon de riz, que M. Castex, dit-il, fabrique d'après un procédé nouveau et qu'il livre à très-bas prix. Il est à regretter que l'exposant n'ait pas mis le jury en position de connaître ce qu'il peut y avoir de nouveau et d'ingénieux dans son mode de fabrication et l'importance commerciale de ce produit, il aurait mérité une récompense plus élevée qu'une mention honorable.

Citations.

M. ROSSARD, coiffeur, à Toulouse, rue des Balances, 35,

A exposé deux flacons d'eau *phuotrice* ayant la vertu d'arrêter la chute des cheveux, et un flacon d'eau de toilette. Ces eaux, dont la composition est le secret de l'exposant, n'ont pu être soumises à des expériences; mais des témoignages étant venus confirmer les assertions de M. Rossard, le jury les a jugées dignes d'être citées.

M. ROY (ALEXANDRE), parfumeur, rue des Arts,

A envoyé divers échantillons d'eau de Cologne, d'eau de lavande ambrée et d'eau dite de *Bottot*.

Le jury a surtout remarqué l'eau de lavande qui, au dire des connaisseurs, a un parfum très-agréable. Les produits de M. Roy méritent une citation.

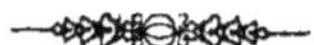

CHAPITRE II.

PRODUITS CHIMIQUES, COULEURS, VERNIS.

Section Iʳᵉ. — Produits chimiques.

Rappels de Médailles d'Argent.

MM. ROLLAND, PETIT et CANY jeune, fabricants, à Toulouse, quartier de la Faurette.

Les produits de cette importante fabrique se sont montrés, comme par le passé, dignes des éloges du jury. Les échantillons d'alun qui ont été examinés sont d'une grande pureté. Ces exposants ont présenté, en outre, du sulfate de fer et de l'acide sulfurique à 60 degrés.

Le jury, voulant témoigner à M. Rolland et à ses nouveaux associés la satisfaction qu'il éprouve en voyant le zèle qui les anime pour faire prospérer une industrie nouvelle dans nos contrées, leur rappelle la médaille d'argent qui fut décernée, en 1845, à cette fabrique.

MM. MONTFERRAN (J.) et Compᵉ, négociants, à Toulouse,

Ont exposé des aluns de très-bonne qualité. Ce genre de fabrication avait valu, en 1845, à ces honorables négociants, une médaille d'argent. Le jury a la satisfaction de la leur rappeler.

Citation.

M. COT, distillateur, à Noé (Haute-Garonne),

A exposé deux échantillons de tartre provenant du traitement du résidu de la vendange après l'extraction du 3|6 de marc. Ce tartre est d'une très-belle qualité : l'exposant prétend qu'il le prépare d'après un procédé nouveau qu'il n'a pas fait connaître.

Le jury lui accorde une citation.

SECTION II. — VERNIS, MASTICS, ETC.

Médaille de Bronze avec éloges.

M. BONNEMAISON, fabricant, à Toulouse, rue d'Astorg, 20,

A présenté un flacon de vernis qu'il fabrique lui-même. Ce vernis a été appliqué, en présence du jury, sur une roue en cuivre ; cet essai a été très-satisfaisant. M. Bonnemaison a rendu un véritable service en nous affranchissant du tribut que nous payons à Paris. Par ces considérations, le jury accorde à cet honorable industriel une médaille de bronze avec éloges.

Médaille de Bronze.

MM. BLAIZE et Compᵉ, fabricants, à Toulouse, allée des Zéphirs,

Ont exposé divers échantillons de cire à cacheter et de mastic pour bouteilles. Leurs produits sont bien fabriqués ; leur mastic pour bouteilles a paru ne laisser rien à désirer : on peut reprocher à la cire à cacheter d'être un peu cassante ; cependant ce léger défaut est amplement compensé par sa bonne qualité. Le jury, considérant que les exposants ont importé à Toulouse ce genre de fabrication et qu'ils fournissent actuellement au commerce des produits qu'on empruntait auparavant à d'autres villes, leur accorde une médaille de bronze.

Mentions honorables.

M. MILLER, fabricant de vernis, à Toulouse, rue de la Pomme, 87,

A exposé des vernis blancs et noirs pour chaussures. Ces vernis ont paru de bonne qualité; néanmoins, on désirerait que le vernis blanc eût des principes plus siccatifs.

Une mention honorable est la récompense que le jury accorde à M. Miller.

M. RIGAL jeune, fabricant de vernis, à Toulouse, rue de la Pomme, 61,

A exposé douze flacons de vernis pour tableaux, voitures, etc.

La fabrique de M. Rigal est encore à peine établie à Toulouse que déjà la nature de ses produits fait espérer qu'elle rendra de véritables services à notre ville. Nous constatons particulièrement la beauté et la transparence du vernis pour tableaux. Ces motifs font accorder à M. Rigal une mention honorable.

M. SAHUTIER, ébéniste, à Toulouse, rue des Récollets, 104.

Le vernis au copal, présenté par M. Sahutier, est composé en faisant dissoudre cette résine dans l'alcool. Appliqué sur le bois, ce vernis ne le cède en rien aux vernis dans lesquels entre l'éther ou l'essence de térébenthine; il n'a pas l'inconvénient de coûter fort cher ou de répandre une odeur très-désagréable.

Le jury, considérant que M. Sahutier a rendu service à l'ébénisterie, lui accorde, à titre d'encouragement, une mention honorable.

Citation.

M. ELLISON, à Toulouse, rue Tolosane, 10,

A exposé un flacon de vernis pour bottes et harnais. Cette liqueur paraît bien composée et a le mérite de ne pas s'écailler. Le jury encourage M. Ellison par une citation.

———

Section III. — Encre.

Médaille de Bronze avec éloges.

M. SAGET, fabricant, à Toulouse, rue des Balances,

A exposé une encre typographique de son invention. Cette encre qu'il offre à un prix bien inférieur à celui des encres de Paris, présente les mêmes qualités que ces dernières sous le rapport de la couleur et de la solidité.

Une médaille de bronze, avec éloges, est la récompense accordée à M. Saget.

———

Section IV. — Engrais.

Trois fabricants d'engrais se sont présentés à l'exposition de Toulouse : MM. Rolland, Petit et Cany jeune, Mme veuve Despax, de Toulouse, et M. Jauffret, de Marseille.

Le jury n'a pas cru devoir se livrer à l'analyse des

échantillons exposés. Ce travail long, difficile et onéreux, lui eût-il été possible et eût-il démontré même, par ses résultats, l'identité parfaite des matières qui, selon ces fabricants, constituent leur engrais, ce contrôle n'eût point éclairé la question. Le jury s'est borné à en mentionner les qualités sans perdre de vue que de semblables produits se jugent moins par l'analyse que par des expériences répétées qu'il appartient aux sociétés d'agriculture de provoquer et non à un jury d'exposition.

Mme veuve DESPAX, à Toulouse, à la Patte-d'Oie,

A envoyé des échantillons d'engrais de quatre sortes. 1° poudrette fécale ; 2° sang desséché ; 3° poudrette fécale musculaire ; 4° poudrette animale.

Nous n'entrerons pas dans les détails de ces divers produits, mais nous voyons avec le plus grand plaisir que l'établissement de Mme Despax continue à exploiter, avec régularité, comme par le passé, une industrie qui, bien comprise, doit rendre de grands services à l'agriculture.

Le jury félicite cette dame de l'accroissement qu'il a pris, ce qui atteste la bonté des engrais qu'il produit.

MM. ROLLAND, PETIT et CANY jeune, à Toulouse,
quartier de la Faurette.

Leurs produits sont désignés sous le nom d'engrais pour l'agriculture. Cette substance n'est composée que des résidus des produits chimiques qui sortent de leur belle fabrique. Ainsi, les sulfates d'ammoniaque, de soude, d'alumine, etc., composent uniquement cet engrais. Quoique les exposants n'aient pas fait connaître la quantité d'engrais qu'ils fabriquent, le jury a acquis la certitude qu'ils en livrent des quantités considérables ; il les félicite sincèrement d'avoir fait tourner au profit de l'agriculture les résidus de leur fabrique.

M. JAUFFRET, à Marseille (Bouches-du-Rhône),

A envoyé une boîte ayant pour titre : *Engrais Jauffret.*

Le jury a déjà dit qu'il ne s'était point livré à l'analyse chimique des engrais exposés ; il peut encore d'autant moins faire connaître les parties qui composent celui de M. Jauffret, que cet inventeur a pris un brevet et qu'il conserve le secret de sa composition. Un prospectus, mis sous les yeux du jury, lui apprend que M. Jauffret reçoit des félicitations de la part des acheteurs de son engrais. Il le félicite, à son tour, des résultats qu'il dit avoir obtenus.

SECTION V. — CONSERVATION DES BOIS.

Citation.

M. GANDICHOU (ANTOINE), à Toulouse, rue des Arts.

Les échantillons de couleurs destinées à peindre les parquets, que M. Gandichou a présentés, ont paru parfaits. Des expériences partielles ont justifié cette opinion ; mais, comme il n'y a que l'usage qui puisse faire apprécier ces couleurs à leur juste valeur et que M. Gandichou en est encore à l'essai, le jury, en vue d'encourager ses recherches, lui accorde une citation.

CHAPITRE III.

COMBUSTIBLES D'ÉCLAIRAGE.

Section Ire. — Cire et Bougies.

§ 1er. — *Cire.*

Rappel de Médaille d'Argent avec éloges.

MM. BERNADY frères, fabr., à Toulouse, faubourg St-Cyprien,

Ont exposé des bougies, des cierges et de la bougie filée.

La fabrique de MM. Bernady frères est la plus ancienne de celles de Toulouse ; la quantité de cire qui est blanchie et travaillée dans cet établissement est très-considérable ; la qualité de leurs produits est fort bonne.

Le jury, considérant l'importance de la fabrique de MM. Bernady, les perfectionnements qu'ils ont introduits dans leurs ateliers, leur rappelle, avec éloges, la médaille d'argent qu'ils avaient obtenue aux expositions précédentes.

Rappels de Médailles de Bronze avec éloges.

M. BERNADY (Félix), fabricant, à Toulouse, allée Saint-Michel, 22,

A présenté des échantillons de cire et de bougies stéariques. La matière première de ces bougies n'étant pas préparée chez cet exposant, le jury n'attache aucune importance à cette fabrication. Les bougies en cire que M. Bernady a soumises à son appréciation sont bien préparées; la cire en est blanche, les mèches sont tressées avec soin et la combustion en est fort régulière; les cierges ornés et sculptés sont travaillés avec goût.

M. Bernady a obtenu, en 1840, une médaille de bronze, elle lui fut rappelée en 1845; le jury la lui rappelle encore avec éloges.

MM. COSTES et Comp^e, fabricants, à Toulouse, rue Pargaminières, 8,

Ont exposé des bougies stéariques qu'il ne fait que couler et blanchir. L'importance de leur fabrication se décèle dans la manipulation de la cire. L'ensemble satisfaisant de leurs travaux a porté le jury à rappeler, avec éloges, à MM. Costes, la médaille de bronze qu'ils avaient obtenue en 1835.

§ 2. — *Bougies stéariques.*

Médaille d'Argent.

Mme veuve DARRIS, à Toulouse, écluse Bayard,

A exposé des bougies de sa fabrique. Ces bougies sont d'une grande blancheur; leur prix est très-modéré. 1000 kilogr. de suif, qui produisent 500 kilogr. de bougie, sont journellement mis en œuvre. Cette fabrique produit, en outre, une quantité assez considérable de savon préparé très-convenablement avec l'acide oléique du suif.

Le jury, considérant que Mme veuve Darris fait préparer à Toulouse l'acide stéarique qui sert à fabriquer les bougies, qu'elle a fixé définitivement dans notre ville un établissement qui occupe plus de 30 ouvriers, considérant, en outre, que les produits qu'elle livre au com-

merce sont de bonne qualité et à des prix assez bas,
lui décerne une médaille d'argent.

***

Section II. — Chandelles.

Rappel de Médaille de Bronze.

MM. LARROQUE et Comp^e, fabricants de chandelles, à Toulouse,
faubourg Saint-Cyprien,

Ont envoyé des chandelles de suif d'une blancheur
remarquable; leur combustion se fait d'une manière
régulière et leur prix est très-modéré.

Le jury leur accorde le rappel de la médaille de bronze
qui leur fut décernée en 1845 comme récompense des
soins qu'ils apportent à leur fabrication.

CHAPITRE IV.

TEINTURE ET BLANCHIMENT.

***

Nouvelle Médaille d'Argent avec éloges.

M. MAGENTHIES (Valentin), teinturier-blanchisseur, à Toulouse,
île de Tounis,

A exposé divers échantillons de teinture sur coton,
lin et soie. Cet honorable industriel s'est montré, comme
par le passé, digne des éloges du jury; les couleurs des
objets qu'il a présentés sont vives, fraîches et délicates;
presque toutes ont le mérite d'être solides. La teinture

du coton en bleu constitue la partie la plus importante de la fabrication de M. Magenthies. La quantité de coton ainsi teint s'élève à environ 150 kilogrammes par jour. En outre, M. Magenthies teint en noir les chapeaux de feutre avec une supériorité peu commune.

Dans le rapport de 1845, nous constations l'importance de l'atelier de blanchiment des fils et des toiles que M. Magenthies avait ajouté à son industrie ordinaire. Nous faisions espérer que cet habile exposant apporterait à ces nouveaux travaux tous les perfectionnements dont ils étaient susceptibles. Ces prévisions se sont pleinement réalisées, l'atelier de blanchiment est en pleine activité; il fournit à une clientelle nombreuse, qui dédommage aujourd'hui M. Magenthies des sacrifices qu'il a été obligé de faire pour assurer la prospérité de cet établissement.

Le jury de 1845 avait accordé à M. Magenthies, à titre d'encouragement et de récompense bien méritée, une médaille d'argent. Le jury de 1850, en considération de l'extension qu'ont prises les diverses industries de M. Magenthies, grâces à son habileté et à son intelligence, lui décerne une nouvelle médaille d'argent avec éloges.

Rappel de Médaille d'Argent avec éloges.

MM. BISCONS-GARRIGUES, teinturiers, à Toulouse,
rue de Tounis, 114,

Ont envoyé de nombreux échantillons de soies teintes de diversescouleurs. Il serait difficiled'exiger des nuances plus belles et plus vives que celles que possèdent ces produits : on a vu avec plaisir les cocons qu'ils ont teint. C'est chez ces teinturiers que MM. Rouget font teindre les soies qui servent à leur belle fabrication.

Le jury rappelle, avec éloges, à MM. Biscons-Garrigues la médaille qui leur fut donnée à la dernière exposition.

Rappel de Mention honorable.

M. REYNAUD (Joseph), fabricant, à Nismes (Gard),

A fait parvenir des bas et des gants pour juger de son mérite de teinturier qu'il joint à celui de confiseur d'olives.

Il paraît que sa blanchisserie, qui n'a qu'une importance locale, est montée d'après les procédés ordinaires et n'offre rien de nouveau. Le jury, dans cette circonstance, n'a qu'à rappeler que M. Reynaud a obtenu, en 1844, à Paris, une mention honorable.

Citation favorable.

M. LAFFITTE (Pierre), teinturier, à Lectoure (Gers),

A exposé cinq châles et quatre robes de diverses couleurs. Ces étoffes ont paru bien teintes. En l'absence de tout renseignement sur l'importance de l'atelier de M. Laffitte, le jury ne peut lui accorder qu'une citation favorable.

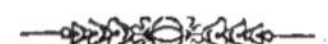

CHAPITRE V.

APPAREILS D'ÉCONOMIE DOMESTIQUE.

Section Ire. — Appareils de Chauffage.

§ 1er. — *Appareils culinaires.*

Médaille d'Argent.

M. AFFRE, constructeur, à Toulouse, allée Lafayette, 53,

A exposé un grand et beau fourneau économique à

14

foyer unique au centre et à flamme renversée. Ce fourneau, destiné à faire la cuisine pour 200 personnes, est d'une bonne construction ; les divisions intérieures sont bien calculées ; la main-d'œuvre en est parfaite.

M. Affre a exposé un second fourneau de petite dimension, suffisant pour un ménage de 10 personnes. Cet habile constructeur a justifié complètement l'idée que le jury de 1845 s'était faite de lui. A cette époque, M. Affre ne faisait que débuter et cependant, malgré toutes les difficultés qu'éprouve un ouvrier qui devient chef de maison, il a su, par ses efforts et par sa persévérance, développer son industrie et étendre le cercle de ses relations.

Le jury de 1850, considérant le développement que M. Affre a donné à sa fabrication, l'intelligence qui préside à la construction de ses appareils, lui décerne une médaille d'argent.

§ 2. — *Cheminées, poêles.*

Rappel de Médaille d'Argent.

M. FOREST, poêlier, à Toulouse, allée Saint-Michel.

Cet exposant ne se présente qu'avec un poêle calorifère à double enveloppe et à circulation d'air intérieur : on a placé, entre les enveloppes, des spirales faites avec des débris de tôle, afin de briser le courant de l'air, de le forcer à séjourner plus longtemps entre les enveloppes, et par conséquent d'élever sa température à la sortie de l'appareil par les bouches de chaleur. Si nous ne savions que ce poêle a été commandé et exécuté suivant un programme donné, il serait à regretter que la prise d'air se fît dans l'appartement lui-même. La disposition des lieux

auxquels cet appareil est destiné ne le permettant pas,
M. Forest a dû abandonner cette condition essentielle.

Le jury, qui connaît l'habileté et l'activité de M. Forest, ainsi que ses moyens de fabrication qu'il perfectionne de jour en jour, le juge toujours digne des récompenses honorables qu'il a déjà obtenues, et regrette que l'occasion lui ait manqué pour présenter à l'exposition d'autres objets plus importants de sa fabrication.

Mention pour ordre.

M. Affre a présenté plusieurs poêles ordinaires et calorifères, tous construits d'après des principes connus, qui n'ont, par conséquent, que le mérite d'une excellente fabrication.

Rappel de Mention honorable.

M. FAYET (J.), pompier-poêlier, à Albi (Tarn),

A exposé un poêle dont la bonne construction rappelle celui qu'il présenta en 1845 et qui lui valut une mention honorable.

Le jury déclare cet exposant toujours digne de cette récompense.

Citations favorables.

M. SIBRA, à Toulouse, rue des Chapeliers, 9,

A présenté deux devantures de cheminée avec rideau de tôle. Le jury, satisfait de leur bonne exécution, a décidé de les citer favorablement.

M. DAUBÈZE jeune, ferblantier-poêlier, à Toulouse,
rue Saint-Antoine-du-T, 9.

Les trois cheminées présentées par cet exposant sont décorées de chambranles en fonte provenant de la fonderie de M. André. La main-d'œuvre entre pour peu de chose dans la construction de ces cheminées; cependant, le jury croit devoir les citer favorablement.

§ 3. — *Baignoires, Buanderies, etc.*

Rappel de Médaille de Bronze.

MM. CHARLES et Comp^e, à Paris,

Ont exposé trois buanderies-baignoires de divers modèles. Ces appareils, établis d'après le principe donné par Chaptal, ont le mérite d'être bien construits et parfaitement appropriés aux besoins domestiques. Cette maison a obtenu, à la dernière exposition nationale, une médaille de bronze. Le jury, en considération des services que peuvent rendre ces divers appareils, rappelle cette récompense à MM. Charles et Comp^e.

Mention honorable.

M. CHAPELLE, à Toulouse, allée Lafayette, 17,

A soumis au jugement du jury un petit appareil propre à chauffer l'eau destinée pour un bain. Cette chaudière a paru convenablement établie; il est à désirer que cet appareil se propage surtout dans les maisons de campagne ou dans les lieux éloignés des établissements de bains.

Le jury, considérant que M. Chapelle est à la tête

d'une fabrication assez importante d'appareils de chauffage, lui vote, à ce titre, une mention honorable.

Citation.

M. DURAND, chaudronnier, à Toulouse, rue de Tounis,

A exposé une chaudière en cuivre dont le fourneau, de forme sphérique, est enveloppé par l'eau, ainsi que le tuyau destiné à laisser échapper la fumée ; par cette disposition on perd le moins de chaleur possible. Si le jury avait été appelé à juger, par d'autres œuvres, l'habileté de M. Durand, il lui aurait certainement accordé plus qu'une citation (1).

SECTION II. — APPAREILS FRIGORIFIQUES.

Rappel de Médaille de Bronze avec éloges.

M. FUMET, fabricant de glaciers, à Paris, rue du Helder, 23,

A exposé un appareil pour faire la glace, d'une construction extrêmement simple et d'un prix modéré. Cet appareil, destiné à rendre de grands services à la médecine, aux laboratoires et même à l'économie domestique, a valu à son auteur, en 1849, une médaille de bronze que le jury lui rappelle avec éloges.

---

(1) A l'heure où nous écrivons ces lignes, nous apprenons la mort de cet estimable ouvrier, dont nous connaissions personnellement la moralité et l'intelligence. C'est à lui que l'on doit la construction de la majeure partie des chaudières à vapeur qui existent à Toulouse.

Médaille de Bronze.

M. MARSHALL, d'Annonay (Ardèche).

Les appareils exposés diffèrent très-peu de ceux que M. Marshall avait envoyés en 1845. Ils ont cependant l'avantage d'être construits avec plus de simplicité et d'être livrés à des prix plus modérés. Par cette considération, le jury lui décerne une médaille de bronze.

SECTION III. — APPAREILS POUR LES EAUX GAZEUSES.

Rappel de Médaille de Bronze.

M. BRIET, à Paris,

A exposé deux appareils destinés à la préparation des eaux de Seltz et des limonades gazeuses. Nous croyons inutile d'entrer ici dans les détails de la construction de ces sortes d'appareils qui sont fort ingénieux, dont l'usage est aujourd'hui fort répandu et qui ont reçu depuis longtemps l'approbation de l'Académie nationale de médecine.

Le jury rappelle à M. Briet la médaille de bronze qui lui a été décernée à la dernière exposition nationale.

Médaille de Bronze.

MM. RICHE et Compe, à Paris,

Ont exposé un appareil gazogène différent du précédent, mais destiné, comme lui, à la préparation des eaux gazeuses. Cet appareil n'a pas paru au jury être aussi commode et aussi avantageux que celui de M. Briet. Cependant, comme le prix est moins élevé et que l'appareil est moins sujet à être cassé, le jury accorde à MM. Riche et Comp^e une médaille de bronze.

<hr>

Section IV. — Appareils pour les Cocons.

Mention honorable.

M. LARNABÉ, à Lavaur (Tarn).

Tout ce qui concourt au perfectionnement de l'industrie séricicole doit exciter au plus haut degré l'intérêt du jury. Aussi, est-ce avec plaisir qu'il a vu figurer à l'exposition des instruments et des appareils qui tendent à son développement.

M. Larnabé a exposé le relief au douzième d'une étuve destinée à étouffer la chrysalide des vers à soie. Cet exposant assure qu'elle peut étouffer 50 kilogrammes de cocons par heure.

Cet appareil paraît devoir fonctionner convenablement et suffire aux besoins d'une filature.

Le jury croit devoir accorder à M. Larnabé une mention honorable.

Pour mémoire.

M. Roeck, dont nous avons mentionné favorablement les ingénieux instruments (page 164), a également exposé le dessin d'une étuve qui paraît, par son étendue et par ses dispositions intérieures, plus capable que celle de M. Larnabé de satisfaire au vœu que nous avons émis de voir établir à Toulouse une étuve publique où les acheteurs et les vendeurs même puissent étouffer les chrysalides et prévenir ainsi le percement des cocons. Une étuve semblable, assure M. Roeck, a été établie et exécutée par lui à Lyon.

TITRE SIXIÈME.

BEAUX-ARTS INDUSTRIELS.

CHAPITRE Ier.

ORFÈVRERIE.

SECTION Ire. — GROSSE ORFÈVRERIE.

Rappel de Médailles d'Or.

MM. CHRISTOFLE et Comp^e, à Paris,

Ont exposé diverses pièces d'orfèvrerie argentée **et** dorée par les procédés électro-chimiques de MM. Elkington et Ruolz.

Le jury, qui n'avait point à s'occuper du procédé en lui-même, s'est contenté d'apprécier les produits de cette fabrication sous le rapport du fini du travail et de la forme. Il a constaté l'amélioration qui a été apportée depuis quelques années dans la confection et l'ornementation des pièces de luxe; elles présentent plus d'harmonie dans le décor, et, sur diverses pièces, la combinaison de l'or et de l'argent, du poli et du mat, est du plus heureux effet.

Ce procédé économique, appliqué aux objets les plus usuels, à l'argenterie de table surtout, permettra aux classes peu fortunées, l'usage d'une vaisselle propre, agréable à l'œil et en quelque sorte de luxe. Ces avantages sont surtout considérables pour les établissements publics, les maisons d'éducation, etc.

La maison Christofle et Comp^e, dont les produits ont été si bien appréciés dans le remarquable rapport de M. Dumas, de l'Institut, a obtenu des médailles d'or aux expositions nationales de 1844 et de 1849. Le jury ne peut que lui rappeler ces hautes récompenses.

Citation.

M. FOEX, fabricant de bronzes, à Paris,

A envoyé une croix, six grands chandeliers dorés et plusieurs objets dont la matière première est le zinc. Leur dorure est belle; mais, en l'absence de tous renseignements, sauf le prix qui a paru élevé, le jury se voit dans la nécessité de n'accorder à M. Foex qu'une citation.

Section II. — Bijouterie et Joaillerie.

Citation.

M. PRADEL, fabricant, à Toulouse, rue des Tourneurs, 41,

A exposé divers petits objets de joaillerie et de bijouterie, notamment des pierres fausses ou strass, montées pour boucles d'oreilles, épingles, etc.

Ces divers objets manquent peut-être un peu par l'exécution, surtout dans le montage des pierres. Cette industrie, étant peu répandue en province, à Toulouse surtout, mérite d'être encouragée. Le jury accorde, à ce titre, une citation à M. Pradel.

CHAPITRE II.

ÉBÉNISTERIE, TABLETTERIE, ETC.

SECTION Ire. — AMEUBLEMENT.

§ 1er. — *Meubles.*

CONSIDÉRATIONS GÉNÉRALES.

L'ébénisterie a fait de notables progrès à Toulouse depuis quelques années, et les divers produits qui ont figuré à notre exposition témoignent, en faveur de cette industrie, d'une importance que n'ont pas présentée la plupart de nos industries locales.

Cette observation, qui a dû frapper le jury, lui a fait plus vivement sentir l'intérêt particulier dont l'ébénisterie était digne, et les encouragements que nous devions à une industrie qui tend chaque jour à soutenir, avec avantage, la concurrence de Paris.

Mais, avant d'atteindre ce but, l'ébénisterie toulousaine aura plus d'une épreuve à essuyer, plus d'une résistance à vaincre : aux préventions systématiques qui s'attachent à tout ce qui ne sort pas de Paris, viendront s'ajouter les désavantages d'une fabrication plus restreinte, le manque d'émulation et peut-être, il faut le dire, le défaut d'initiative, faculté tellement rare en province, qu'elle semble avoir besoin, pour prendre son essor, du contact de la capitale.

Cette dernière remarque nous est inspirée par l'entraînement que nous avons constaté chez nos fabricants à reproduire presque servilement les dessins qui leur sont envoyés de Paris. La mode, nous le savons, est exigeante, difficile à gouverner, et quand on veut vendre, il faut lui obéir. Mais la mode présente-t-elle une uniformité tellement absolue qu'on ne puisse pas lui emprunter des formes plus appropriées à nos besoins, à nos goûts, à nos fortunes? Et, si nos ébénistes de Toulouse, par une sagesse prudente de l'intérêt commercial, n'osent pas faire acte d'indépendance, ils peuvent évidemment choisir des modèles de meubles dont l'usage soit plus approprié aux besoins, dont la richesse soit plus alliée au bon goût.

Nulle part, plus qu'à Paris, la mode n'est variée et intelligente, et si les fabricants de cette ville produisent des meubles où la convenance et l'art lui-même sont sacrifiés au caprice et à l'erreur du moment, ils en ont d'autres dont les dessins simples et gracieux ont le mérite de s'harmoniser dans leur ensemble et de ne pas augmenter en pure perte le prix du meuble. Aussi, croyons-nous devoir insister sur la nécessité de faire un choix convenable de modèles; ce qui serait à l'avantage des fabricants, des consommateurs et de l'art lui-même.

Il est permis de douter que les industriels de Toulouse lisent ou acceptent les observations qui leur sont faites par les jurys, quand on les trouve, en général, reproduites dans tous les comptes-rendus des expositions précédentes. Nous avouons même que nous aurions pu nous dispenser d'entrer dans ces considérations générales et nous contenter de reproduire celles qui précèdent le rapport sur l'ébénisterie en 1845. Il eût été piquant de prouver le peu de compte que l'on tient de ces critiques, comme aussi d'apprécier la somme inouïe d'efforts nécessaires pour éclairer les exposants et les prémunir contre les dangers d'une fausse direction; mais, si nous ne pouvons pas copier textuellement, nous aurons le soin de reproduire toutes les critiques faites en 1845 et de les appliquer à l'ébénisterie des exposants de 1850.

Blâmons tout d'abord l'absence presque absolue, à l'exposition, des meubles courants qui conviennent à la pluralité des acheteurs. Ils sont tous remplacés par des meubles déjà trop chers au premier achat et qui le deviennent bien plus encore en entraînant à des dépenses considérables pour les compléments d'ameublement qu'ils exigent. Il est malheureusement peu de fortunes à Toulouse qui puissent assortir des ameublements avec un buffet de salle à manger de 800 fr., un bois de lit de 575 fr., une armoire à glace de 775 fr., un billard de 1,500 fr., etc. Il faut presque compter sur une loterie pour oser aborder la fabrique de meubles d'un prix aussi élevé pour une ville où les grosses fortunes sont d'abord très-rares et où les somptueux ameublements sont, en général, commandés à Paris.

Une seconde observation, que nous croyons devoir adresser aux exposants, est relative à l'abus qu'ils ont peut-être fait de la sculpture pour l'ornement des meubles ; nous disons peut-être, parce qu'il serait possible que leur mauvais goût ait fait croire à leur profusion.

Cette critique nous est d'autant plus pénible à faire qu'en général la sculpture d'ornementation a été exécutée avec une incontestable supériorité, qu'elle mériterait même d'unanimes éloges, si elle eût été destinée à tout autre usage que la décoration d'un meuble.

Enfin, une dernière critique est justifiée par quelques-uns des exposants qui ont eu le tort de négliger l'exécution de certains détails intérieurs des meubles. Ce tort est d'autant plus blâmable qu'il a été commis par des ouvriers ayant d'ailleurs fait preuve d'habileté et de soins dans la confection des autres parties du meuble.

Médaille d'Argent.

MAISON DES TROIS AMIS, à Toulouse, rue des Arts, 8,

A exposé un buffet de salle à manger, un bonheur du jour et un bois de lit, nouveau modèle.

Ces divers produits, dans leur ensemble et dans leurs détails, attestent une grande habileté de fabrication; mais le jury a surtout accordé des éloges au buffet en chêne du Nord. Ce meuble, d'un excellent goût, se recommande par l'ajustement et la perfection du travail autant que par l'heureux choix de ses sculptures.

Le bonheur du jour est d'un très-bon dessin et son ornementation a paru heureuse et délicate. Le jury a néanmoins blâmé la préférence accordée par les fabricants aux angles droits, toujours moins gracieux et moins commodes que les angles arrondis.

Le bois de lit, nouveau modèle, riche de composition, habilement exécuté, a dû présenter de nombreuses difficultés heureusement vaincues. Les sculptures placées sur la façade du lit ne sont pas sans mérite, mais leur importance et la place qu'elles occupent ont été l'objet de quelques critiques.

En résumé, l'exposition de la *Maison des Trois Amis* et les ouvrages qui sortent, en général, de ses magasins annoncent une fabrication de premier ordre, que le jury récompense par une médaille d'argent.

Médaille de Bronze.

M. PARDIEU, ébéniste, à Toulouse, rue de la Pomme, 9,

A exposé un buffet de salle à manger, un bureau nouveau genre, et une table de famille en acajou.

Le buffet de salle à manger, en bois de chêne du Nord, doit être classé dans l'ébénisterie courante, simple et bien faite, destinée à se vendre journellement. A ce titre, le buffet de M. Pardieu mérite une mention particulière.

Le bureau, nouveau genre, doit être au contraire considéré comme spécialement fabriqué pour une exposition ; mais il annonce une fabrication distinguée et fait même pressentir l'inspiration et l'initiative d'un ouvrier plein de goût et d'intelligence. La forme de ce meuble n'est peut-être pas sans reproche ; mais les détails, exécutés avec un soin des plus minutieux, ont été parfaitement calculés en vue des convenances auxquelles ce meuble devait satisfaire. Ce produit de M. Pardieu n'emprunte rien à la sculpture ; son élégance et son mérite dus à des détails d'assemblage traités avec délicatesse, se trouvent ainsi exclusivement placés sous la responsabilité de l'ébéniste.

La table de famille, quoique bien exécutée, a été considérée par le jury comme étant d'un dessin aussi malheureux qu'incommode.

Le talent de M. Pardieu, pour l'ajustement et la disposition de ses meubles, se trouve justifié par les produits trouvés dans ses magasins. Aussi, le jury croit-il accorder une médaille de bronze à cet habile et consciencieux ébéniste.

M. TOURRE (Eugène), ébéniste, à Toulouse, rue d'Astorg,

A exposé un buffet de salon à étagère.

Le dessin général de ce meuble est fort joli dans son ensemble ; mais il témoigne, dans quelques-uns de ses détails, un oubli des exigences de l'usage auquel il est destiné. Ainsi, les consoles, obliquement disposées qui

soutiennent les tablettes, occupent une très-grande étendue de ces tablettes et diminuent d'autant la place réservée
aux objets qu'elles doivent supporter : les angles aigus
des pilastres ont également paru d'un choix fâcheux,
soit comme coup-d'œil, soit surtout comme incommodité.

Malgré ces imperfections, le buffet de M. Tourre est
très-bien exécuté. Ce mérite a d'autant plus vivement
frappé l'attention du jury qu'on le retrouve dans les
meubles nombreux et variés que contiennent les magasins de cet ébéniste. Par ces motifs, le jury décerne à
M. Tourre une médaille de bronze.

Mentions honorables.

M. RIEUSSET, ébéniste, à Toulouse, rue Baronie, 14,

A exposé un meuble de chambre à coucher et une
bibliothèque à deux corps.

L'idée de cette bibliothèque a paru heureuse ; mais on
a blâmé le mauvais choix du modèle, soit en ce qui
concerne son ensemble général, soit en ce qui a rapport
à son ornementation. L'adoption des angles aigus, le
peu de soin et de fini avec lequel les tiroirs ont été
traités, ont dû être l'objet de justes critiques. A cela près,
l'exécution de ce meuble est bien faite.

Le meuble de chambre à coucher présente des formes
et une exécution plus avantageuses. Cependant, le jury
a constaté avec regret le mauvais système adopté pour
l'ouverture et la fermeture de la coulisse du bureau
renfermé dans ce meuble.

Le jury, appréciant toutefois la bonne exécution de
certaines parties de ces meubles et de quelques produits
exposés dans les magasins de M. Rieusset, lui accorde
une mention honorable.

MM. VALADIÉ et Comp^e, ébénistes, à Toulouse, place Rouaix, 6,

Ont exposé un bois de lit et une armoire à glace en palissandre.

Ces deux meubles sont fort jolis, bien disposés et bien exécutés, malgré la profusion et le mauvais choix des sculptures qui servent d'ornement à l'armoire à glace. Il est à regretter que les meubles exposés ne soient pas le produit normal d'une fabrication journalière, mais bien le produit unique qu'on ne fait qu'une seule fois comme chef-d'œuvre d'exposition. Si le jury n'avait pas reconnu la trop grande disproportion qui existe entre les meubles exposés et les meubles mis en vente ou en cours d'exécution dans les ateliers de MM. Valadié et Comp^e, il leur aurait accordé une récompense plus élevée qu'une mention honorable.

Citation favorable.

M. AURIOL, ébéniste, à Toulouse, rue de la Pomme, 22,

A exposé une armoire à glace à pans coupés, une console à la Louis XV et un lit en acajou.

L'armoire à glace à pans coupés offrait des difficultés que l'ébéniste a heureusement vaincues ; mais les sculptures qui servent à son ornementation attestent le peu de goût que l'on retrouve d'ailleurs dans les autres meubles exposés par M. Auriol et bien plus encore dans ceux que renferme son magasin.

La console et le lit d'acajou laissent à désirer sous le rapport de l'exécution et de l'assemblage.

Le jury accorde à M. Auriol une citation favorable.

SECTION II. — FAUTEUILS ET CHAISES.

Médailles de Bronze.

M. DUFOUR, marchand tapissier, à Toulouse, rue des Arts, 37,

A exposé deux fauteuils, acajou, riches, une douillette et un lit de campagne élastiques.

Les deux fauteuils sont remarquables par le fini et la richesse de leur sculpture ; mais il est fâcheux que le talent, le travail et la patience qu'ils ont dû coûter aient été si inutilement employés. Belle partout ailleurs , cette sculpture est déplacée, incommode et par trop fragile sur des fauteuils. Enfin, le jury a vu avec peine que M. Dufour ait adopté , pour ses poignées, un système d'arêtes qui n'offrent rien de gracieux et qui semblent placées par préméditation pour blesser le bras des personnes qui veulent s'y appuyer.

La douillette élastique a paru remplir toutes les conditions d'une bonne fabrication.

Le lit de campagne élastique est très-bien confectionné , et ce mérite ressort davantage quand on le compare au prix modique auquel ce meuble commode peut être livré.

Le jury, voulant récompenser M. Dufour des progrès qu'il a faits depuis 1845 et des soins qu'il apporte à la confection de ses meubles, lui accorde une médaille de bronze.

MM. TOULZA AÎNÉ ET JEUNE, tapissiers, à Toulouse, rue Boulbonne, 22,

Ont exposé un canapé rocaille en palissandre , un fauteuil Louis XIII, bois noir, un fauteuil et une chaise, renaissance, vieux bois.

15

Ces divers objets témoignent de la grande réputation dont ces tapissiers jouissent à Toulouse. Les formes et le choix des bois, s'ils ne sont pas entièrement irréprochables, annoncent cependant du goût et l'entente des conditions que doivent remplir les siéges.

Néanmoins, comme ces exposants ne fabriquent pas eux-mêmes les bois de leurs meubles, nous insisterons peu sur les critiques que le jury en a fait et nous nous occuperons de la garniture de ces meubles ou du travail du tapissier proprement dit.

Le jury a trouvé tous les siéges de MM. Toulza parfaitement et confortablement établis ; mais il a surtout remarqué les difficultés, heureusement vaincues, que MM. Toulza ont dû rencontrer pour la garniture des canapés rocaille. L'étoffe, qui recouvre les médaillons, en suit toutes les courbures sans qu'elle soit autrement fixée que par des clous placés sur le contour de ces médaillons. Les difficultés à surmonter pour atteindre le résultat signalé doivent être grandes sans doute, car nous avons vu que, parmi les exposants, MM. Toulza seuls avaient pu les vaincre.

Le jury accorde à MM. Toulza aîné et jeune une médaille de bronze comme récompense justement méritée.

Mention honorable.

M. CONTE FILS, fabricant de chaises, à Toulouse, rue des Arts, 5,

A exposé vingt-un articles divers.

Parmi ces articles, le jury a surtout fixé son attention sur les divers modèles de chaises qui constituent la principale fabrication de M. Conte. Quatre modèles de chaises ont été soumis à son jugement : une chauffeuse à médaillon en acajou, une chaise de salle à manger en chêne de Russie, garnie en canne, et une chaise dite italienne.

Tous ces objets sont d'une exécution parfaite ; l'industrie de l'exposant est celle de tourneur de chaises proprement dit. Aussi, le jury a-t-il attribué un plus grand mérite encore aux objets présentés à l'exposition rentrant dans ce genre de fabrication.

Le jury accorde à M. Conte fils une mention honorable.

Citation favorable.

M. BOUZIGUES, fabricant de chaises, à Toulouse, rue Boulbonne,

A exposé six chaises de divers modèles qui attestent une excellente fabrication. Le jury les a jugées dignes d'être citées favorablement.

Citations.

M. MARTRÉS, marchand tapissier, à Toulouse, rue des Arts, 15,

A exposé deux fauteuils à dossier mouvant.

Ces fauteuils, considérés comme travail de tapissier, n'offrent rien de remarquable. Le mouvement des dossiers exige des efforts inouïs, et lorsqu'on est assis sur ces fauteuils, il faut lutter sans cesse pour ne pas reprendre la position verticale.

Le jury accorde à M. Martrés une citation.

M. LEGER, menuisier, à Toulouse,

A exposé un bois de canapé en acajou. Les assemblages et les fausses coupes de ce meuble sont bien exécutés et méritent à son auteur une citation.

§ 3. — *Billards.*

Médaille d'Argent.

M. AGERET, fabricant de billards, à Toulouse, quai de Brienne,

A exposé un billard à gorges, à bandes rembourrées et à recouvrement à doucine, avec incrustation de marqueterie de couleur.

Considéré comme instrument de précision, ce billard paraît réunir toutes les conditions désirables, c'est-à-dire, une très-bonne table et des bandes parfaitement bien établies.

Comme meuble, le billard de M. Ageret rentre dans les conditions ordinaires de l'ébénisterie et a dû présenter des difficultés réelles. Il n'est pas aussi facile de plaquer de grandes gorges ayant plus de trois mètres de longueur sur près de cinquante centimètres de largeur que de plaquer un meuble. Les difficultés sont plus considérables, lorsqu'à ce placage doivent s'adapter des incrustations; et cependant le jury n'a pas remarqué la plus petite souf-flure, la plus petite partie de placage qui ne soit parfaitement collée.

Mais, ce que tout le monde a remarqué dans le billard de M. Ageret, ce sont les belles incrustations en bois de couleur et ombrées qui ont permis à cet habile fabricant de reproduire, avec pureté, tous les détails de la peinture. En présence de ces magnifiques incrustations, le jury a regretté que leur emploi pour l'ornement des meubles ne fût pas préféré à la sculpture qui présente toujours quelque inconvénient, quelle que soit sa simplicité.

Le jury, voulant récompenser dignement le mérite de M. Ageret, lui décerne une médaille d'argent.

§ 4. — *Collection de bois pour la tabletterie.*

Rappel de Médaille de Bronze.

M. SAINT-UBÉRY, de Tarbes (Hautes-Pyrénées),

A envoyé deux cadres renfermant divers échantillons de bois indigènes pour l'ébénisterie et les arts.

En l'absence de renseignements précis sur l'importance du commerce de M. Saint-Ubéry et sur ses approvisionnements en bois des qualités exposées, le jury ne peut que mentionner la médaille de bronze qu'il a obtenue, en 1849, à Paris.

SECTION II. — CADRES ET MOULURES.

Médailles de Bronze.

M. COLOMBIER, doreur, à Toulouse, rue des Couteliers,

A exposé un rétable avec tabernacle, et un cadre ovale.

La dorure de ces objets est faite avec soin. On a surtout remarqué, dans le tabernacle, la combinaison des ornements que la bonne exécution de la dorure fait valoir. Le poli des draperies des personnages, le mat des nuages et des autres parties qui ne sont pas brunies ont fixé l'attention du jury. Une médaille de bronze est la récompense méritée par M. Colombier.

M. HENRY, doreur, à Toulouse, rue du Cheval-Blanc, 12,

A exposé une table-console dorée, style Louis XV, dont la sculpture est due au ciseau habile de M. Dessort. La dorure de cette table a été reconnue faite avec un soin tout particulier.

Le jury accorde à M. Henry une médaille de bronze.

Section III. — Objets de Tour.

Médaille de Bronze avec éloges.

M. BONNET (J.), tourneur, à Toulouse, rue des Tourneurs, 8,

A exposé un vase en buis guilloché et deux coupes ovales guillochées en ivoire. Ces trois pièces sont d'une grande difficulté d'exécution que M. Bonnet a surmontée avec un rare bonheur. Le tour qui a servi à les faire a été établi, de toutes pièces, par. cet ouvrier intelligent qui consacre les heures de loisir que lui laisse la fabrication des parapluies, aux ouvrages de tour les plus délicats.

Le jury, voulant récompenser le talent uni à la plus grande modestie, décerne à M. Bonnet une médaille de bronze avec éloges.

Médaille de Bronze.

M. de GUINTRAND (Ferdinand), amateur, à Toulouse,

A exposé une urne en ivoire, dont le galbe gracieux est enrichi de guillochis exécutés avec une entente parfaite du support à guillocher, dit *à l'anglaise*, que l'on aurait de la peine à reconnaître après les transformations que lui ont fait subir les mains habiles de M. Michel Bonnet, mécanicien-tourneur de notre ville. L'urne de M. de Guintrand, exécutée avec une netteté rare et une précision admirable, est le premier échantillon du support à guillocher qui ait paru à nos expositions. Cela constitue un véritable progrès.

Le jury, voulant reconnaître l'habileté de M. de Guintrand, lui accorde une médaille de bronze.

Mention honorable.

M. MÉRICANT (Fils), tourneur-tabletier, à Toulouse,
rue des Arts, 26,

A exposé diverses pièces de tour. Ces objets, dont l'exécution présente d'ordinaire de grandes difficultés, ont été exécutés avec bonheur par ce jeune artiste. Depuis 1845, M. Méricant fils, profitant des leçons d'un père habile, a fait de notables progrès dans l'art qu'il cultive avec passion. Aussi le jury lui décerne une mention honorable.

Citation.

M. JULIEN, tourneur, à Toulouse, rue Saint-Georges.

C'est cet ouvrier habile qui a exécuté le tournage des objets exposés par M. Conte fils.

Le jury, saisissant avec empressement l'occasion de récompenser le mérite modeste, accorde à M. Julien une citation.

SECTION IV. — OBJETS DIVERS.

Médailles de Bronze.

M. FERMIS, menuisier, à Auterive (Haute-Garonne),

A exposé deux modèles de petite dimension : 1° un escalier tournant dans une cage cylindrique; 2° une chaire à prêcher. Ces deux modèles sont exécutés avec une rare perfection : la chaire est de très-bon goût et se fait remarquer, comme l'escalier, par le fini du travail. Les épures sont faites avec soin et avec détail ; elles dénotent chez

M. Fermis une connaissance étendue de l'art du trait. Ces deux modèles sont dignes des plus grands éloges. Aussi le jury décerne à M. Fermis une médaille de bronze.

M. FÉRON, rampiste, à Paris, rue de Clichy, 29,

A envoyé quinze échantillons de divers bois pour rampes d'escaliers.

Ces objets se distinguent autant par le choix du bois que par le fini de la main-d'œuvre. Le jury a surtout remarqué la rampe cannelée en acajou avec incrustation de bois de houx. Rien de plus gracieux que la forme des parties de la rampe qui suivent les contours de l'escalier. Le jury, appréciant la beauté et l'élégance de ces produits, décerne à M. Féron une médaille de bronze.

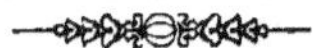

CHAPITRE III.

IMPRIMERIE, LIBRAIRIE.

SECTION Iʳᵉ. — CARACTÈRES.

Médaille de Bronze.

M. PEYRANE, graveur et fondeur, à Toulouse, rue Mirepoix, 3.

La fonderie de cet exposant est une des plus anciennes et des plus renommées du midi de la France, et les produits présentés aujourd'hui soutiennent parfaitement la vieille réputation de cette maison recommandable. Les types que possède cet habile industriel sont aussi nombreux que variés, et le cahier d'épreuves, exposé par

M. Peyrane, établit que sa fonderie traite tous les genres, et peut suffire à tous les besoins de l'imprimerie la plus complète et la mieux assortie. Indépendamment des caractères usuels, M. Peyrane possède une collection magnifique de types grecs et hébreux qui ont servi à l'impression de tous les ouvrages, en langue grecque et hébraïque, édités à Toulouse.

Cette année, M. Peyrane a ajouté à ses collections une spécialité qui ne s'était pas encore produite dans nos contrées méridionales : ce sont les grandes lettres d'affiches que nos imprimeurs tiraient jusqu'à présent de la capitale, et que M. Peyrane a fondues dans des proportions vraiment colossales, sans que la hauteur de la forme nuise en rien à la grâce du caractère.

Le jury est heureux que M. Peyrane, qui avait négligé notre précédente exposition, lui ait fourni, cette année, l'occasion d'applaudir à ses efforts et de récompenser ses progrès : il vote à cet habile industriel une médaille de bronze.

Section II. — Imprimerie typographique.

Médaille d'Argent.

M. DELSOL, imprimeur-libraire, à Toulouse, rue Croix-Baragnon.

Etabli depuis plusieurs années à Toulouse, M. Delsol a donné à l'imprimerie, dans nos contrées méridionales, une impulsion très-considérable. Ses produits sont très-nombreux et très-variés ; et les ouvrages qu'il a successivement édités ont placé sa maison au premier rang, soit pour la quantité et l'importance des publications qu'elle a entreprises, soit pour la perfection avec laquelle elles sont habituellement traitées.

L'imprimerie de M. Delsol se distingue surtout par ses éditions en langues mortes ou étrangères. Le jury a remarqué un livre classique en langue allemande d'une rare pureté, et un tableau en caractères hébraïques nettement tracé et exécuté avec une correction irréprochable.

Au-dessus de toutes les œuvres qui ont été publiées dans cette spécialité, le jury a placé les classiques grecs imprimés par M. Delsol. Ces ouvrages, destinés à l'instruction de la jeunesse, sont remarquables par la forme des caractères employés, par l'exactitude de la composition, toutes choses qui, pour la langue grecque surtout, hérissée d'esprits, d'accents, et par conséquent d'incidents matériels aisés à être confondus par des ouvriers qui ne peuvent en apprécier l'importance, présentent, dans l'exécution, des difficultés très-sérieuses. Ces éditions, ces classiques grecs, publiés par M. Delsol, ont le mérite réel d'une correction irréprochable, ce qui donne à cet industriel les moyens de soutenir une concurrence avantageuse avec les maisons les plus estimées de la capitale, et notamment avec les anciennes imprimeries de MM. Périsse et Delalain.

Le jury n'hésite même pas à dire que, sous certains rapports, la comparaison qu'il a pu faire des classiques grecs de M. Delsol avec ceux des imprimeries de Paris usités dans les maisons d'instruction, a établi, en faveur du premier, une supériorité qui devient plus complète encore, si l'on considère que M. Delsol livre ses produits au commerce à un prix inférieur à celui de ses rivaux de la capitale.

Cet habile imprimeur a aussi exposé une remarquable édition de luxe : l'*Espagne historique, littéraire et monu-*

mentale ; cette publication , qui remonte à plusieurs années , réunit toutes les beautés et toute la richesse de ce genre , et aurait même surpassé les magnifiques éditions des Furne et des Lefèvre , si elle avait pu être terminée.

Le jury a pensé que , tout en reconnaissant le mérite incontestable des œuvres exposées par M. Delsol , il fallait lui tenir compte des sacrifices nombreux et considérables qu'il a dû faire pendant plusieurs années pour élever les produits de l'imprimerie , dans nos contrées , à la perfection qui a été obtenue , grâces à sa courageuse initiative et à sa persévérance. En conséquence , le jury décerne à M. Delsol la médaille d'argent.

Médailles de Bronze.

MM. BONNAL et GIBRAC, imprimeurs, à Toulouse,
rue Saint-Rome, 46.

Entre autres ouvrages bien traités, MM. Bonnal et Gibrac ont exposé un livre de poésies de M. Louis Dureau, et un opuscule de M. Elie Decazes, sur la révolution de Février. Ces deux produits, exécutés avec autant de pureté que de goût, témoignent chez ces habiles imprimeurs une intelligence complète des ressources de leur profession, et prouvent qu'avec du talent et une bonne organisation l'industriel peut s'élever quelquefois au rang de l'artiste.

Le jury accorde une médaille de bronze à MM. Bonnal et Gibrac.

MM. FORESTIER père et fils, imprimeurs, à Montauban,

Ont exposé un très-beau missel grand in-4°, sur magnifique papier. La disposition de cet ouvrage est d'une beauté sévère : l'encadrement des formes est d'un bon effet, les encres d'un beau noir, le tirage irréprochable. L'imprimerie de MM. Forestier a réalisé, dans la période quinquennale, un progrès réel. Le jury leur accorde une médaille de bronze.

Mentions honorables.

MM. CHAUVIN et Compe, imprimeurs, à Toulouse, rue Mirepoix, 3,

Ont exposé plusieurs ouvrages importants, qui ont paru bien conçus et qui prouvent que ces imprimeurs ont une entente complète de leur industrie; ils sortent d'ailleurs des travaux ordinaires de l'imprimerie, et établissent, chez MM. Chauvin, une intelligence dont ils ont donné plusieurs fois la preuve, surtout dans l'impression des ouvrages scientifiques et littéraires.

Le jury leur accorde une mention honorable.

M. DUPIN, imprimeur, à Toulouse, rue de la Pomme, 23,

A exposé divers articles d'imprimerie. Cet imprimeur a fait preuve d'un goût distingué pour une spécialité d'ouvrages : ce sont les circulaires, les cartes et les billets de concert, les affiches et programmes, etc. ; tout ce qui a été exposé, dans ce genre, par M. Dupin, résout parfaitement toutes les difficultés que présente cette spécialité.

Le jury lui accorde une mention honorable.

SECTION III. — RELIURE.

Médailles de Bronze avec éloges.

M. ABADIE jeune, relieur, à Toulouse, rue Saint-Etienne, 22,

A exposé plusieurs volumes et en même temps plusieurs

genres de reliure, depuis la demi-reliure jusqu'à la reliure entière de haut luxe. Il est aisé de voir que M. Abadie est déjà, et qu'il deviendra, par la pratique, un excellent relieur. Ses livres s'ouvrent bien ; ils sont endossés avec soin et présentent une grande élasticité : les couvertures s'abattent avec souplesse et facilité ; les nervures des gros volumes sont bien entendues et gracieuses, sans que la grâce nuise à la solidité ; ses tranches, depuis le jaspé jusqu'à la dorure, sont bien exécutées. Enfin, M. Abadie a voulu prouver, par deux reliures-mosaïques, qu'il savait résoudre avec succès les plus grandes difficultés de la reliure.

Le jury, appréciant les ouvrages de M. Abadie, jeune homme plein d'intelligence et d'avenir, lui décerne avec éloges une médaille de bronze.

MM. GAYMARD et GÉRAULT, fabricants, à Paris,
rue Montmorency, 10,

Déjà mentionnés pour leurs presses à copier, ont exposé divers registres.

MM. Gaymard et Gérault sont les continuateurs de la maison Victor Roumestant jeune, très-bien connue par ses succès dans le commerce et par les récompenses qu'elle a obtenues aux diverses expositions industrielles, où leurs ouvrages ont toujours été distingués.

Ces fabricants font leur spécialité de la confection des registres, et sont arrivés à donner à leur reliure une élasticité des plus complètes et des plus remarquables. Au moyen d'un procédé, qu'ils emploient avec une intelligence et un succès rare, les plis des cahiers qui composent leurs registres se confondent avec une couche de gomme élastique, à laquelle ils sont habilement fixés, et l'endossement se faisant ainsi par le caoutchouc, le dos acquiert une souplesse et une flexibilité parfaites qui se maintiennent, quelle que soit l'épaisseur du volume.

Le jury a vu, dans tous ses détails, les divers éléments de la reliure spéciale adoptée par MM. Gaymard et Gérault ; il lui a semblé que ces industriels habiles étaient arrivés, dans cette spécialité, à la dernière limite du perfectionnement. En conséquence, il a été d'avis de leur décerner, avec éloges, une médaille de bronze.

Médaille de Bronze.

M. GARRIGUES, relieur, à Toulouse, rue Boulbonne, 26.

Les livres exposés par M. Garrigues sont aussi bien reliés que ceux de M. Abadie : les coutures sont bien soignées, les dorures sont peut-être d'un meilleur goût, les couvertures sont aussi plus légères et par conséquent plus gracieuses ; mais M. Garrigues n'a pas abordé, comme son rival, les difficultés de la mosaïque. Le jury, voulant témoigner à cet habile relieur sa satisfaction pour la bonté et l'élégance de ses produits, lui accorde une médaille de bronze.

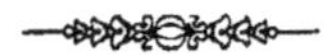

CHAPITRE IV.

LITHOGRAPHIE, GRAVURE, ETC.

Section Ire. — LITHOGRAPHIE.

Rappel de Médaille d'Or avec éloges.

M. SIMON, imprimeur-lithographe, à Strasbourg, rue du Dôme, 8 et 9.

On se rappelle encore les belles épreuves lithographiques, sorties des ateliers de M. Simon, qui parurent à l'exposition de 1845, notamment la vue de la cathédrale de Strasbourg, que l'on peut citer comme un modèle en ce genre, et qui valut à son auteur les plus grands éloges. M. Simon a enrichi l'exposition de cette année par de nouveaux produits dus à son génie inventif. C'est lui qui a, le premier, appliqué l'impression des couleurs à la lithographie. Déjà, en 1833, il publia l'ouvrage d'écritures et de manuscrits de Midole, qui, imprimé en couleur et or, eut le plus grand succès. M. Engelmann, encouragé par cette réussite, voulut s'occuper sérieusement de ce nouvel art, et fonda, à Paris, un établissement spécial de *chromo-lithographie*. L'élan donné, tous les lithographes ont adopté ce genre, qui, inconnu avant 1833, est devenu presque général.

Malgré les beaux produits dus à la chromo-lithographie, M. Simon resta frappé de ce que ce procédé avait d'imparfait, quand il s'agissait de reproduire l'aquarelle et les teintes fondues : il comprit qu'il y avait encore quelque chose à faire. Il se mit donc résolument à l'œuvre, afin d'arriver aux moyens d'obtenir les effets de *l'aqua-tinta*.

Le problème était celui-ci : *trouver un moyen chimique par lequel un grain factice pourra être établi sur la pierre, une fois le lavis fait, afin qu'après cette préparation, le tout soit transformé en* aqua-tinta, *c'est-à-dire composé de points gras et de points blancs, devant être préparés par l'acide comme l'est le crayon.*

Ce problème a été résolu, avec un rare bonheur, par M. Simon, et nous avons vu, dans le n° 5 de son exposition, le premier essai qui a été fait de ce moyen.

L'art de Senefelder avait déjà donné la facilité de reproduire les écritures en autographie, à faire de véritables *fac-simile* des dessins des artistes, soit à la plume, soit

au crayon. Il lui restait à imiter les effets du pinceau :
c'est ce que M. Simon a été assez heureux de réaliser.

Cet habile artiste s'est présenté à l'exposition nationale
de 1849, et a obtenu la plus haute des distinctions. Le
jury éprouve le vif regret qu'une décision antérieure,
par laquelle il est lié, ne lui permette pas de décerner
à M. Simon une médaille d'or : il ne peut donc que lui
rappeler, avec les plus grands éloges, celle que vient de
lui accorder le jury central.

Médaille d'Or.

MM. RAYNAUD FRÈRES, lithographes, à Toulouse, rue Tamponières,

Ont exposé plusieurs épreuves lithographiques, qui
attestent les progrès qu'ils ont fait dans leur art. Tous ces
travaux sont exécutés consciencieusement, les détails en
sont soignés, le dessin dû au rare talent de M. Gall en
est correct ; dans la chromo-lithographie, les couleurs
sont ménagées avec goût et les teintes bien adoucies.
Le jury a remarqué un portrait d'une grande ressemblance, qui imite parfaitement la gravure. Comme
écritures lithographiques, il est difficile de faire mieux
que MM. Raynaud.

En voyant l'ensemble de leurs travaux, les perfectionnements sensibles qu'ils ont apportés dans leurs ateliers,
en employant la machine à diamants de Barrère, les résultats avantageux qu'ils ont obtenus dans les produits de
la lithographie et de la chromo-lithographie, le jury leur
accorde une médaille d'or.

Rappel de Médaille de Bronze avec éloges.

M. DELOR, lithographe, à Toulouse, rue des Filatiers, 49.

Les ouvrages présentés par cet exposant sont dignes

des plus grands éloges : ses dessins *Deveria* sont bien sentis et parfaitement rendus. Ses vignettes sont exécutées avec gràce et finesse, et attestent l'emploi de la machine perfectionnée de M. Simon. On distingue les tètes de lettres et les factures commerciales dont l'écriture est des plus correctes. La gravure sur métaux est une spécialité des ateliers de M. Delor.

Le jury accorde à cet exposant le rappel, avec éloges, de la médaille de bronze qui lui fut décernée en 1845.

Mention honorable.

MM. LABOUCHE et Comp^e, graveurs-lithographes, à Toulouse,
rue des Filatiers, 38,

Ont exposé, dans trois cadres, les produits de leurs ateliers. Les diverses impressions pour le commerce, les cartes de visite et les cachets à la cire sont bien exécutés. Leurs épreuves de chromo-lithographie paraissent chez ces artistes ètre à l'état d'essai. Sans nul doute, avec leur patience reconnue, ils triompheront des difficultés de cet ingénieux procédé.

Le jury accorde à MM. Labouche et Comp^e une mention honorable.

Citations favorables.

M. BERTRAND, lithographe, à Toulouse, rue Saint-Rome, 50.

Les travaux de cet exposant embrassent la chromo-lithographie, la reproduction du dessin et de l'écriture sur la pierre. Cette dernière est parfaitement bien exécutée. Le jury aurait voulu en dire autant des épreuves chromo-lithographiques ; il engage M. Bertrand à consulter, dans ce genre, les beaux modèles qui ont paru à l'exposition.

Les travaux de ce jeune artiste ont cependant été jugés dignes d'une citation favorable.

M. CONSTANTIN père, lithographe, à Toulouse, rue de la Trinité, 19,

A exposé plusieurs ouvrages de lithographie, tels que factures commerciales, vignettes, dessins qui, sans être irréprochables, méritent une distinction. Aussi, le jury accorde à M. Constantin une citation favorable.

Section II. — Gravure.

Mention honorable.

M. COLOMÉS, graveur, à Toulouse, rue des Arts, 29,

A exposé une plaque d'argent sur laquelle sont gravés cinq blasons; celui qui occupe le milieu est digne d'éloges. Les timbres exécutés par cet artiste sont purs et nets. Le jury, voulant encourager M. Colomès, lui accorde une mention honorable.

Citation.

M. LAGRANGE, graveur, à Toulouse, rue de la Pomme, 39,

A exposé des cadres renfermant des armoiries, des timbres, des cachets à la cire. Ces objets sont assez bien exécutés et font bien augurer de l'avenir de cet artiste.

Le jury le juge digne d'être cité.

Section III. — Photographie, Epreuves daguerriennes.

Médaille de Bronze.

M. TRANTOUL, artiste photographe, rue Lafayette, 15,

A exposé seize portraits au daguerréotype.

Pouvoir reproduire avec la plus scrupuleuse exactitude tous les objets visibles, les chefs-d'œuvre de toute sorte, tel est l'effet de la photographie, invention merveilleuse qui peut être d'une grande utilité dans les arts et dans l'industrie. L'artiste retrouvera désormais, dans l'image fidèle des grands maîtres en architecture, en sculpture et même en peinture, d'heureuses inspirations et de précieux souvenirs. Sous ce point de vue, l'admission des épreuves daguerriennes à l'exposition est une preuve de l'importance qui s'attache à la photographie.

M. Trantoul a présenté dans un cadre la reproduction d'objets variés, tels que portraits, monuments, paysages, etc. On a surtout remarqué la copie de la belle statue de Pradier, placée dans les salles du Musée; toutes les lignes, les ombres, les parties saillantes de ce marbre sont reproduites avec la plus grande fidélité et font honneur au véritable talent de M. Trantoul. Les portraits se distinguent par le fini des traits et l'exactitude des plus petits détails. Cet artiste réussit les traits de l'homme distingué aussi bien que ceux d'une nature abjecte.

Pour reconnaître la supériorité évidente des épreuves de M. Trantoul, le jury lui décerne une médaille de bronze.

Mention honorable.

M. THALAMAS, daguerréotypeur, à Toulouse, rue de la Trinité, 15,

A exposé des portraits qui joignent au fini de l'exécution, le mérite d'une ressemblance parfaite. Ce qui a le plus frappé le jury, c'est un portrait d'homme au huitième de grandeur naturelle qui, pour les détails et la rectitude des lignes, ne laisse rien à désirer.

Les produits de M. Thalamas ont été jugés dignes d'une mention honorable.

Citation favorable.

M. FURIOUX, daguerréotypeur, à Toulouse, rue de la Pomme, 61,

A présenté deux cadres contenant une vue de Saint-Sernin, une séance de l'aéronaute Godard au moment de son ascension et plusieurs portraits. Ces derniers offrent du modelé, de la vigueur : la coloration leur nuit, parce qu'en général les couleurs sont trop vives et pas assez fondues.

Les portraits sur papier photographique sont offerts comme un spécimen. Peu d'artistes à Toulouse ont abordé la préparation de ce papier qui, pour les monuments et les paysages, imite si bien la sépia et qui a la précieuse qualité d'éviter le reflet des plaques métalliques.

Le jury accorde à M. Furioux une citation favorable.

SECTION IV. — TYPOCHROMIE.

Citation.

M. DEMEURE, médecin, au Saut-du-Tarn,

A présenté un échantillon de peinture typochromique représentant S. S. le pape Pie IX et une collection de crayons de couleurs et de dimensions variées.

M. Demeure n'a pas fait connaître au jury le méca-

nisme qu'il emploie pour obtenir les effets typochromi-
ques. Il le pouvait d'autant mieux que, suivant lui, son
procédé est à l'abri d'un brevet d'invention. Nous donne-
rons cependant pour conseil à M. Demeure de ne pas trop
compter sur l'exercice exclusif de ce brevet, car nous
voyons, en ouvrant la notice officielle de l'exposition
nationale de 1849, qu'il aurait été devancé dans cette
découverte par M. Silbermann, de Strasbourg, à qui il
a été accordé, pour la typochromie, une médaille d'or.

Par tout ce qui précède, le jury ne peut accorder à
M. Demeure qu'une citation favorable.

CHAPITRE V.

PAPIERS PEINTS, DÉCORS, ETC.

Rappel de Médaille d'Or avec éloges.

MM. DESTREM frères, fabricants, à Toulouse, rue de la Pomme, 5,

Ont exposé un grand nombre d'échantillons de papiers
peints.

Tout a été dit sur l'importance de cette manufacture et
sur la beauté de ses produits. Les plus hautes récompenses dont un jury de province puisse disposer ont été
décernées à ses habiles directeurs : nous ne pouvons dès-
lors que joindre nos éloges à ceux qu'une foule empressée
a constamment donnés aux magnifiques cadres exposés
par MM. Destrem.

Au milieu de cette variété de dessins, le jury a remarqué une tenture, fond gris perlé, avec un encadrement

formé par une guirlande de fleurs. Rien de plus gracieux, de coquet et de riche en même temps que l'ensemble de cette belle tapisserie. Si MM. Destrem réussissent si bien dans les tentures de luxe, n'oublions pas qu'ils livrent toujours, à des bas prix, des papiers de dessins et de couleurs variés, destinés à décorer la demeure de l'artisan peu fortuné.

Le jury, constatant de nouveaux progrès et des perfectionnements dans la fabrication des papiers peints de MM. Destrem frères, les déclare toujours dignes de la médaille d'or qu'ils ont obtenue en 1835 et qui déjà leur a été rappelée deux fois avec éloges.

Rappel de Médaille d'Argent avec éloges.

M. EYMES dit JENTI, fabricant, à Toulouse, rue des Tourneurs,

A exposé plusieurs échantillons de papiers peints sortis de ses ateliers.

M. Eymes continue à mériter, par ses efforts, les éloges qui lui furent donnés à l'exposition précédente. Cet industriel distingué a produit, cette année, des tableaux sur papier, obtenus par un procédé qui participe à la fois des moyens mécaniques et de la peinture artistique, procédé dont il garde, du reste, le secret. Quel que soit le prix auquel M. Eymes a fixé le mètre carré de cette tenture, le jury n'a pas pu apprécier le mérite de cette invention au point de vue de l'économie. Jugeant le mérite réel des papiers peints de cet exposant et l'ensemble de sa fabrication, le jury lui décerne le rappel, avec éloges, de la médaille d'argent.

Mentions honorables.

M. DELPUECH , fabricant de papiers peints, à Toulouse,
rue Boulbonne,

A exposé deux cadres de papiers peints.

La fabrique de M. Delpuech, quoique à son début, témoigne l'intelligence et l'habileté de cet exposant. On voit qu'il a puisé ses inspirations dans de bons modèles. Que M. Delpuech persévère à suivre la voie de progrès dans laquelle il est entré si franchement, il est sûr de réussir, et le jury lui accordera alors plus qu'une mention honorable.

M. SERVILLE , peintre, à Toulouse, place de la Pierre, 2,

A exposé une grande toile peinte. Ses imitations de bois et de marbres sont remarquables par la vérité et le fini de l'exécution.

Le jury accorde à M. Serville une mention honorable.

M. WILHELM (Adolphe), peintre, à Toulouse, rue St-Pantaléon, 6,

A exposé deux cadres présentant des imitations de bois de menuiserie et d'ébénisterie de diverses espèces. Les toiles de M. Wilhelm sont peintes avec un grand soin et ses imitations ne laissent rien à désirer.

Le jury le récompense par une mention honorable.

CHAPITRE VI.

OBJETS DIVERS.

Mention honorable.

M. SAINTOU, instituteur, à Toulouse, rue Riguepels, 11,

A exposé un tableau de sténographie.

Cet art a fait, depuis plusieurs années, de grands progrès. M. Hippolyte Prévost, notre compatriote, sténographe du *Moniteur,* a perfectionné la sténographie de M. Bertin, qui précédemment avait perfectionné la méthode de M. Taylor. Selon M. Saintou, cet art n'a pas encore atteint le degré de perfection dont il est susceptible. Le modèle de traduction de la sténographie de l'exposant, comparée à celle de M. Prévost, semble indiquer un progrès. La méthode qu'emploie M. Saintou présente, entre autres mérites, celui de ne pas déranger la main de dessus le papier, de pouvoir être écrite avec plus de rapidité et être traduite avec précision.

M. Saintou est un professeur de sténographie plus avantageusement connu dans cet art que dans celui de la télégraphie. Ses études sérieuses lui méritent une mention honorable.

Citation favorable.

M. CAMPISTRON (A.), à Toulouse, rue Saint-Michel, 139,

A présenté un cadre dans lequel l'oraison dominicale est reproduite avec plusieurs genres d'écritures.

L'ensemble de ce cadre est de bon goût, et les détails de l'écriture ne sont pas sans mérite.

Le jury accorde à M. Campistron une citation favorable.

Citation.

M. SIFFRE (François), professeur, à Toulouse, rue des Couteliers,

A exposé un tableau de différentes écritures.

Ce tableau prouve que M. Siffre est habile dans l'art qu'il enseigne. Il est à regretter seulement que les fragments séparés de ses diverses écritures ne présentent pas un ensemble aussi satisfaisant qu'on pourrait le désirer.

Le jury récompense M. Siffre par une citation.

TITRE SEPTIÈME.

ARTS CÉRAMIQUES.

⁂

CHAPITRE Ier.

TERRES CUITES, FAÏENCES, PORCELAINES.

SECTION Ire. — FAÏENCES ET PORCELAINES.

Nouvelle Médaille d'Argent avec éloges.

M. FOUQUE (GUSTAVE), à Toulouse, rue de la Pomme, 64.

Les objets exposés par M. Fouque formaient une magnifique décoration aux deux extrémités de la grande galerie du Musée. Tout le monde a admiré ces beaux vases dont la forme est si pure et la peinture si soignée. Il n'est sans doute pas une de nos dames qui n'ait envié ces jolis thés, cafés ou tête-à-tête si élégants de forme et décorés avec tant de goût, et ces petits riens, parmi lesquels nous nous contenterons de citer des figurines en biscuit revêtues de dentelles si bien imitées et si flexibles à l'œil que la main est tentée de toucher pour s'assurer si réellement elles sont en porcelaine.

Le jury a appris, avec satisfaction, que M. Fouque avait maintenu sa fabrication durant tout l'intervalle des deux expositions. Ses peintures continuent toujours à être très-belles sous le rapport du dessin et des couleurs ;

les formes, les ornements sont du meilleur goût; la dorure est toujours bonne et bien appliquée : de plus, il y a progrès sous plusieurs rapports. Nous signalons, comme une nouveauté de bon aloi, l'argenture sur porcelaine, soit seule, soit alliée à la dorure. Ce procédé, qui réussit parfaitement, produit un effet doux à l'œil et plaît plus même que la dorure, peut-être à cause de sa nouveauté.

L'industrie de M. G. Fouque est digne du plus grand intérêt; c'est encore là une industrie toulousaine, puisqu'elle ne trouve de concurrence sérieuse qu'à Paris et à Limoges.

Le jury, voulant récompenser la persévérance de M. G. Fouque et le sentiment qui l'a conduit, au prix d'assez grands sacrifices, à conserver ses ouvriers malgré les temps difficiles que nous avons traversés, et en même temps reconnaître le progrès et la nouveauté de plusieurs parties de sa fabrication, lui décerne, avec éloges, une nouvelle médaille d'argent.

SECTION II. — TERRES CUITES, PATES MOULÉES, ORNEMENTS D'ARCHITECTURE.

CONSIDÉRATIONS GÉNÉRALES.

Dans les temps de croyances religieuses, la foi enfantait des prodiges de travail et de persévérance. Alors, les beaux édifices que nous admirons aujourd'hui s'élevaient partout, souvent par les efforts et les ressources d'une seule province ou d'une seule communauté : les artistes de tous les genres, le sculpteur particulièrement, se consacraient à l'ornementation de ces monuments avec une abnégation et un désintéressement admirables.

De nos jours de pareilles œuvres ne sont possibles que dans des circonstances tout-à-fait exceptionnelles. Les riches capitales en offrent quelquefois ; mais la province doit absolument y renoncer. Que pourrait-elle faire avec ses faibles ressources ? Paris lui laisse à peine le nécessaire ; comment pourrait-elle songer au superflu ? Heureusement l'industrie vient à son secours, et ce secours est tel, nous osons le dire, grâces aux progrès des arts céramiques, qu'elle n'a que peu de choses à regretter. L'art proprement dit, la sculpture surtout, l'emporte, il est vrai, sous le rapport de la matière et de la pureté sur la plastique ; mais celle-ci, perfectionnée comme nous la voyons aujourd'hui et guidée par un goût sûr, a, sur l'art lui-même, l'avantage de pouvoir reproduire, d'une manière facile, durable et économique, les chefs-d'œuvre de tous genres et de tous les temps. Sans doute, l'artiste a la puissance de la création à laquelle la plastique ne peut prétendre ; mais cette création sera-t-elle préférable à celle que l'admiration des siècles et l'approbation des hommes les plus éminents ont, pour ainsi dire, consacrée.

Nouvelle Médaille d'Or avec éloges.

MM. VIREBENT (FRÈRES), à Toulouse, rue Fourbastard,

Ont exposé divers produits de leur fabrique, située à Launaguet.

Ces messieurs sont les véritables promoteurs de cette belle industrie dont le but est de faire revivre parmi nous les chefs-d'œuvre de toutes les époques. MM. Virebent sont de Toulouse ; les matières premières qu'ils emploient proviennent presque toutes du sol toulousain ; notre ville peut donc revendiquer, avec juste raison, l'honneur de l'industrie qui nous occupe. A ce titre, nous lui devons tout notre intérêt et toutes nos sympathies.

Les ouvrages de MM. Virebent peuvent être divisés en trois catégories : 1° ornementation architecturale et sculpturale ; 2° statuaire ; 3° objets de constructions, tels que carreaux, pierres, voussoirs moulés, etc.

Le principal objet d'ornementation architecturale exposé est une cheminée du quinzième siècle, ornée de beaux bas-reliefs et d'ornements du meilleur goût. Nous signalerons particulièrement le bas-relief qui occupe le panneau principal ; c'est une pièce de la plus grande beauté dont le type existe au château de Biron (Dordogne). Les ornements ont été empruntés à divers monuments de Toulouse. Les éléments dont se compose cette pièce se trouvent associés d'une manière si heureuse qu'on dirait qu'ils ont été faits ensemble et les uns pour les autres.

MM. Virebent ont aussi exposé des chapiteaux, des modèles de corniches et de frises moulées avec ou sans réduction sur les meilleurs modèles du style byzantin et du style gothique. On remarque surtout ces corniches à jour, véritable lacis de tiges profondément fouillées, qui coûtaient tant de peine aux anciens sculpteurs, et que MM. Virebent font si bien et avec une si grande facilité.

Si nous sortons hors de l'enceinte de l'exposition, nous citerons la nouvelle église romane de Saint-Martin-du-Touch, à six kilomètres de Toulouse ; elle offre encore un bel exemple de l'emploi de la décoration en terre cuite dans l'architecture. Une sculpture en place ne produirait pas plus d'effet, et ne s'associerait pas avec plus d'harmonie avec la belle architecture de ce monument ; et, chose incroyable, cette décoration caractéristique, qui contribue tant à donner son cachet roman , coûte à peine 1,000 fr.

Quant à la statuaire proprement dite, nous croyons devoir nous borner à énumérer les objets exposés , en signalant toutefois la réussite parfaite du moulage et de la cuisson. Ils sont au nombre de trois : 1° une statue de la Vierge tenant l'enfant Jésus (style du quinzième siècle), d'après Pommateau, sculpteur, à Paris ; 2° un ange du même auteur (style du treizième siècle), destiné à la cathédrale d'Agen ; 3° une statue du printemps d'après Salamon. Nous citerons, comme appendice, les imitations d'armures dont MM. Virebent ont exposé un certain nombre d'exemplaires. Il ne nous appartient pas d'en faire ressortir le mérite archéologique ; mais nous croyons devoir dire que, par un moyen extrêmement simple, ils sont parvenus à obtenir la couleur , et, jusqu'à un certain point , les jeux de lumière des armures de fer.

Nous n'insisterons pas sur les carreaux de diverses sortes dont les bonnes qualités, reconnues d'ailleurs par le public, ont déjà été appréciées à la dernière exposition. Nous dirons un mot sur les pierres et voussoirs moulés. Ce sont des pièces creuses en terre cuite, dont la couleur et l'état granulé des surfaces simulent parfaitement une belle pierre taillée. Ces pièces d'ailleurs offrent toute la solidité désirable ; elles ont été éprouvées sous ce rapport.

MM. Virebent frères ont obtenu une médaille d'argent à l'exposition de 1844 ; la médaille d'or leur a été décernée et plusieurs fois rappelée aux expositions toulousaines. Les suffrages des savants les plus spéciaux ne leur ont pas manqué ; l'illustre Brongniart signale d'une manière très-honorable leur fabrication dans son traité de céramique. Leur mérite est donc suffisamment reconnu ; mais il est un point , peu brillant au premier abord et cependant d'une importance extrême, sur lequel on n'a pas assez insisté. Nous voulons parler du mérite d'avoir trouvé dans les collines tertiaires du bassin de Toulouse, si pauvres minéralogiquement, tous les éléments essentiels de cette belle fabrication, et d'avoir su combiner ces terres grossières avec assez d'art pour éviter les effets d'un retrait inégal ou irrégulier, et pour obtenir en même temps la blancheur, la dureté, la ténacité, la résistance aux actions atmosphériques, notamment à la gelée, et enfin une grande pureté de formes.

Par toutes ces considérations et à raison de la marche progressive de la fabrication de MM. Virebent frères, le jury décerne avec éloges à ces honorables artistes une nouvelle médaille d'or.

Médaille de Bronze.

M. BELLEQUEU, fabricant, à Paris,

A exposé deux médaillons, présentant en relief deux tableaux à un très-grand nombre de personnages. La matière employée par M. Bellequeu est d'un bel effet : elle durcit à l'air et devient brillante par le frottement.

Le jury accorde à cet exposant une médaille de bronze.

Mention honorable.

MM. HEILIGENTHAL et Comp^e, à Strasbourg (Bas-Rhin),

Ont exposé divers échantillons de leurs produits exécutés avec une pâte dure, d'un beau poli, dont ils sont les inventeurs. Le jury, rendant la plus grande justice à la forme pure et gracieuse de ces ornements, qui se recommandent par leur bas prix, accorde à MM. Heiligenthal et Comp^e une mention honorable.

Médaille de Bronze.

M. BALAN jeune, à Toulouse,

A exposé trois tronçons de colonnes en stuc imitant le vert de mer, le jaune de Sienne, et un troisième marbre, dit *vert de Sicile.*

Le vert de mer est particulièrement bien rendu ; mais la dureté n'est pas aussi grande qu'on pourrait l'exiger, ce qui tient sans doute en grande partie à la rapidité de l'exécution commandée par les circonstances. Le poli de ces colonnes est beau ; il pourrait être cependant un peu plus brillant.

Le jury, espérant que M. Balan justifiera de plus en plus la bonne opinion qu'il a fait concevoir de son habileté, lui accorde une médaille de bronze.

Mention honorable.

M. MASSIP, plâtrier, à Toulouse, rue Pouzonville, 5,

A soumis au jugement du jury plusieurs échantillons d'un stuc dont la pâte a une dureté convenable ; mais ces pièces laissent à désirer sous le rapport de l'effet.

Le principal emploi du stuc consiste dans l'imitation des marbres naturels ; or, les pièces exposées par M. Massip offrent des couleurs banales et des dispositions peu conformes à celles de la nature. Cet ouvrier a cependant été assez heureux dans la fabrication des dix colonnes qui ornent l'intérieur de l'église de Saint-Martin-du-Touch. Il s'agissait, là, d'éviter un anachronisme, et l'on a bien fait, à défaut d'une profonde connaissance des marbres usités à l'époque romane, d'adopter une couleur unie et indéterminée.

Le jury rappelle à M. Massip la mention honorable qu'il a obtenue en 1845.

Citation favorable.

M. **PELEGRY** père, amateur, à Toulouse, rue de la Dalbade, 29,

A exposé l'esquisse d'un hippodrome.

Ce travail minutieux, exécuté sur une très-petite échelle, annonce, dans son auteur, de l'habileté et de la persévérance, et le rend digne d'une citation favorable.

Section IV. — Mosaïques.

Mention honorable.

M. **BOURGAL**, fabricant, à Toulouse, rue des Menuisiers, 24,

A exposé une cheminée et divers objets en mosaïque.

La pâte de la cheminée est en ciment de Cahors, modifié par un procédé que l'ouvrier ne fait pas connaître. Les éléments de la mosaïque sont empruntés presque tous à des marbres des Pyrénées : marbre blanc, Campan vert, Griotte, Nankin de Mancioux, etc. ; quelques parties de cette cheminée sont d'un assez heureux effet ; mais, en général, l'assemblage des pièces n'est pas assez soigné, et le dessin laisse à désirer.

M. Bourgal exécute des dallages, des lambris, des pilastres en mosaïque, à des prix qui sont assez modérés.

Le jury décerne à M. Bourgal une mention honorable.

SECTION V. — CIMENT.

Médaille d'Argent.

M. CHAMBERT, à Cahors,

A exposé divers objets en ciment de Cahors : 1° une borne-fontaine d'une seule pièce ; 2° un petit chapiteau corinthien ; 3° une petite statue et divers médaillons. Ces produits par eux-mêmes n'ont rien de remarquable ; ils ne doivent être considérés que comme un moyen de faire connaître la découverte et l'emploi du ciment lui-même.

Ce ciment a été découvert, il y a quinze ou vingt ans, aux portes mêmes de Cahors. La pierre qui le fournit est un calcaire argilo-magnésien, formant un banc particulier au milieu du terrain jurassique supérieur, qui constitue le sol fondamental de cette ville.

Cette pierre concassée, cuite, triturée et tamisée, donne une poudre très-fine d'un jaune-clair, qui, gâchée convenablement avec de l'eau, se prend sous l'eau même en très-peu de temps. Ce ciment est propre à tous les usages auxquels sont destinés les ciments en général, et notamment ceux de Vassy et de Pouilly, auxquels toutefois nous ne prétendons pas l'assimiler d'une manière absolue.

Les ouvrages dans lesquels ce ciment a été employé avec beaucoup de succès, le témoignage des constructeurs qui en ont fait usage, ne peuvent laisser aucun doute sur la bonté et l'efficacité de cette matière ; le prix modéré de ce ciment est encore une raison pour en recommander l'emploi. C'est une précieuse conquête pour le pays, réduit jusqu'alors à employer des ciments transportés d'une très-grande distance et par conséquent plus dispendieux.

Par tous ces motifs, le jury croit devoir accorder à M. Chambert une médaille d'argent.

CHAPITRE II.

MIROITERIE, VERRE ET GLACES, ETC.

Médaille de Bronze avec éloges.

Mlle CONDOM, à Toulouse, rue Lafayette, 11,

A exposé deux vieilles glaces dont l'étamage a été réparé.

L'industrie qui se rattache à l'étamage des glaces n'est pas nouvelle à Toulouse, mais elle était presque abandonnée. Mlle Condom a eu l'idée de la faire revivre et de l'appliquer surtout à la réparation des vieilles glaces. Le succès a couronné ses espérances, et les échantillons que le jury a examinés ne laissent aucun doute sur l'efficacité du procédé employé. Mlle Condom a la confiance de presque tous les miroitiers du Midi ; son industrie doit être encouragée. Aussi le jury veut en même temps la récompenser, en lui décernant une médaille de bronze avec éloges.

Mention honorable.

MM. LEDENTU ET HUBERT, à Toulouse, rue du Poids-de-l'Huile,

Ont exposé des glaces et plusieurs autres objets sortis de leurs magasins.

Comme nous l'avons déjà dit, MM. Ledentu et Hubert ne sont pas fabricants de glaces, mais ils les montent avec goût et même avec luxe. Il est constant, d'après cela, qu'ils occupent dans leurs ateliers plusieurs ouvriers de la ville. A ce titre, le jury leur accorde une mention honorable.

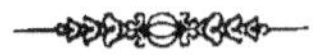

CHAPITRE III.

PEINTURE SUR VERRE, VITRAUX.

Médailles d'Argent.

M. BOURIÈRE (Emile), à Paris, rue Hauteville, 92.

L'art du peintre verrier, qui, pendant le moyen-âge et l'époque de la renaissance, avait produit tant de travaux remarquables, était abandonné depuis longtemps. Ce n'est que de nos jours qu'il a reparu plus faible peut-être qu'autrefois dans quelques-unes de ses parties, plus soigné dans quelques autres. Si ce genre de peinture peut être employé quelquefois avec succès dans les demeures des heureux du siècle, c'est surtout dans les églises qu'il doit occuper une grande place. Là, si les regards du fidèle se détournent de l'autel, il est ramené aux pieuses pensées par ces images brillantes qui lui rappellent et les scènes augustes de la religion et ceux qui, par leurs vertus, ont mérité une sainte apothéose. L'art du peintre verrier est ainsi intimement uni aux croyances catholiques.

M. Bourière l'a bien senti : sa *Vierge de douleurs*, bien composée, est digne aussi d'estime par le ton de couleur. La tête et les mains sont bien dessinées : il y a

d'ailleurs du relief dans cette figure, vue à demi-corps ;
les draperies sont bien traitées. Le tout ensemble forme
un tableau, qui, peint sur toile, aurait obtenu une place
distinguée dans le salon. Comme verrière, le jury ne
pouvait négliger cet ouvrage : il a décerné une médaille
d'argent à son auteur.

MM. ARTIGUES et Comp^e, peintres sur verre, à Toulouse,
rue des Chapeliers, 10.

C'est sans doute une étude pleine de charme, celle qui
nous met en rapport avec les phases diverses des arts. La
peinture sur verre a eu, comme les autres, ses progrès
et sa décadence. Au quatorzième siècle, elle était plus
hardie que dans les premiers temps : à l'époque de la
ranaissance, elle prit des allures plus dégagées ; elle
embrassa un système particulier qui, chez nous, a produit entre autres les belles verrières de Sainte-Marie
d'Auch ; et certes, Arnaud de Molles, leur auteur, res-
semblait bien moins à l'un de ses prédécesseurs que les
peintres de nos jours ne lui ressemblent.

Le vitrail déposé par MM. Artigues et Comp^e nous place
en pleine renaissance ; les ornements qui entourent la
figure, exécutés avec beaucoup de bonheur, sont tout-
à-fait dans le goût du seizième siècle. La figure est noble
et bien dessinée ; la tête, les mains et les pieds sont d'un
très-bon style. Considéré comme œuvre artistique, et
comme devant offrir, par la consolidation des parties qui
le forment, une longue durée, ce vitrail, qui avait d'ailleurs attiré tous les regards et obtenu de justes éloges,
a fait obtenir à leurs auteurs une médaille d'argent.

Médaille de Bronze.

M. MAUVERNEY.

Les arts dépendants du dessin marchent rapidement vers leur décadence, alors que l'on veut y introduire des innovations dangereuses, et que l'on remplace par des moyens factices les effets que l'on peut obtenir par les règles de l'art. Ce fut ce désir d'innover qui, vers la fin du dix-septième siècle, perdit presque entièrement la peinture sur verre, et qui, bientôt après, y fit renoncer. Peu contents de l'emploi des substances chimiques dont la nomenclature leur avait été transmise, les verriers voulurent ajouter aux effets obtenus par ces matières les procédés de la peinture sur bois et sur toile. Ils essayèrent de reproduire de grands sujets ; mais leur audace ne fut point aussi couronnée par le succès : l'art disparut. Renouvelé aujourd'hui, il doit éviter autant que possible de se servir de corps gras appliqués au revers du côté principal de la verrière. On peut obtenir, par là, la vigueur dans les tons, mais cet avantage ne saurait être que factice et passager.

Ces réflexions ont été suggérées au jury par l'examen attentif du grand vitrail envoyé à l'exposition par M. Mauverney. On a cru y reconnaître des couleurs délayées dans un corps gras et appliquées pour ajouter aux effets produits par les couleurs chimiques. Cette verrière représente saint Martin donnant la moitié de son manteau à un pauvre. Il y a d'ailleurs de bonnes choses dans ce tableau ; et si le cheval du saint ressemble trop par sa couleur à un cheval de marbre, si l'œil n'est pas celui du noble quadrupède représenté, il y a néanmoins de l'adresse dans la manière dont il est posé, et qui laisse de l'espace aux spectateurs de la bonne action de saint Martin. Le fond représente .des monuments et des. collines que la neige recouvre ; et, sans trop rechercher si les lois de la perspective sont observées, on aime assez cette partie de la composition.

Le jury décerne une médaille de bronze à M. Mauverney.

Citation.

M. BORDIEU, peintre sur verre, à Toulouse , rue du Vieux-Raisin, 26..

Le peintre verrier doit, alors qu'il ne possède pas à un haut degré le talent du dessinateur, laisser à d'autres le soin d'exécuter les cartons de ses tableaux. S'il n'est plus créateur, il a du moins le mérite de rendre avec exactitude ce que de plus habiles que lui ont produit. En voyant les *Vertus théologales*, *Moïse*, *David*, *Salomon*, *l'Immaculée Conception* et *le Bon Pasteur*, par M. Bordieu, on sent toute la vérité de ce que nous venons d'avancer. Espérons qu'à une prochaine exposition, l'auteur de ces verrières, pénétré du besoin de ne représenter que des ouvrages bien dessinés et exempts des défauts que l'on a remarqués, aura étudié avec plus de soin le dessin, cette base première de tous les arts d'imitation, par le trait et la couleur, ou qu'il ne reproduira sur le verre que ce que d'autres auront tracé. Toutefois le jury accorde à M. Bordieu une citation.

TITRE HUITIÈME.

CARROSSERIE, SELLERIE ET BOURRELLERIE.

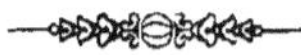

SECTION Iʳᵉ. — CARROSSERIE.

Médaille d'Or.

M. SOULÈS, carrossier, à Toulouse, rue du Rempart-Saint-Etienne, **26**,

A exposé un petit coupé et une calèche.

Le petit coupé, bas de forme, est parfait d'exécution; la forge en est très-remarquable; les ressorts longs et élastiques sont à charnière; toutes les pièces sont d'un fini qui dissimule la force qu'on leur a laissée; elles sont assemblées avec la plus rigoureuse exactitude. Mais ce qui a fixé longtemps l'attention du jury, c'est l'avant-train établi d'après un système nouveau au moyen du mécanisme ingénieux adopté par M. Soulès. L'avant-train se trouve raccourci de 35 centimètres, et il n'y a plus qu'un écartement de 80 centimètres entre les roues de devant et celles de derrière; le tirage est diminué, et la voiture tourne facilement dans l'espace le plus rétréci. Ces avantages sont obtenus, sans nuire à la solidité et à l'élégance de l'avant-train. L'ensemble de ce petit coupé est gracieux et mérite les plus grands éloges.

La seconde voiture exposée est une belle calèche à siége mobile, qui donne la preuve que M. Soulès est non-seulement un forgeron très-adroit, mais encore un habile constructeur de voitures. Elle est montée à pinces, sur des ressorts à charnières, en rapport avec les dimensions de la caisse.

Le jury donne les plus grands éloges à M. Soulès pour le fini du travail en tout genre de ses voitures, et, en témoignage de sa vive satisfaction, il lui accorde la médaille d'or.

Rappel de Médaille d'Argent.

M. JUSTROBE, carrossier, à Toulouse, rue Montardy.

La réputation bien méritée de cet exposant est encore justifiée par la calèche qu'il a présentée. Cette voiture, commandée pour Madrid, réunira, nous en sommes certains d'avance, les suffrages des amateurs de cette capitale : elle répond à toutes les exigences du bon goût, et réunit à une forge de premier ordre et à un charronnage distingué, une coupe gracieuse, une riche garniture et une peinture qui a tout l'aspect de l'émail.

M. Justrobe continue à être digne de la médaille d'argent qu'il a obtenue à la précédente exposition, et c'est pour le jury une satisfaction de lui rappeler cette honorable distinction.

Médaille d'Argent.

M. MERCIER, carrossier, à Toulouse, boulevard Saint-Etienne.

En construisant sa calèche-Wourf, qui, dès l'ouverture de l'exposition, a attiré la curiosité de la foule et, plus tard, l'attention du jury, M. Mercier paraît avoir cherché les difficultés pour les vaincre. Les deux longs arcs-boutants, véritables cols de cygne jumeaux qui soutiennent la caisse dans toute sa longueur et l'attachent à l'avant-train, en laissant un libre passage aux roues, sont un magnifique travail de forge qui, pour être monté convenablement, exigeait non-seulement une grande aptitude comme forgeron, mais encore des connaissances spéciales. Il a fallu que M. Mercier traçât exactement le dessin de sa calèche avant de l'exécuter à la lime et au marteau; c'est, du reste, ce qu'il fait pour toutes les voitures qui lui sont commandées. Par ce moyen, il peut se rendre compte de l'effet, et modifier facilement ses modèles d'après le goût et les convenances de l'acheteur. La calèche exposée satisferait le plus exigeant. Cette voiture, d'abord découverte et disposée pour la promenade, peut, en un instant, être transformée en berline parfaitement close. La garniture pleine de goût et le charronnage sont admirablement bien traités et dignes d'éloges.

La seconde voiture exposée par M. Mercier est un petit coupé bleu qui se recommande par les mêmes qualités que la calèche. Seulement, le jury a trouvé le train un peu massif; mais ce qui est enlevé au coup-d'œil est ajouté à la garantie de solidité.

M. Mercier est un jeune industriel qui paraît pour la première fois à nos expositions : il débute par un succès; le jury se plaît à le constater en lui décernant la médaille d'argent.

Rappel de Médaille de Bronze.

M. ARQUÉ (Raymond), carrossier, à Toulouse, avenue Lafayette,

A exposé deux voitures : un coupé à housse avec siége de rechange, et un *tandem* de ville pouvant servir pour la chasse.

Le coupé se fait remarquer par une housse en drap bleu-clair, enrichie de glands et de galons en soie jaune.

M. Arqué a eu la précaution de disposer un second siége ordinaire pour ceux qui trouveraient que le siége à la française ne s'harmonise pas avec les proportions d'un coupé qui, du reste, est d'une jolie forme et dont la garniture est richement établie. La caisse est montée sur cinq ressorts : ceux de devant ont leurs colliers surmontés d'une charnière qui sert à les relier au lisoir ; les lames supérieures viennent rejoindre les armons où elles sont fixées. Ce système, que M. Arqué avait appliqué à une voiture qui faisait partie de l'exposition de 1845, a été adopté par ce carrossier, afin d'éviter principalement le contre-coup que reçoit la caisse au passage d'un ruisseau. Le jury avait quelques craintes que ce but ne fût atteint qu'aux dépens de l'élasticité de la suspension et de la solidité de l'avant-train ; mais on lui a certifié qu'une calèche montée de cette façon roule à Toulouse depuis quatre ans, sans qu'on ait remarqué le moindre déplacement du lisoir. Une partie de ses appréhensions devait tomber devant l'épreuve de l'expérience.

Le tandem exposé par M. Arqué est à l'abri de toute critique. Cette voiture, très-bien construite, peut servir à deux usages. Charmante pour la promenade, elle peut, en enlevant les banquettes qui sont rendues mobiles, être disposée en chasse pour le transport d'une meute. Tout est parfaitement prévu pour qu'elle remplisse convenablement cette destination.

M. Arqué a prouvé, par son exhibition, qu'il n'a pas démérité de la médaille de bronze qui lui fut décernée à la précédente exposition ; en conséquence, le jury lui en vote le rappel.

Médailles de Bronze.

M. BOUDES, carrossier, à Toulouse, rue Boulbonne, 34.

La calèche présentée par ce fabricant était terminée depuis quelque temps et n'était pas destinée à notre exposition ; mais, eût-elle été faite dans la prévision de ce concours, qu'il eût été difficile de la mieux établir.

Le charronnage est de choix, les roues de dimensions convenables ; la caisse est de forme cintrée et présente des siéges commodes. Cette voiture, devant être menée facilement par deux chevaux, supporterait très-bien un attelage à quatre : tout est disposé à cet effet.

Cette calèche réunit l'élégance à une consciencieuse exécution ; le jury reconnaît ce double mérite en décernant à M. Boudes une médaille de bronze.

M. RIVALS, menuisier en voitures, à Toulouse,
rue des Pénitents-Blancs, 28,

A présenté la caisse d'une voiture-coupé, exécutée en noyer, à moitié de grandeur naturelle.

L'exposant n'a pas eu la prétention de concourir avec les produits complets de nos carrossiers ; il a voulu, en présentant son petit chef-d'œuvre, faire connaître son travail et l'application qu'il fait des bons enseignements qu'il a puisés dans les ateliers de la capitale. Ainsi, M. Rivals a montré qu'il ne fait nullement usage de clous ou de pointes dans la réunion de ses boiseries : tout est collé et assemblé à mortaises et tenons. L'atelier de cet exposant, quoique à son début, peut rendre de grands services à la carrosserie. L'habileté de son chef permet d'espérer qu'il atteindra un grand développement. En attendant, le jury, voulant encourager de louables efforts unis à un vrai mérite, accorde à M. Rivals une médaille de bronze.

Mention honorable.

M. BONNET, carrossier, à Toulouse, rue Saint-Antoine-du-T,

A exposé une voiture, dite américaine, qui peut être facilement disposée en phaéton de voyage ou en tilbury.

Le train, la menuiserie, le charronnage et la forge de cette triple voiture sont bien et paraissent solides et bien établis. Les jantes des roues, d'une seule pièce, sont par conséquent à fil droit et recourbées au moyen de la vapeur. La qualité du frêne et le fini de la main-d'œuvre sont remarquables. Enfin, la garniture dont M. Bonnet s'est occupé lui-même ne laisse rien à désirer.

Le jury, après avoir examiné attentivement les détails et l'ensemble de cette voiture, juge son auteur digne d'une mention honorable.

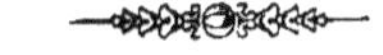

CHAPITRE II.

SELLERIE.

Rappel de Médaille d'Argent.

M. CHATAIGNÉ, sellier, à Toulouse, rue des Arts,

A exposé différents harnais dignes de la réputation qu'il s'est faite comme harnacheur. Les uns sont garnis en cuivre, les autres ont leurs boucles enveloppées;

mais tous sont parfaits, autant sous le rapport de la qualité supérieure des cuirs que de l'élégance de la façon et de la régularité des coutures.

Si nous ignorions que M. Chataigné est un sellier hors ligne, certes, les deux selles qu'il a exposées ne nous l'apprendraient pas : l'une confectionnée d'après les indications du professeur Baucher a paru assez ordinaire ; la seconde est un peu mieux. Une troisième, parfaitement traitée, est une selle pour femme ; mais, avec les dimensions de ses quartiers et les deux fourches dont elle est munie, elle conviendrait plutôt à la monture d'une amazone de cirque qu'au cheval de promenade d'une dame. Quoi qu'il en soit, le mérite de M. Chataigné est incontestable : aussi, le jury lui rappelle la médaille d'argent de 1845.

CHAPITRE IV.

BOURRELLERIE.

Médaille d'Argent.

M. LUPIS, bourrelier, à Toulouse, faubourg Saint-Cyprien.

Cet exposant qui, depuis vingt-cinq ans, s'occupe avec succès de la bourrellerie, livre annuellement au commerce et à l'agriculture un nombre considérable de colliers. Cet habile ouvrier trouverait facilement des débouchés pour de plus grandes quantités ; mais il préfère ne pas étendre son commerce afin de confectionner lui-même ses colliers ou d'en surveiller de près l'exécution. Outre les colliers destinés aux chevaux et aux mulets, M. Lupis en a exposé un pour bœuf, destiné à faire traîner cet animal par l'encolure. Ce modèle ingénieux ne paraît pas être d'une grande utilité dans nos contrées où l'on a l'usage de faire tirer les bœufs accouplés par la tête et attelés au joug.

Le jury est heureux de récompenser M. Lupis par une médaille d'argent.

Médaille de Bronze.

M. CARLES, bourrelier, à Toulouse, faubourg Saint-Cyprien,

A exposé trois colliers de différents genres. Tous ces objets sont habilement traités et décèlent chez l'exposant les bonnes traditions de son ancien patron. Le collier allemand, garni de cuivre, est bien soigné, trop peut-être, pour l'usage auquel il est destiné ; d'ailleurs, le prix auquel il doit revenir serait un obstacle à ce qu'il fût adopté par les agriculteurs. Pour le faire servir au roulage, il faudrait le renforcer ou bien changer la disposition des branches en cuivre des attèles, qui ne seraient pas peut-être assez solides.

M. Carles est un ouvrier intelligent et habile que le jury récompense par une médaille de bronze.

Citation.

M. OULIVET, bourrelier, à Rabastens (Tarn),

A exposé des colliers de labour qui, par la bonne qualité des cuirs et par la solidité de la main-d'œuvre, méritent d'être cités.

TITRE NEUVIÈME.

ARTS DIVERS.

————

CHAPITRE Ier.

PAPETERIE.

————

SECTION Ire. — PAPIERS.

Rappel de Médaille d'Or avec éloges.

MM. PAUL (C.) ET CARDAILHAC, fabricants de papiers,
à Toulouse, au Bazacle,

Ont exposé plusieurs échantillons de papiers de leur fabrique.

Nous avons déjà fait connaître, avec détail, la belle papeterie de MM. Paul et Cardailhac; nous devons nous borner, cette année, à en signaler les améliorations et les progrès.

Les principales améliorations introduites dans cet établissement consistent dans la substitution du chlore liquide au chlorure de chaux pour le blanchiment de la pâte et dans l'adjonction d'une machine puissante à lisser et à satiner.

C'est avec une vive satisfaction que nous annonçons que la papeterie de Toulouse n'a jamais chômé, même pendant les plus mauvais jours des dernières années; et maintenant le nombre des ouvriers parait s'accroître : ce nombre dépasse 70, tant hommes que femmes.

Cette usine est plus que jamais le centre très-actif de tout le sud-ouest de la France. Ses produits sont vendus avant même d'être fabriqués, et les directeurs sont sur le point d'établir une seconde machine pour satisfaire plus complètement et plus promptement leur nombreuse clientelle.

MM. Paul et Cardailhac continuent de fabriquer tous les genres de papiers qui ont été signalés aux expositions précédentes; mais les circonstances les ont amenés à rendre plus active la fabrication des trois sortes suivantes :

1° Papiers de toute qualité pour la typographie; plusieurs variétés sont vraiment très-belles : ces messieurs font un grand débit de ce papier; ils alimentent notamment toute la presse toulousaine;

2° Papiers de tenture de toute largeur, parmi lesquels nous signalerons certaines sortes immédiatement colorées, soit par le chiffon lui-même, soit par l'adjonction de sels ferrugineux ou d'autres matières dont le prix est extrèmement bas;

3° Excellent papier d'emballage très-corsé et d'une bonne couleur, très-recherché par le commerce et d'un prix très-modéré.

Parmi les papiers ordinaires, le jury a remarqué avec satisfaction un bon papier pour les écoles primaires et un autre satiné qui sont livrés à des prix considérablement réduits. Nous signalerons encore des papiers excellents pour les herbiers, et enfin, comme objet de curiosité et même comme ressource dans le cas où l'on viendrait à manquer de chiffons, un papier qui a paru bon et même assez beau dans lequel les exposants font entrer un quart de palmier, résidu de la fabrique de crin végétal nouvellement établie à Toulouse.

Le jury, considérant le progrès incontestable de la fabrication de ces honorables industriels, l'extension croissante de leurs affaires, le bas prix auquel ils livrent leurs produits, leur accorde, avec éloges, le rappel de la médaille d'or.

Section II. — Cartons.

Citation.

M. CATHALA, fabricant, à Saint-Antonin (Tarn-et-Garonne),

A envoyé, comme les années précédentes et conformément à une habitude qu'il semble avoir prise, des échantillons de carton lissés pour la typographie. Ces cartons sont, comme ceux de 1845, bien collés et d'un beau lissage; mais, en l'absence de renseignements sur l'importance de la fabrique de M. Cathala, le jury ne peut lui accorder que le rappel des citations de 1840 et 1845.

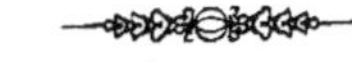

CHAPITRE II.

CUIRS ET PEAUX.

Section Iʳᵉ. — Tannerie, Corroyerie, etc.

CONSIDÉRATIONS GÉNÉRALES.

Les encouragements et les récompenses accordés dans les expositions précédentes aux produits de la tannerie et de la corroyerie toulousaines permettaient d'attendre plus d'émulation et d'empressement que n'en ont montré les fabricants de la ville dans l'exposition de 1850.

Il est pénible d'avouer que, sur le nombre de tanneurs et de corroyeurs établis à Toulouse, deux seulement aient persisté à soumettre leurs produits au jugement du jury. La persévérance de ces deux exposants, les avantages qu'ils ont obtenus dans les précédentes expositions de Paris et de Toulouse, ne paraîtront-ils pas au jury comme un témoignage irrécusable de leurs efforts pour lutter avec les autres établissements analogues de la France et comme une preuve de leur légitime confiance en la bonté de leur fabrication ?

Mais, si les fabricants à Toulouse ont reculé devant les chances d'un concours, les fabricants étrangers au département sont venus, en plus grand nombre que par le passé, briguer les suffrages du jury et solliciter ses critiques éclairées et bienveillantes. De telle sorte, en résumé, que, relativement au nombre des exposants, il n'existe aucune différence sensible avec les expositions antérieures.

En présence de cette diminution dans le nombre des exposants de la cité, il serait permis de se demander si la tannerie et la corroyerie ne sont pas deux industries en souffrance à Toulouse. Il résulte d'ailleurs de quelques recherches que le nombre de fabricants de cuirs à la garouille n'est pas, à beaucoup près, aussi considérable qu'autrefois. Il y a moins de 40 ans, on comptait à Toulouse une quinzaine de fabricants de cuirs à la garouille, tandis qu'il n'en existe aujourd'hui que deux dont la production est loin d'être aussi importante que l'était même celle de quelques-unes des tanneries supprimées.

Si les tanneries ordinaires n'ont pas sensiblement diminué de nombre à Toulouse, on peut affirmer néanmoins qu'elles n'opèrent pas sur une quantité de cuirs proportionnelle avec les progrès récents qu'ont faits parmi nous la plupart des industries tributaires de la tannerie.

Si, acceptant comme réel l'état de souffrance de la tannerie à Toulouse, on cherche à lui assigner des causes, on trouve, tout d'abord, deux conditions défavorables contre lesquelles cette industrie est en butte : le prix élevé du tan à Toulouse et l'infériorité peut-être plus admise que constatée dans la qualité des peaux indigènes. Mais, hâtons-nous de le dire, ce ne sont pas très-probablement les causes les plus puissantes que l'on doive invoquer.

La richesse des tanneries de Paris, du centre et du nord de la France, les quantités prodigieuses de peaux sur lesquelles elles opèrent, leur assurent déjà des avantages incontestables sur les tanneries qui produisent de faibles quantités de cuirs. D'un autre côté, on comprend que l'esprit commercial des fabricants du Nord et du Centre autrement développé, en général, qu'il ne l'est chez les fabricants du Midi, trouve encore une nouvelle excitation dans l'énorme quantité de produits qu'ils fabriquent. Aussi, voyons-nous, à Toulouse comme dans toute l'étendue de la France, les tanneries précitées faire une rude concurrence aux tanneries locales au moyen des représentants qu'elles possèdent.

Il suffit de signaler ces diverses circonstances pour faire apprécier les difficultés de plus d'un ordre qu'ont à vaincre les tanneries toulousaines, pour faire comprendre la nécessité d'encourager les hommes qui les dirigent et les récompenser de leurs efforts, afin d'affranchir Toulouse du tribut considérable qu'elle paie au reste de la France.

Parmi les exposants dont nous allons mentionner les produits, quelques-uns se présentent précédés d'une grande réputation et déjà honorés de récompenses dans les expositions de Paris ou de Toulouse ; d'autres, au contraire, exposent pour la première fois : tous ont droit à des encouragements et à des distinctions, dont il nous reste à spécifier et à justifier l'importance.

Rappel de Médaille d'Or.

MM. BURDALET FILS, LOUET et Comp^e, à Toulouse,
rue des Trente-Six-Ponts,

Ont exposé divers articles de corroyerie.

Ce n'est pas la première fois que les produits de cette fabrique figurent dans nos expositions.

En 1829, M. Burdalet père dirigeait à Toulouse l'établissement de MM. Amiel frères ; sur leur demande, le jury accordait à cet excellent ouvrier une médaille d'argent, à titre de récompense et d'encouragement.

En 1845, le jury de l'exposition toulousaine décernait à la société Burdalet fils et Comp^e une médaille d'or. A cette époque, cette maison occupait un grand nombre d'ouvriers spéciaux, uniquement affectés aux travaux de la corroyerie. L'importance annuelle de sa production atteignait un nombre de peaux très-élevé.

Depuis quelque temps, la raison sociale de cette maison a été changée : elle poursuit son existence sous les noms de Burdalet fils, Louet et Comp^e. Ce changement n'en a entraîné aucun dans l'établissement de la corroyerie ; il est resté en 1850 dans le même état qu'il était en 1845, sous le double rapport de son importance et de la perfection des produits qu'il fabrique.

Le jury juge toujours cette maison digne de la médaille d'or qu'elle a obtenue à la précédente exposition.

Médaille d'Or.

MM. FIEUX FILS AÎNÉ et Compe, à Toulouse, faubourg Saint-Cyprien,

Ont exposé divers articles de tannerie, de corroyerie et d'hongroyerie.

Parmi ces objets, le jury a constaté l'irréprochable fabrication des cuirs noirs, des cuirs blancs, plein suif, et des cuirs rasés de Hongrie, qui constituent la branche d'industrie la plus importante de MM. Fieux. Les articles de corroyerie, les cuirs en croûte et une peau d'ours ont également obtenu de justes éloges. Le jury applaudit aussi aux tentatives et aux progrès obtenus par ces industriels dans la préparation des vaches pour semelles et des cuirs blancs pour la bufflèterie. Ces produits n'ont été fabriqués qu'à titre d'essai et en témoignage de la possibilité d'introduire à Toulouse cette branche d'industrie qui n'y est pas représentée.

Le jury s'est assuré que les objets exposés par MM. Fieux étaient en tout semblables à ceux qui existent dans leurs magasins, et que, par conséquent, ils n'avaient pas subi une préparation exceptionnelle en vue de l'exposition.

L'ordre qui règne dans la tannerie de MM. Fieux, l'ensemble des dispositions de leurs ateliers, les détails des opérations qui s'y exécutent, les perfectionnements introduits par eux dans les moyens de fabrication, enfin la perfection de leurs produits, sont des motifs plus que suffisants pour que le jury leur accorde la médaille d'or.

Rappels de Médailles d'Argent.

M. PELTEREAU (Auguste), tanneur, à Château-Renault
(Indre-et-Loire),

A exposé une peau de bœuf et une peau de vache
tannées et lissées ; de plus, une bande de cuir, dit à la
Jusée, spécialement destiné à la chaussure de l'armée.

La réputation, depuis longtemps acquise aux produits
de cet habile tanneur, se trouve justifiée par la qualité
et l'excellente fabrication des échantillons qu'il a exposés.
M. Auguste Peltereau est le digne successeur de son oncle,
Henri Peltereau, qui a contribué si puissamment à donner aux différents genres de cuirs pour semelles la faveur
dont ils jouissent sur la plupart des marchés.

Les produits de M. Auguste Peltereau ont obtenu, à
la dernière exposition nationale, une médaille d'argent;
le jury délibère de la leur rappeler comme témoignage
de sa satisfaction.

M. GOUBE-PIERACHE, fabricant, à Douai (Nord),

A exposé plusieurs échantillons de cuir pour servir à
la fabrication des cardes à coton.

Indépendamment des opérations d'un bon tannage et
autres que subissent les cuirs pour cardes, il en est quelques-unes subsidiaires qui sont d'une importance au moins
égale : ainsi une épaisseur parfaitement uniforme doit
être donnée aux cuirs ; cette condition est rigoureuse
pour obtenir la perfection des cardes.

Les échantillons de plaques de cuir, présentés par
M. Goube-Pierache, sont d'une beauté telle qu'il nous
serait difficile de supposer qu'ils puissent être surpassés.
La souplesse, le poli, le parement et l'égalité d'épaisseur

que présentent ces cuirs sont dignes de fixer l'attention des fabricants.

Les rouleaux de cuir pour rubans de cardes se distinguent également par leur bonne fabrication : ces rouleaux sont d'une longueur de 18 à 24 mètres, et sont formés par des lanières de dimensions moindres, dont les extrémités sont coupées en biseau et collées l'une sur l'autre. Il est facile de comprendre avec quel soin doivent être faites ces nombreuses soudures, pour qu'il y ait une parfaite égalité d'épaisseur au point de jonction. M. Goube-Pierache a si habilement résolu cette difficulté, qu'il est impossible, quelque attention que l'on mette à examiner les deux côtés du cuir, de découvrir l'endroit collé.

Le jury, appréciant le mérite des objets présentés à son examen, et considérant qu'ils ont été l'objet d'une récompense d'un ordre élevé à la dernière exposition nationale, accorde à M. Goube-Pierache le rappel de la médaille d'argent qu'il a obtenue.

Médaille de Bronze.

M. BASTIÉ (Roger), tanneur, à Caunes (Aude),

A exposé deux pièces de cuirs tannés à la garouille.

Le jury a remarqué la belle couleur de ces cuirs et leur parfait tannage. Mais là, ne devaient pas s'arrêter ses investigations : il devait, en outre, s'assurer que ces pièces sortaient réellement de la tannerie de M. Bastié et qu'elles n'avaient pas été fabriquées en vue seule de l'exposition ; il devait encore se renseigner sur l'importance de la fabrication de cet industriel.

Des renseignements irrécusables lui ont fait connaître que les produits exposés sont en tout semblables à ceux qu'il livre habituellement à la consommation; que la tannerie de M. Bastié opère annuellement sur 12,000 peaux environ ; que les cuirs séjournent dix-huit mois dans les fosses ; et qu'enfin ils trouvent un débouché facile dans l'Auvergne, et à Toulouse même, où ils jouissent déjà d'une réputation avantageuse.

Le jury, convaincu de la vérité de ces renseignements et appréciant la bonne qualité des échantillons exposés, décerne à M. Bastié (Roger) une médaille de bronze, à titre de récompense et d'encouragement.

Mention honorable.

M. LAURENTIÉ, tanneur, à Fleurance (Gers),

A exposé deux veaux blancs.

Ces cuirs ont paru être d'un beau travail; mais l'absence de renseignements sur l'importance de la fabrication de ce tanneur, a porté le jury à ne lui accorder qu'une mention honorable.

SECTION II. — MAROQUINS.

. . . .

SECTION III. — CUIRS VERNIS.

CONSIDÉRATIONS GÉNÉRALES.

L'industrie des cuirs vernis date à peine d'une vingtaine d'années en France, et déjà elle a acquis une haute importance que justifie naturellement la beauté de ses produits, la multiplicité et la diversité des applications qu'on peut en faire, et enfin les grandes et successives améliorations apportées à leur confection.

Le cuir verni a un succès assuré et durable, car son emploi pour la chaussure tend chaque jour à se populariser ; tandis que, d'autre part, il s'applique, sous toutes les formes et avec avantage, à la sellerie, à la carrosserie, et à la confection des coiffures militaires. Le brillant des cuirs vernis, la facilité avec laquelle on les nettoie, leur donne déjà sur les cuirs ordinaires une supériorité marquée ; mais, en outre, ils sont imperméables à l'eau, ils conservent mieux leur fraîcheur, et, quand ils sont bien préparés, on peut les plier, les froisser, sans que le vernis se détache ou s'écaille.

Longtemps tributaire de l'étranger pour l'industrie des cuirs vernis, la France les exporte aujourd'hui en grandes quantités dans tous les marchés du monde. Cette dernière circonstance paraît surprenante, quand on sait que seulement quatre villes en France, Paris, Nantes, Pont-Audemer et Toulouse, possèdent des fabriques de cuirs vernis.

Cette industrie constitue une fabrication entièrement distincte du tannage et du corroyage des cuirs. Ce n'est que lorsque ces deux dernières opérations sont terminées que l'on peut procéder aux deux autres préparations fondamentales de l'industrie des cuirs vernis.

Ces deux opérations, connues sous les noms d'*apprêtage des peaux* et de *vernissage*, réclament de très-grands soins, d'où dépendent en partie les bonnes qualités de la fabrication ; nous disons, en partie, car il importe également que le tannage et le corroyage des cuirs aient été bien faits, et que les fabricants possèdent de bons procédés pour la composition des apprêts et des vernis.

C'est à cette dernière circonstance qu'il faut sans doute attribuer le petit nombre de fabriques de cuirs vernis qui existent en France ; car, bien que la préparation des apprêts et des vernis soit connue de tout le monde, néanmoins chaque fabricant tient ses procédés secrets, et les modifie selon les indications de l'expérience et de la science.

La fabrication des cuirs vernis n'était pas représentée, à Toulouse, à l'époque de la dernière exposition ; aussi nous exprimâmes le regret que cette industrie manquât à notre ville : plus heureux cette année, nous avons à rendre compte du jugement porté sur les produits fabriqués à Toulouse, en les comparant à des produits analogues exposés par l'industrie de Paris.

Rappel de Médaille d'Argent avec éloges.

M. COURTOIS, à Paris,

A exposé des cuirs vernis de diverses couleurs.

Le jury a examiné avec le plus grand soin ces divers produits. Il a constaté la bonne fabrication et l'excellente qualité des cuirs vernis destinés à la sellerie et à la carrosserie. Il a remarqué surtout la souplesse et le brillant des vaches vernies grainées pour capotage de voiture, et il se plaît à reconnaître le degré de perfection obtenu par la maison Courtois, pour ces divers genres de fabrication.

Les veaux vernis grainés pour chaussure, depuis peu de temps adoptés par la mode, ont été l'objet d'unanimes éloges : leur souplesse et leur solidité donnent au jury l'espoir que les bottiers de Toulouse suivront bientôt l'exemple de leurs confrères de Paris, et se serviront d'un cuir qui offre d'incontestables avantages, sous le rapport de la douceur et du brillant.

Les cuirs vernis lisses colorés paraissent également bien fabriqués, et le jury fait des vœux pour que M. Courtois trouve dans cette partie de son industrie un dédommagement aux efforts qu'il a dû faire pour obtenir un pareil degré de perfection, et pour adoucir le ton dur qui, dans la plupart des cuirs vernis colorés, contraste avec la transparence et les brillants reflets des cuirs noirs.

Les cuirs vernis lisses, pour chaussure, ne paraissent pas avoir atteint le même degré de perfection que les autres produits vraiment remarquables de son industrie.

Le jury, appréciant les bonnes qualités des cuirs destinés à la sellerie et à la carrosserie, qui sont, en résumé, les parties essentielles de la fabrication de M. Courtois, et voulant encourager ses efforts pour la fabrication des vernis noirs, lui accorde, avec éloges, le rappel de la médaille d'argent qu'il a obtenue en 1849 à l'exposition nationale.

Médaille d'Argent avec éloges.

MM. BURDALET fils, LOUET et Compe, à Toulouse,

Ont exposé divers échantillons de cuirs vernis.

Le jury n'a prêté qu'une faible attention aux cuirs vernis colorés, et à ceux destinés à la sellerie et à la carrosserie, uniquement fabriqués en vue de l'exposition. Il ne leur suppose d'autre importance que celle que méritent des essais qu'il constate avec plaisir et qu'il engage à continuer. Toute son attention s'est portée sur l'examen des cuirs vernis, noirs, lisses, pour chaussures, qui constituent exclusivement, aujourd'hui, la fabrication de ces honorables industriels.

Le jury a reconnu la bonne fabrication des cuirs vernis pour chaussure : la souplesse et la coloration des peaux, le brillant et la solidité des vernis leur assurent une incontestable supériorité, en même temps qu'ils témoignent des efforts qu'ont dû faire ces exposants et des obstacles qu'ils ont dû surmonter pour atteindre à ces résultats.

Le jury, voulant reconnaître le mérite de MM. Burdalet fils, Louet et Comp^e, et les encourager dans leurs efforts, leur décerne une médaille d'argent avec éloges.

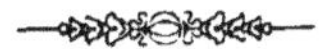

CHAPITRE III.

GYMNASTIQUE, BANDAGES, APPAREILS ORTHOPÉDIQUES.

Médaille d'Argent.

M. BADIN, bandagiste, à Toulouse, rue des Tourneurs, 16,

A présenté à l'appréciation du jury un assortiment presque complet de bandages herniaires, d'appareils orthopédiques, etc.

Parmi ces divers objets, le jury a remarqué des appareils propres à corriger et à prévenir les difformités, des appareils destinés à remplacer les membres qu'une douloureuse nécessité a forcé de sacrifier. Tous ces mécanismes se recommandent par leur précision, par leur solidité qui n'exclut pas la légèreté. On signale aussi, dans les bandages, un nouveau système de jonction de la pelotte avec le ressort, de manière à faciliter l'application du bandage et à la rendre plus régulière.

M. Badin obtenait une récompense en 1845 pour encourager son établissement naissant. M. Badin a réalisé les espérances qu'on avait conçues de lui. Le jury, satisfait des efforts de cet habile fabricant, lui décerne une médaille d'argent.

Mention honorable.

M. ALEXANDRE, à Paris,

A exposé deux boîtes de sangsues mécaniques.

Il est à regretter que le mauvais état des lames d'acier de cet ingénieux appareil n'ait pas permis au jury de le soumettre à des expériences qui, sans aucun doute, lui auraient été favorables. Des essais ont eu lieu à Paris, qui ont constaté son efficacité, puisque le jury central de 1849 a accordé à M. Alexandre une mention honorable.

CHAPITRE IV.

INDUSTRIES DIVERSES.

Section Ire. — Toile pour les peintres.

Rappel de Médaille de Bronze avec éloges.

MM. MEISSONNIER père et fils, à Toulouse,
rue Saint-Rome, 28,

Ont exposé quatre rouleaux de toiles de grandes dimensions destinées aux peintres.

Ces diverses toiles ont été soumises à des épreuves qui constatent leur souplesse et leur bonne préparation.

Cette fabrication, qui affranchit nos artistes du tribut qu'ils payaient à Paris, a été récompensée honorablement dans les expositions précédentes, et obtint en 1845 une nouvelle médaille de bronze avec éloges. Le jury déclare que MM. Meissonnier sont toujours dignes de ces distinctions qu'il leur rappelle avec la plus vive satisfaction.

Section II. — Toiles vernies.

Rappel de Médaille d'Or avec éloges.

M. SEIB, fabricant, à Strasbourg (Bas-Rhin),

A envoyé des toiles vernies, désignées sous le nom de tapis de pied et de table.

Comme moyen de propreté et d'hygiène, l'usage de ces tapis commençait à se répandre depuis quelques années ; mais le peu de soin apporté à leur fabrication, le peu de solidité des couleurs et des vernis employés les avaient discréditées. Toutefois, cette industrie tend à se développer à raison des efforts tentés et suivis de succès par d'honorables fabricants. A leur tète se présente aujourd'hui M. Seib, de Strasbourg, dont les produits ont figuré avec tant de distinction dans les galeries de l'exposition.

Ces toiles vernies se recommandent par le tissu dont elles sont composées, par le choix des dessins, par le brillant des couleurs et la solidité du vernis.

Le jury, pénétré de la beauté et de la variété des produits de M. Seib, n'hésite pas à déclarer qu'il s'est placé au premier rang pour la fabrication des toiles vernies, qui peuvent rivaliser avec celles des meilleures manufactures d'Angleterre.

Cet honorable fabricant a obtenu, dans toutes les villes où il a exposé, les plus honorables récompenses. A l'exposition nationale de 1849, une médaille d'or lui a été accordée : le jury la lui rappelle avec les plus grands éloges.

SECTION III. — CHAUSSURES.

§ 1er. — *Bottes et Souliers.*

Mentions honorables.

M. VESTREPAIN (Louis), bottier, à Toulouse, rue de la Pomme, 55.

La réputation de M. Vestrepain est faite depuis long-temps : les bottes et les autres articles de chaussure qu'il a exposés sont faits de main de maître; ils ont paru irréprochables de tout point. Le jury lui rappelle la mention honorable qui lui a été antérieurement accordée.

M. ROQUEMARTINE, fabricant de chaussures, à Toulouse,
rue des Balances, 19,

A exposé diverses chaussures pour femme. Il fait confectionner ces chaussures en grand dans divers ateliers qui occupent près de cent ouvriers.

Ces produits se distinguent par leur forme élégante et par leur solidité. Néanmoins, les prix n'en sont pas plus élevés que dans les autres magasins.

Le jury accorde à M. Roquemartine une mention honorable.

M. **SINGER**, cordonnier, à Toulouse, rue des Balances, 66.

Cet exposant n'a présenté qu'un petit nombre d'objets; mais ils suffisent pour faire apprécier son mérite. M. Singer est un ouvrier habile qui doit être encouragé.

Le jury le récompense par une mention honorable.

§ 2. — *Chaussures mixtes, Sabots, Guêtres.*

Rappel de Médaille de Bronze.

M. **RIVIÈRES**, fabricant de sabots, à Gaillac (Tarn),

A exposé des sabots de diverses sortes.

Ces divers produits n'ont pas paru supérieurs à ceux que M. Rivières avait envoyés en 1845. Le jury croit donc faire acte de bienveillance en rappelant à cet exposant la médaille de bronze qui lui avait été décernée à l'exposition précédente.

Rappel de Mention honorable.

M. **TALOUR**, sabotier, à Toulouse, rue des Tourneurs, 60,

A exposé onze paires de sabots de forme variée.

Le jury, trouvant ces objets bien confectionnés, accorde à M. Talour le rappel de la mention honorable de 1845.

Mentions honorables.

M. **FUGA** (Arnaud), à Toulouse, rue Saint-Rome, 15,

A exposé divers articles de chaussure qu'il fait confectionner en ville. Comme complément de son commerce, M. Fuga tient un assortiment de sabots fourrés vernis, des souliers à la provençale qui ont paru dignes d'être remarqués.

Une mention honorable est la récompense méritée par M. Fuga.

Mlle COSTES (ANNE), à Toulouse, rue du Musée, 18,

A exposé plusieurs paires de guêtres qui sont la spécialité de sa fabrication. Les amateurs de la chasse ont surtout remarqué les grandes et belles guêtres à genouillères en veau choisi.

Ces divers objets ont valu à Mlle Costes (Anne) une mention honorable.

Citation.

M. LAURENS, sabotier, à Verdun (Tarn-et-Garonne),

A exposé deux paires de sabots simples pouvant servir de socques au besoin. Le jury accorde à M. Laurens une citation.

SECTION IV. — ARTICLES DE VOYAGE.

Médaille de Bronze.

MM. PIGNY FRÈRES, fabricants, à Toulouse, rue des Arts,

Ont exposé une grande quantité de malles, d'articles de voyage.

La fabrique fondée par MM. Pigny se distingue par la variété des articles qu'elle produit, leur bon conditionnement et le bas prix auquel ces exposants les livrent.

Le jury a remarqué les malles communes dites de roulage. Ces malles sont établies, suivant les grandeurs , à des prix qui varient de 32 à 72 francs la douzaine. Cette modicité de prix les fait préférer par les maisons de mercerie et de quincaillerie aux caisses d'emballage, ce qui diminue les frais à la charge de celui qui reçoit la marchandise, puisqu'il revend la malle avec bénéfice.

Il serait trop long de détailler les nombreux articles qui forment l'exhibition de MM. Pigny frères. Il nous suffit de dire que le jury, satisfait de l'activité qui règne dans leur fabrique, des prix modérés auxquels ils livrent leurs produits, de la solidité qu'ils leur donnent, a cru devoir les récompenser par une médaille de bronze.

Section V. — Fleurs artificielles.

Citation favorable.

Mlle BOUSQUET, à Toulouse, rue Pharaon, 10,

A exposé une corbeille de fleurs artificielles en laine.

Imiter les fleurs avec un tissu aussi ingrat que la laine, quelle que soit sa finesse ainsi que la beauté de ses couleurs, est chose assez difficile. La mousseline et la soie se prêtent bien mieux aux mille formes que l'artiste veut bien leur donner.

Le jury, appréciant la patience qu'il a fallu pour exécuter ce travail qui, du reste, n'est pas sans mérite, accorde à Mlle Bousquet une citation favorable.

SECTION VI. — CONFECTION D'OBJETS DE LINGERIE ET
D'HABILLEMENT.

Médailles de Bronze.

M. FLANDIN, linger, à Toulouse, rue de la Pomme, 35,

A exposé plusieurs objets de lingerie et de nouveautés.

Autrefois, le fini de la couture était le point essentiel de la bonne confection d'une chemise : la coupe, au contraire, était considérée comme une opération routinière à la portée de l'intelligence la plus modeste. Aujourd'hui, c'est la coupe qui a prévalu et qui a donné naissance à l'art du chemisier.

M. Flandin se présente à l'exposition avec plusieurs modèles de chemises dont la coupe et la main-d'œuvre sont irréprochables. Cet exposant a ajouté à son industrie de chemisier un atelier de confection d'objets de lingerie pour femme dont il a envoyé des échantillons : ce sont de ces riens, futiles en apparence, que la mode rend indispensables et qui ont le mérite de prendre au riche un peu de son superflu pour le donner à l'ouvrière honnête.

La maison Flandin occupe en moyenne près de soixante personnes. A ce titre, elle mérite d'être encouragée. Le jury, considérant son importance et le mérite réel de ses nombreux produits, décerne à M. Flandin une médaille de bronze.

M. SAMARAN, chemisier, à Toulouse, rue des Balances,

A exposé trois chemises qui se distinguent par la bonne coupe et par des broderies bien exécutées. Cette maison, déjà ancienne, soutient dignement la réputation de ses produits.

Le jury croit devoir récompenser M. Samaran par une médaille de bronze.

Mention honorable.

Mme **NAVARRE**, à Toulouse, rue de la Pomme, 32.

Les chemises que cette dame a exposées paraissent ne le céder en rien à celles qui ont été présentées par ses concurrents. Son atelier, composé d'une dizaine d'ouvrières, est en voie de progrès et tend à prendre de l'importance.

Le jury récompense le mérite de Mme Navarre par une mention honorable.

Citations favorables.

Mlle **BIREBENT**, à Toulouse, rue des Marchands, 36,

A exposé un couvre-pied en soie rose, piqué et bordé d'une dentelle en tricot.

Cet objet élégant, mais d'un prix élevé, est digne d'une citation favorable.

Mlle **PEIZAT** (ANNE-PHILOMÈNE), à Montauban (Tarn-et-Garonne),

A envoyé une chemise en batiste dont la broderie a dû lui coûter beaucoup de temps et de patience.

En dédommagement, le jury lui accorde une citation favorable.

Citations.

Mᶫᶫᵉ **LAPENNE** (Mᴀʀɪᴇ), à Toulouse, rue des Marchands, 36,

A mérité d'être citée pour un rideau en dentelle tricotée et pour un mouchoir.

Mᵐᵉ **CATON**, tailleuse, à Toulouse, rue des Balances, 18,

A exposé une blouse d'enfant digne d'être citée.

Sᴇᴄᴛɪᴏɴ IV. — Cᴏʀsᴇᴛs ᴇᴛ Pᴇʀʀᴜǫᴜᴇs.

§ 1ᵉʳ. — *Corsets.*

Médaille de Bronze.

Mᵐᵉ **SAINT-GEORGE**, modiste, à Toulouse, rue des Arts, 15,

A exposé plusieurs corsets qui diffèrent entre eux par la main-d'œuvre.

Maintenir les formes sans les altérer, dissimuler certains défauts, faire ressortir les avantages de la taille en l'appliquant parfaitement sans rien comprimer, telles sont les qualités que l'on doit exiger des corsets.

Le jury déclare que Mᵐᵉ Saint-George a résolu ces difficultés, et lui accorde une médaille de bronze.

Mention honorable.

Mᵐᵉ **SAINT-JEAN**, à Toulouse, rue Lafayette,

N'a présenté qu'un seul corset dont la coupe heureuse et la bonne confection rappellent les corsets de Mᵐᵉ Saint-George.

Une mention honorable est accordée à Mᵐᵉ Saint-Jean.

Citations.

Mlle RECURT (Marie), à Toulouse.

Le corset exposé par Mlle Recurt est bien conditionné ; mais il est douteux qu'il puisse s'appliquer à une forme ordinaire. Il a été néanmoins jugé digne d'être cité.

Mme BALLU (née Martres), à Toulouse, rue Perchepinte, 14.

Si Mme Ballu a voulu faire un corset orthopédique, elle a parfaitement réussi. Le corset exposé ne saurait être un objet de toilette ordinaire. Tout en condamnant sa forme, le jury croit devoir le citer pour la main-d'œuvre.

§ 2. — *Perruques.*

Comme complément de toilette, lorsqu'on veut dissimuler les injures du temps, la perruque est devenue d'une indispensable nécessité ; comme moyen hygiénique et thérapeutique, elle est utile dans certaines maladies. Sous ce double rapport la perruque mérite une attention toute particulière.

Pour que la perruque soit faite dans les meilleures conditions, il faut qu'elle soit légère, élastique, d'un tissu perméable à l'air, afin de laisser passer la transpiration. Elle doit s'adapter à la tête et y rester maintenue sans compression ; elle doit aussi, et c'est pour bien des gens la condition essentielle, imiter la coiffure habituelle de la personne à laquelle elle est destinée.

Toulouse possède aujourd'hui des artistes distingués en ce genre qui peuvent rivaliser avec ceux de la capitale.

Médaille de Bronze.

M. NAVARRE, coiffeur, à Toulouse, rue de la Pomme, 32,

A exposé plusieurs perruques destinées à des personnes d'âge différent; il est impossible de voir rien de mieux fait que la perruque de vieillard à cheveux blancs. M. Navarre a encore cherché à perfectionner ses perruques, en faisant l'application des ressorts en baleine.

Le jury a jugé l'ensemble des ouvrages de cet exposant dignes d'une médaille de bronze.

Mention honorable.

M. CARRIÉ FILS, à Toulouse, rue des Couteliers, 35,

A exposé des perruques légères et bien finies. L'absence des moyens contentifs semblerait indiquer qu'elles ne sont pas destinées à être portées. Le jury reconnaît néanmoins des progrès dans la confection des perruques fabriquées par M. Carrié fils, et juge cet exposant toujours digne de la mention honorable qui lui a été donnée en 1845.

SECTION VIII. — OBJETS DIVERS.

§ 1er. — *Chapeaux de paille.*

Mention honorable.

M. GRASSET, à Toulouse, rue Saint-Etienne, 4,

A joint à son atelier de blanchiment des chapeaux de paille un atelier pour teindre les chapeaux qui ne pourraient pas subir parfaitement la première opération.

Le jury doit reconnaître le mérite et les efforts de M. Grasset, en lui accordant une mention honorable.

§ 2. — *Dents artificielles.*

Médaille de Bronze.

M. CLAUZOLLES ,

A présenté un cadre renfermant des dentiers artificiels auxquels il a ajouté quelques appareils particuliers, tels que des ressorts à sauterelle, des obturateurs et des plaques qui sont parfaitement exécutés.

Le jury, appréciant le mérite de M. Clauzolles, lui accorde une médaille de bronze.

Citations.

M. POUYAGUT aîné, à Toulouse, allée Lafayette,
Et M. LADOUX, à Toulouse, rue Saint-Etienne, 21,

Ont exposé divers objets de prothèse dentaire dignes d'une citation.

§ 3. — *Enseignes en relief.*

Nouvelle Médaille de Bronze avec éloges.

M. ROLLIER, menuisier, à Toulouse, place des Pénitents-Blancs,

A exposé un cadre de lettres en relief de divers genres et d'ornements variés. C'est dans les dessins que la typographie emploie depuis quelque temps, et dont le bon goût et la mode ont sanctionné l'usage, que M. Rollier va chercher ses inspirations. Aussi, dirons-nous qu'il a complètement réussi à nous affranchir du tribut que nos commerçants payaient à la capitale pour orner les enseignes de leurs magasins.

Le jury de 1845 avait accordé à cet habile et modeste ouvrier une médaille de bronze ; le jury de 1850, animé des mêmes sentiments vis-à-vis de lui et persuadé des progrès de cette industrie, décerne à M. Rollier une nouvelle médaille de bronze avec éloges.

§ 4. — *Bimbelotterie.*

. . . .

§ 5. — *Imitation d'armures anciennes.*

Mention honorable.

M. FERRAN FILS, ferblantier, à Toulouse, rue Bouquières, 15,

A exposé un casque en fer, forme du quatorzième siècle.

Le jury, désirant exciter l'émulation pour ce genre d'industrie dont le développement peut avoir une utilité incontestable, accorde à M. Ferran une mention honorable.

§ 6. — *Modes et parures.*

Citation favorable.

Mlle CHARVET, à Toulouse.

Les objets exposés par Mlle Charvet consistent en deux capotes blanches, un bonnet à la Sévigné et une toque de velours à la François Ier.

Le jury encourage l'industrie de Mlle Charvet par une citation favorable.

§ 7. — *Chapellerie.*

Médaille d'Argent avec éloges.

MM. LACAZE ET CASTAING, chapeliers, à Toulouse,
rue des Tourneurs, 42,

Ont soumis à l'examen du jury vingt chapeaux d'homme, échantillons de leur fabrique.

Les chapeaux de soie noire sont montés sur galette ; leur forme est agréable ; ils sont souples, bien apprêtés, imperméables, et ne le cèdent en rien aux chapeaux de même genre venus de Paris ou de Lyon ; leurs prix en sont aussi plus modérés.

Les chapeaux gris, jaspés, blancs, etc., avec ou sans apprêt, ont été obtenus sans teinture par le seul mélange de poils de diverses nuances ; aussi la couleur ne change-t-elle jamais.

La fabrique de MM. Lacaze et Castaing est la plus importante de Toulouse ; elle occupe 50 ouvriers. Elle est habilement dirigée par M. Sibut, contre-maître, qui, par son intelligence et son dévouement, a contribué à son développement.

Le jury, voulant témoigner toute sa satisfaction à MM. Lacaze et Castaing pour la bonté des produits de leur fabrique qu'ils sont parvenus à livrer à des prix très-modérés, leur décerne une médaille d'argent avec éloges.

Mentions honorables.

M. ARNAL, chapelier, à Toulouse, rue de la Pomme, 72,

A exposé plusieurs coiffures militaires.
C'est une spécialité pour M. Arnal que de confectionner

les diverses coiffures destinées aux officiers. Le chapeau d'état-major a été principalement remarqué. La bonne tournure que M. Arnal donne en général à tous les objets de cette nature qui sortent de son magasin mérite une mention honorable.

M. DEMOR, chapelier, à Toulouse.

C'est comme chapelier que cet exposant présente quatre chapeaux de feutre sans apprêt. Ces chapeaux sont de bonne qualité et d'un travail parfait ; la couleur en est solide.

Le jury veut encourager M. Demor en lui accordant une mention favorable.

§ 8. — *Tonnellerie, boissellerie.*

Médaille de Bronze.

MM. COT FRÈRES, fabricants de foudres, à Noé,

Ont exposé un foudre d'une contenance d'environ 35 hectolitres.

Il est inutile aujourd'hui d'insister sur l'avantage que présente l'emploi des foudres dans l'industrie vinicole. Aussi devons-nous accueillir avec faveur ce qui se rattache à l'amélioration de ses produits.

Les frères Cot, en envoyant leur foudre à l'exposition, ont voulu confirmer aux yeux du jury la réputation qu'ils ont acquise dans leur contrée. Disons que jamais réputation n'a été mieux justifiée. En effet, le foudre exposé se recommande par la forme, par la main-d'œuvre, et surtout par le choix du bois employé à sa construction. La fabrication que dirigent MM. Cot peut soutenir avec avantage la concurrence de celle du Languedoc, où cette industrie est d'une bien plus grande importance.

Le jury, en considération du mérite de MM. Cot frères, délibère de leur accorder une médaille de bronze.

Citation.

M. BÉGUÉ, tonnelier, à Toulouse, aux Minimes,

A exposé un baril de contenance de 50 litres.

En construisant ce baril, M. Bégué a voulu prouver son habileté à vaincre des difficultés. Il eût été à désirer qu'il eût employé son temps d'une manière plus fructueuse ; le jury lui eût accordé plus qu'une citation.

§ 9. — *Bouchons.*

Rappel de Médaille d'Argent.

MM. DUPRAT et Compe, fabricants, à Castres (Tarn),

Ont envoyé des échantillons de bouchons de bouteille, dont il paraît qu'ils font un commerce fort étendu.

A défaut de renseignements précis sur la fabrication de MM. Duprat, le jury, qui d'ailleurs reconnaît la bonne qualité des échantillons soumis à son appréciation, ne peut que rappeler que ces fabricants ont obtenu une médaille d'argent à la dernière exposition nationale.

TITRE DIXIÈME.

SCIENCES NATURELLES.

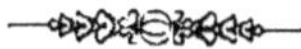

CHAPITRE Ier.

HORTICULTURE.

Depuis plusieurs années, l'horticulture a été placée au rang des principales industries de notre ville. Cependant ce n'est qu'en 1835 qu'elle parut à nos expositions ; à cette époque, quatre horticulteurs envoyèrent leurs produits ; il n'y en eut qu'un en 1845. Il faut dire que le défaut d'appropriation d'un local convenable et la difficulté d'avoir de l'eau pour l'arrosage des plantes étaient des obstacles réels à une exposition d'horticulture.

Cette année, la cour du petit cloître du Musée a été disposée, à cet effet, avec beaucoup de goût. Les vases, placés en amphithéâtre en avant des arcades et tout autour de la fontaine, étaient abrités par une grande tente et formaient un aspect des plus gracieux. Aussi les horticulteurs de Toulouse ont-ils répondu avec empressement à l'appel qui leur a été fait.

Rappel de Médaille d'Argent.

M. BERNADY (Félix), à Toulouse (déjà cité).

Cet horticulteur, qui seul, en 1845, s'était présenté à

l'exposition, a envoyé une grande collection de plantes de tout genre, au nombre desquelles le jury a remarqué un magnifique pied de lis, *lanceolatum speciosum*, et de très-forts sujets d'*ananas*, dont la vigueur nous fait regretter que l'on ne s'adonne pas, à Toulouse, avec persévérance, à la culture de cette précieuse plante tropicale, dont les fruits trouveraient un écoulement facile, et pourraient devenir une branche importante d'industrie.

M. Bernady cultive dans ses belles serres une grande variété de camélias, dont les fleurs sont si recherchées à l'époque des soirées d'hiver.

En 1845, le jury félicitait M. Bernady d'avoir établi en ville un magasin de graines potagères, qui semblait promettre des résultats avantageux : pourquoi sommes-nous réduits à déplorer la fâcheuse routine des jardiniers maraichers, qui n'ont pas daigné se livrer à des essais qui, sans doute, auraient été fructueux.

Une médaille d'argent fut le prix des efforts de cet habile horticulteur : le jury se fait un plaisir de lui rappeler cette flatteuse distinction.

Médailles d'Argent.

M. SMITH (Joseph), à Toulouse, rue des Fontaines.

Ce jeune horticulteur joint à l'amour passionné pour sa profession un talent incontestable, fruit de longues études et de travaux continus. Placé à la tête d'un des plus beaux établissements d'horticulture du Midi, il a, par ses soins et sa persévérance, augmenté la belle collection qu'il a prise à sa charge. Comme ses concurrents, M. Smith possède de très-grandes variétés de camélias, dont il expédie les fleurs jusques dans les départements voisins.

Il cultive avec succès de belles plantes nouvelles, qui

figureront bientôt dans les jardins de tous les amateurs. Qui n'a pas admiré ses belles et capricieuses *calcéolaires*, ses *phlox drumondii* aux couleurs éblouissantes, et tant d'autres fleurs et arbustes rares, dont la nomenclature dépasserait les bornes de notre rapport.

En présence des améliorations que M. Smith a introduites dans son jardin, des efforts qu'il a faits pour la multiplication des plantes et des sacrifices qu'il s'impose pour leur importation, le jury croit devoir lui accorder, comme récompense bien méritée, une médaille d'argent.

Mme **MARTIN**, amateur, à Toulouse,

S'occupe exclusivement de la culture des plantes désignées sous le nom de *plantes grasses*. Ses relations avec les principaux horticulteurs de Paris et de la Belgique lui ont fourni tout ce que les jardins les mieux approvisionnés présentent de plus remarquable. Des correspondants de Mexico, de Valparaiso, de Lima et de Buenos-Ayres, lui ont procuré des sujets comme on n'en trouve dans aucun jardin de France.

La collection de Mme Martin, nous ne craignons pas de le dire, est une des plus belles qui existent en Europe. Elle est riche, surtout, en *echinocactus mammillaria*. Nous citerons, parmi les espèces les plus curieuses et les plus rares, les *echinocactus flavovirens, echidne, hexaèdrophorus, hystriacanthus, malletianus, bicolor, mirbelii willamsii, astrophyton et tetraxiphus*. Parmi les échantillons les plus remarquables par leur taille, nous avons distingué un *echinocactus hybocentrus* haut de 18 centimètres, un *maltayanus* de 20, et un *spinosissimus* de 22. Nous devons ajouter que Mme Martin cultive ses plantes avec une rare intelligence et avec une sorte de passion : elle réussit parfaitement dans les divers modes de multiplication, même dans les semis.

Le jury accorde à Mme Martin une médaille d'argent.

Médaille de Bronze avec éloges.

M. DESSOYE, à Toulouse, vieux chemin de Tournefeuille.

L'établissement fondé par M. Dessoye ne date que de quelques années, et déjà il a rendu de très-grands services à l'horticulture méridionale. C'est la culture en grand des plantes vivaces en pleine terre que cet habile horticulteur pratique d'une manière pour ainsi dire exclusive : il ajoute chaque année à ses collections de nouveaux produits, à l'aide de nombreux semis, dont il provoque les heureux résultats par des fécondations artificielles.

Nous pouvons, en toute assurance, citer ses *anémones,* ses *jacinthes,* ses *lis,* ses *narcisses,* ses *sparaxis,* ses *tulipes,* etc., et surtout ses *pivoines* et ses *lobélies,* dont les charmantes variétés sont dignes d'admiration. Enfin, M. Dessoye a importé, depuis quelques années, un grand nombre d'arbustes peu connus jusqu'alors, tels que le noyer précoce, fertile à la troisième ou quatrième année.

Le jury accorde à M. Dessoye une médaille de bronze avec éloges.

Médaille de Bronze.

M. COMMES, pépiniériste-fleuriste, à Toulouse, allée du
Pont des Desmoiselles.

Cet actif et intelligent industriel a exposé un grand nombre de plantes qui, toutes, sont dignes de figurer auprès de celles de ses confrères. Sa belle et nombreuse collection de roses fait l'admiration des amateurs de cette reine des fleurs, que tentent en vain de détrôner les nouvelles plantes exotiques que nous cultivons, mais qui, toutes, n'ont pas, comme elle, et la forme et le coloris, auxquels vient donner plus de prix un parfum délicieux.

M. Commes n'est pas seulement fleuriste : ses pépinières forment sa principale industrie. Il cultive en grand les arbres verts, et il forme en ce moment une collection de fruits à pepins, qui, dans quelques années, pourront figurer avec avantage dans les vergers de nos contrées méridionales.

Le jury décerne à M. Commes une médaille de bronze comme témoignage de sa satisfaction.

Mention honorable.

M. LASSANCE, fleuriste et pépiniériste, à Toulouse, allée Bonaparte.

La culture des dhalias forme la spécialité de cet exposant, qui ne recule pas devant des sacrifices pour se procurer les nouvelles variétés couronnées en Angleterre et en Belgique. Il opère également par semis et obtient des résultats avantageux.

Le jury, voulant encourager ses efforts, lui accorde une mention honorable.

Citation.

M. LAPART (RAYMOND), jardinier, à Toulouse, rue de Cugnaux,

A exposé un *cactus* vraiment monstrueux, qu'il a eu la patience de cultiver pendant plus de vingt-cinq ans. Ce sujet est peut-être le plus beau qui ait été vu à Toulouse.

Une citation est le prix de la persévérance de M. Lapart.

CHAPITRE II.

ANATOMIE COMPARÉE.

Section Ire. — Taxidermie.

L'étude de l'histoire naturelle est en honneur à Toulouse : c'est un fait incontestable ; et, comment se fait-il que nous ne possédions pas encore un musée où les productions naturelles pourraient être classées? La vaste et magnifique galerie de l'Ecole de Médecine, qui est une propriété de la ville, pourrait être parfaitement appropriée pour la réalisation d'un vœu que le jury de 1845 avait émis, et que nous renouvelons avec plus de force, cette année.

La taxidermie, ou l'art de préparer les peaux d'animaux et de les monter, compte à Toulouse de fervents amateurs et des hommes spéciaux qui cultivent cette science avec le plus grand succès : toutefois, deux exposants seuls ont envoyé leurs préparations.

Pour mémoire.

M. TRAVERSE (FLEURY), préparateur, à la Faculté des Sciences,
à Toulouse.

Ce préparateur a exposé une riche collection d'oiseaux, de quadrupèdes et de reptiles. On loue généralement la pose de ces oiseaux et les attitudes qu'il a su leur donner. M. Traverse peut se placer sans désavantage à côté des meilleurs empailleurs de France. Nous aurons occasion de parler encore de lui dans une autre section de ce chapitre.

Mention honorable.

M. **LHUILLIER** FILS, à Toulouse, boulevard Napoléon, 49.

Cet amateur appartient à la bonne école : ses oiseaux, quoique présentant un peu de raideur, sont généralement bien. M. Lhuillier aime à les mettre en action ; c'est une difficulté bien grande qu'il s'est créée, et que les hommes consommés dans la pratique de la taxidermie n'abordent jamais qu'en tremblant. Le boa entourant un arbre avec les plis de son corps est bien arrangé ; les singes placés sur les branches font bien tableau ; mais pourquoi l'artiste qui a fait les yeux les leur a-t-il placés saillants en dehors de l'orbite ? La physionomie y perd singulièrement. Avec un peu d'étude ces légers défauts disparaîtront. M. Lhuillier a de l'avenir ; le jury doit l'encourager en le mentionnant honorablement.

SECTION II. — SQUELETTOPÉE.

L'on nomme *squelettopée* une partie de l'anatomie pratique qui traite de la préparation des os dont l'ensemble constitue la charpente osseuse ou le squelette de l'homme et des animaux vertébrés. Aujourd'hui que l'étude de l'anatomie humaine et de l'anatomie comparée est regardée comme le complément d'une éducation bien faite, on comprend l'importance qu'a acquise l'art de préparer les os et de mettre en évidence leur conformation, leur structure, les dispositions des différentes cavités qu'ils forment par leur réunion, leurs connexions, leurs rapports, les mouvements dont ils sont susceptibles, etc. Cet art, qui constituera bientôt une véritable science,

s'adresse autant aux hommes du monde qu'au médecin,
et exige, de la part de celui qui le pratique, des qualités
qui ne sont pas vulgaires, qu'on ne doit pas, par conséquent, laisser passer sans les signaler, quand elles se
produisent, comme dans cette exposition, d'une manière
aussi remarquable.

Nouvelle Médaille d'Argent avec éloges.

M. SAIRAC, appariteur de l'Ecole de Médecine, à Toulouse,

A exposé : 1° un squelette humain articulé à la Beau-
chêne; 2° une préparation des os de l'oreille; 3° un
squelette de cheval.

1. *Squelette humain.* Dans cette préparation, tous les
os du corps humain sont articulés à distance pour pouvoir en permettre l'étude complète sans déplacement et
dans leurs rapports respectifs : ce genre de préparation
est un des plus difficiles de la squelettopée; car il faut
ménager entre les os une distance suffisante pour que
l'œil puisse embrasser toutes les surfaces articulées. Il faut
combiner cet écartement avec la direction régulière des
os et la disposition normale de la charpente osseuse;
mais ces difficultés ne sont rien encore à côté de celles
que présente l'agencement de toutes les pièces, afin qu'il
en résulte une régulière proportion entre chaque partie.

Toutes ces difficultés sont merveilleusement vaincues
par M. Sairac dans les pièces qu'il a présentées à l'exposition. Si, après avoir constaté la régularité et l'harmonie
qui existe dans la monture du squelette, on passe à
l'étude des détails, on ne peut s'empêcher de remarquer
la manière ingénieuse dont les pieds et les mains sont
montés, la manière plus ingénieuse encore avec laquelle
la tête a été traitée; ici, non-seulement les os sont arti-

eulés à distance et mobiles les uns sur les autres, mais
les grandes divisions anatomiques ou *coupures* sont également
ment disposées de manière à pouvoir être étudiées séparément
rément ou ensemble ; on peut dire que M. Sairac s'est
surpassé lui-même en luttant d'habileté contre la difficulté
culté du travail.

2. *Préparation des os de l'oreille.* Cette pièce, quand
on connaît les difficultés de sa préparation, ferait, à elle
seule, la réputation d'un préparateur : c'est une sorte de
chef-d'œuvre après lequel on est en droit d'être classé
parmi les maîtres.

3. *Squelette de cheval.* Parmi les nombreux squelettes
de mammifères dont M. Sairac a enrichi les galeries de
l'Ecole de Médecine, le squelette de cheval qu'il a exposé
n'est pas certainement celui qui témoigne le plus de sa
patience et de son habileté ; mais il se distingue par la
simplicité de sa monture, par la conservation des mouvements
ments naturels des muscles et par l'admirable blancheur
des os, indice certain d'une bonne préparation.

Le jury a été unanime pour proclamer le mérite
déjà connu de M. Sairac ; des hommes, placés à la
tète de l'enseignement médical, n'ont pas trouvé au-
dessous d'eux de lui adresser des éloges et de le regarder
comme un des plus habiles préparateurs de France.

En 1845, M. Sairac obtint une médaille d'argent. Le
jury, considérant la perfection constatée de ses belles
pièces d'anatomie, décerne à cet habile préparateur une
nouvelle médaille d'argent avec éloges.

Rappel de Médaille d'Argent avec éloges.

M. TRAVERSE (FLEURY), déjà cité,

S'était fait connaître avantageusement, en 1845, par

les différents squelettes qu'il exposa, particulièrement par le squelette du kanguroo et par celui de la girafe qui mourut à Toulouse.

Les objets de squelettopée exposés cette année n'ont certainement pas la même importance ; mais ils sont aussi bien traités. Le jury s'est même plu à signaler des améliorations dans la monture des squelettes ; quelques pièces similaires, par exemple les pieds et les mains, ne valent pas celles de M. Sairac. Néanmoins, M. Traverse n'en est pas moins un préparateur distingué et très-consciencieux, que la Faculté des sciences de Toulouse s'est attaché définitivement, au grand avantage de ses collections.

Le jury, qui a cité M. Traverse comme habile taxidermiste, voulant récompenser l'ensemble de son exposition, lui accorde, avec éloges, le rappel de la médaille d'argent qu'il obtint en 1845.

Tel est le résumé impartial des diverses délibérations du jury sur chacun des produits de l'industrie qui ont été jugés dignes d'une récompense.

Nous ne terminerons pas sans faire une observation essentielle : dans ce compte-rendu des opérations du jury, nous avons mis entièrement de côté notre opinion personnelle ; nous n'avons fait que réduire, dans de justes limites, les rapports partiels qui ont été la base des décisions du jury, tout en conservant le caractère que leurs auteurs avaient voulu leur donner : seulement dans quelques cas, nous avons cherché à adoucir des critiques peut-être un peu vives, dont quelques produits ont été l'objet et qui auraient pu avoir pour les industriels des conséquenses fâcheuses. Ces rapports sont déposés aux archives de la Mairie, où, sans aucun doute, MM. les exposants seront admis à les consulter : ils y verront les véritables motifs des décisions du jury.

GUIRAUD,

Secrétaire-Rapporteur de la section de l'Industrie.

RAPPORT

sur

LA LOTERIE.

Le rapport imprimé du jury d'examen de l'exposition de 1829 constate que, « dans l'intérêt des artistes, » plusieurs amis des arts ayant formé le projet d'acqué- » rir les objets les plus remarquables pour être partagés » par la voie du sort, le Conseil municipal s'est placé en » tête d'une souscription qui a été ouverte dès le com- » mencement de l'exposition. Plusieurs réunions ont suivi » cet exemple. M. le Maire a présidé la commission char- » gée de faire les achats et de procéder au tirage de la » loterie. »

Cette heureuse idée fut suivie, développée et régula- risée aux expositions de 1835, 1840 et 1845. M. le gé- néral Lejeune en fut le plus zélé promoteur ; c'est sur son indication que la souscription fut organisée en 1835, et qu'un prospectus, qui a depuis servi de modèle, fut distribué et imprimé en tête des rapports ou des livrets.

Mais les procès-verbaux des expositions successives se bornent à énoncer qu'une souscription a été ouverte, qu'une loterie a été organisée. Ils ne contiennent aucun détail sur les produits de la souscription, sur le résultat de la loterie, sur les achats des lots. Ils ne donnent enfin aucune indication qui ait pu servir à guider les commissions chargées de cette importante opération.

Nous croyons qu'il est utile pour l'avenir de faire disparaître cette lacune. Déjà, en 1845, les membres de la commission avaient regretté l'absence de tout document écrit et des leçons de l'expérience. Aidés des souvenirs et des conseils de M. le général Lejeune, ces commissaires n'en furent pas moins réduits à des traditions faibles et incomplètes, dépourvues de toute authenticité. Ils voulurent éviter de pareils désagréments à leurs successeurs ; mais le rapport qu'ils rédigèrent, à cet effet, n'a point reçu de caractère officiel ou de publicité, et les modifications essentielles qu'ils avaient indiquées dans le programme et les détails de la souscription n'étant pas connues de l'administration municipale, les mêmes inconvénients se sont présentés pour la loterie de cette année.

La commission de 1850 s'est convaincue, comme celle de 1845, que, pour obtenir un plein succès dans la loterie de l'exposition, il y a lieu de modifier complètement certaines dispositions du programme et de commencer les opérations dès le jour de l'ouverture de l'exposition.

Ainsi, la commission de la loterie devrait être formée à l'avance, et sa composition ne devrait pas comprendre les plus forts souscripteurs à une époque déterminée. Ce délai n'est que du temps perdu. Le comité d'achat, composé de quinze personnes, est infiniment trop nombreux ; c'est le moyen de ne pas s'entendre et de ne rien conclure avec les exposants. La commission de la loterie

a reconnu la nécessité de déléguer tous ses pouvoirs, en
1835, à trois de ses membres et à quatre en 1850.
Parmi ces derniers, deux heureusement avaient fait partie
du comité de 1845.

D'après l'expérience qu'ils ont acquise par deux fois,
les membres du comité d'achat estiment qu'il serait indispensable :

1° Que la loterie fût annoncée en même temps que
l'exposition et que le programme, tiré à part, fût distribué partout par les soins de la commission déjà nommée et installée d'avance ;

2° Que des registres de souscription fussent aussi, à
l'avance, *prêts, remplis, vérifiés, timbrés* du sceau de la
Mairie, etc., et mis en distribution dès le jour de l'ouverture, en observant que le chiffre de ces séries devrait
être imprimé, les numéros d'ordre seulement écrits à la
main et soigneusement collationnés ;

3° Que le comité d'achat, nommé par la commission
de la loterie et réduit à trois ou quatre membres au
plus, devrait commencer ses opérations dès le jour même
de l'ouverture de l'exposition, en recherchant les objets
d'art ou d'industrie les plus remarquables, en traitant,
même sous condition, avec les exposants : ceux-ci ayant
un intérêt incontestable à ce que leurs produits soient
achetés pour la composition des lots, seraient tenus de
réserver la préférence à la commission, au moins jusqu'à
une époque déterminée ;

4° Que les objets achetés doivent être immédiatement
désignés au public, l'expérience ayant prouvé que c'est
le moyen le plus sûr pour attirer des souscriptions et des
demandes de billets. C'est sur la distribution quotidienne
faite par des employés, dans les salles de l'exposition,
que repose la recette la plus certaine et la plus facile, à

part l'envoi de vingt-cinq billets à chacun des membres du jury et des séries aux diverses administrations ou aux personnes notables de la ville. Tout autre mode de distribution n'a produit que des résultats insignifiants.

Entrons maintenant dans quelques détails et dans quelques rapprochements sur les loteries ou souscriptions de 1845 et de 1850.

La souscription ouverte en 1840 avait, disait-on, produit 20,000 fr. C'est ce chiffre qui servit de base aux calculs et aux achats faits en 1845.

Cette année-là, en effet, la recette monta à 21,400 fr. Dix-sept mille billets de un franc furent distribués dans les salles de l'exposition.

En 1850, il n'a été placé en tout que 18,100 billets, soit 181 séries au lieu de 214 séries de l'exposition précédente.

En 1845, chaque série avait deux lots gagnants : un gros lot et un petit lot. Cette combinaison a été justement abandonnée en 1850 ; il n'y a eu qu'un lot gagnant par série.

Pour la formation de ces lots, le comité d'achat fut plus favorisé en 1845 qu'il ne l'a été en 1850, malgré les retards qu'il avait éprouvés et des tâtonnements inévitables par le défaut d'antécédents bien connus. Mais en 1845, le comité d'achat n'avait que l'embarras du choix. L'exposition était des plus riches en tableaux de tout genre, en produits les plus variés présentés par l'industrie. Le comité trouva chez les exposants, à quelques rares exceptions près, une bonne grâce et une facilité extrême, et jusqu'à l'abnégation complète de la part de quelques-uns qui se livrèrent à la discrétion et à l'arbitrage des commissaires. Aussi, les lots furent magnifiques, et le prix n'était pas en rapport avec leur beauté.

Il faut bien le dire, il est arrivé tout le contraire en 1850. Les prétentions de tous les exposants ont été exorbitantes, leurs exigences inflexibles, malgré leur exagération; deux ou trois artistes de la capitale ont seuls fait exception. Si de beaux lots ont pu être achetés, ce n'a été qu'à chers deniers, et cette fois c'était, pour le plus grand nombre, la valeur de l'objet qui n'était plus en rapport avec son prix.

Enfin, si la souscription a atteint 18,100 fr., c'est que le comité d'achat n'a conclu plusieurs des marchés les plus considérables qu'en exagérant la condition générale imposée aux exposants de recevoir une partie du prix en billets de souscription.

La règle était de donner un dixième; le comité a traité pour certains objets en donnant la moitié, les deux tiers et même la totalité en billets. Les exposants qui ont accepté ce mode de paiement n'ont eu aucune peine à placer cette masse de billets. C'est une indication pour l'avenir, car il est bon d'observer que ceux-là mêmes qui avaient renvoyé les billets adressés par la commission de la loterie en ont pris beaucoup aux exposants. Nous n'avons pas à donner les raisons de cette préférence.

En 1845, le plus gros lot était d'une valeur de 850 fr. (un harmonium), le plus faible valait 16 fr. 50 c.

En 1850, le plus gros lot (un billard) a été acheté 1,300 fr., et le plus faible (2 mètres et demi de drap) n'avait été payé que 7 fr. 50 c.

Les cent premiers lots de 1845 coûtèrent 16,757 fr. sur une moyenne de 167 fr. 57 c.

Le même nombre, en 1850, a coûté 15,627 fr. 40 c. sur une moyenne de 156 fr. 27 c.; mais, avec un prix à peu près égal, la valeur artistique ou intrinsèque, dans les deux années, n'a pas été comparable.

Les cent lots de 1845 se décomposaient notamment :

En 22 tableaux et aquarelles, achetés, en totalité, 5,640 fr.; en moyenne, 256 fr. environ.

4 pianos ou harmonium, au prix de 3,050 fr.

En 7 meubles, payés 1,980 fr.; moyenne 282 fr. 80 c.

En linge de table, 23 articles, payés 1,634 francs; moyenne, 71 fr.

En glaces et tapis, 3 articles, valant 800 fr.

En porcelaines, 8 articles, payés 895 fr.; moyenne, 111 fr.

En coutellerie, 6 articles, payés 490 fr.; moyenne, 81 fr.

Enfin, 29 objets divers, montres, bijoux, oiseaux empaillés, etc., payés ensemble 3,116 francs sur une moyenne d'environ 107 fr.

La nomenclature des cent premiers lots achetés en 1850 comprend notamment un billard payé 1,300 fr.

Deux pianos achetés 1,550 fr., et deux violons 240 fr.

18 tableaux à l'huile, aquarelles ou dessins, payés 3,406 fr.; moyenne, 189 fr. 20 c.

19 meubles divers achetés au prix de 5,565 francs; moyenne, 292 fr. 90 c.

16 services de linge de table coûtant 1,202 fr. 20 c.; moyenne, 75 fr.

3 beaux articles de soieries (Rouget) valant 786 fr.

4 de coutellerie, 5 services, coûtant 935 fr.

7 articles importants de porcelaines, au prix de 497 fr.

Le reste comprenait des objets divers, tels que lampes, tapis, poêles, oiseaux empaillés, orfèvrerie (Ruolz), articles de voyage, etc., soit une trentaine de lots d'une valeur d'environ 1,200 fr.

De 101 à 200, les lots de 1845 coûtèrent 2,906 fr. 50 c..

De 101 à 181, les lots de 1850 ont coûté 1,436 fr. 71 c.

Il serait fastidieux et inutile d'en faire la classification, des états en ayant été d'ailleurs dressés avec soin.

Tous ces rapprochements ne sont pas à l'avantage de la loterie de 1850 ; nous ne rechercherons pas les causes et l'explication de ces différences, chacun pourra les supposer suivant ses idées et d'après les circonstances au milieu desquelles les deux expositions ont eu lieu.

Quant aux frais indispensables de la loterie, en 1845 comme en 1850, ils se sont composés :

1° Des frais d'impression des programmes, séries, lettres, avis, etc.;

2° Des remises faites aux personnes chargées de la distribution des billets, dans la salle, à raison de 3 p. % de commission ;

3° D'une indemnité au tapissier pour ses peines et soins;

4° Des gratifications aux surveillants, agents de police, concierge, garçons, etc.;

5° Des gratifications à divers employés ;

6° Enfin des ports de lettres et autres faux frais.

Toutes ces dépenses ne dépassèrent guère 600 fr. en 1845.

Elles ont dépassé, en 1850, le chiffre de 800 fr. Le local de l'exposition, éloigné du Capitole, exigeant des déplacements et une surveillance moins facile, n'est pas étranger à cette augmentation.

Tel est le résumé fidèle des travaux du comité d'achat de la commission de la loterie ; des procès-verbaux officiels ont d'ailleurs constaté les opérations du tirage des lots et des numéros gagnants.

Le premier tirage pour l'attribution des lots aux séries fut fait le 3 octobre 1850, après que M. le Maire eut préalablement proclamé l'annulation d'un certain nombre de billets émis, mais dont le montant n'avait pas été acquitté.

Enfin le 6 octobre, on procéda au tirage du numéro gagnant dans toutes les séries, et le sort désigna le n° 26.

Les Membres du Comité d'achat de la Commission de la Loterie,

ASTRE, GUIRAUD, DE SAINT-RAYMOND,
U. VITRY, *secrét.-gén. de l'Exposition.*

ARRÊTÉ

QUI PROCLAME

LES NOMS DES EXPOSANTS

AUXQUELS

DES RÉCOMPENSES ONT ÉTÉ DÉCERNÉES

PAR LE JURY D'EXAMEN

DES

PRODUITS DES BEAUX-ARTS ET DE L'INDUSTRIE EN 1850.

NOUS, MAIRE DE TOULOUSE,

Vu la délibération prise par le Conseil municipal le 24 novembre 1849, portant qu'une exposition des produits des beaux-arts et de l'industrie, aura lieu dans cette ville en 1850 ;

Vu notre arrêté du 11 décembre 1849, approuvé par M. le Préfet de la Haute-Garonne le 15 du même mois, annonçant cette exposition, et portant qu'un jury d'examen sera chargé de désigner les ouvrages qui méritent à leurs auteurs des récompenses ou des encouragements ;

21

Vu le rapport du jury d'examen institué par notre arrêté du 1er juillet 1850,

ARRÊTONS :

Les récompenses accordées par la ville de Toulouse à l'occasion de l'exposition de 1850, d'après les jugements du jury d'examen, sont arrêtées conformément au tableau suivant.

SECTION DES BEAUX-ARTS.

PEINTURE.

Tableaux d'Histoire.

MM. GLAISE (Auguste), à Paris, *éloges*.
LANDELLE (Charles), à Paris, *médaille d'or*.
PRÉVOST (Constantin), à Toulouse, *rap. de méd. d'or*.
GARIPUY (Jules), à Toulouse, *médaille d'argent*.
PAUTHE, à Castres, *médaille d'argent*.
QUINSAC, à Toulouse, *rappel de médaille de bronze*.
DE MONÉS, à Toulouse, *mention*.

Tableaux de Genre.

MM. BELLANGÉ (Hippolyte), à Rouen, *éloges*.
JACQUAND (Claudius), à Paris, *éloges*.
BIARD, à Paris, *éloges*.
SCHENETZ, à Paris, *éloges*.
LELEUX (Adolphe), à Paris, *éloges*.
GLAIZE (Auguste), à Paris, *éloges*.
HILLEMACHER (Ernest), à Paris, *médaille d'or*.
GARIPUY (Jules), à Toulouse, *rap. de méd. d'argent*.
ENGALIÈRE (Marius), à Toulouse, *médaille d'argent*.

MM. DE MONÉS, à Toulouse, *médaille d'argent.*

PIBOU (Justin), à Miramont, *médaille d'argent.*

GAMBOGGI (Emilio), à Toulouse, *médaille d'argent.*

PUYO, à Toulouse, *rappel de médaille d'argent.*

FAURÉ (Léon), à Toulouse, *médaille de bronze.*

FROMENT (Eugène), à Paris, *mention honorable.*

SORIEUL (P.), à Paris, *mention honorable.*

SAINT-ANGE-NODE, à Montpellier, *mention.*

LAROQUE, à Bordeaux, *citation.*

Paysages.

MM. RICHARD (Théodore), à Toulouse, *éloges.*

BIARD, à Paris, *éloges.*

LANOUE (Hippolyte), à Paris, *éloges.*

DAGNAN, à Paris, *éloges.*

RENIÉ (Nicolas), à Paris, *éloges.*

HOSTEIN (Edouard), à Paris, *éloges.*

DUSTON (Benjamin), à Toulouse, *rappel de médaille d'argent avec éloges.*

LATOUR (Joseph), à Toulouse, *rappel de médaille d'argent avec éloges.*

ENGALIÈRE (Marius), à Toulouse, *rap. de méd. d'arg.*

BARON, à Toulouse, *médaille d'argent.*

GÉLIBERT, à Sorèze, *médaille de bronze.*

DE MALBOS (Eugène), à Toulouse, *mention honorable.*

PELEGRY, à Toulouse, *mention honorable.*

QUINSAC, à Toulouse, *citation.*

Portraits à l'Huile.

MM. VILLEMSENS, à Toulouse, *rappel de médaille d'or.*

PRÉVOST (Constantin), à Toulouse, *rap. de méd. d'or.*

GARIPUY (Jules), à Toulouse, *rappel de médaille d'argent avec éloges.*

MM. GAMBOGGI (Emilio), à Toulouse, *rap. de méd. d'arg.*
LACGER (Jules), à Toulouse, *rap. de méd. de bronze.*
QUINSAC, à Toulouse, *rappel de méd. de bronze.*
VIDAL (Henri), à Toulouse, *citation.*
LATUS, à Toulouse, *citation.*
Mlle SUDRES (Eugénie), à Toulouse, *citation.*

Têtes d'Etude.

M. GOYET (Eugène), à Paris, *médaille d'argent.*
Mlle SUDRES (Eugénie), *mention honorable.*

Miniatures, Pastels, Gouaches, etc.

MM. LANDELLE (Charles), à Paris, *rap. de méd. d'or.*
BIDA (Alexandre), à Toulouse, *médaille d'or.*
BENASSIS, à Limoges, *rappel de médaille d'argent.*
ENGALIÈRE, à Toulouse, *rappel de médaille d'argent.*
BOILLY (Jules), à Toulouse, *médaille d'argent.*
LACGER (Jules), à Toulouse, *médaille d'argent.*
PUYO, à Toulouse, *médaille d'argent.*
LATOUR (Joseph), à Toulouse, *rap. de méd. d'argent.*
DUSTON (Benjamin), à Toulouse, *rap. de méd. d'arg.*
DURAND (Gabriel), à Toulouse, *rap. de méd. d'arg.*
DROUYN (Léo), à Bordeaux, *médaille de bronze.*
VALETTE (Charles), à Castres, *médaille de bronze.*
CUCSAC, à Toulouse, *médaille de bronze.*
BACH (Auguste), à Toulouse, *mention honorable.*
DUPRAT (Anacharsis), à Castres, *mention honorable.*

SCULPTURE.

MM. GRIFFOUL-DORVAL, à Toulouse, *rap. de méd. d'or.*
SALAMON (feu), à Toulouse, *rappel de méd. d'or.*
PALAT, à Toulouse, *rappel de médaille d'argent.*

MM. AUGÉ (Eugène), à Toulouse, *rappel de méd. d'argent.*
LARROQUE, à Toulouse, *médaille d'argent.*
BROUSTET, à Toulouse, *rap. de méd. de br. avec él.*
FALGUIÈRE, à Toulouse, *médaille de bronze.*
LATREILLE, à Toulouse, *médaille de bronze.*
CALMETTES, à Toulouse, *médaille de bronze.*
BEURNÉ, à Toulouse, *mention honorable.*
BAISSAS, à Narbonne, *mention honorable.*
GOURMANEL, à Toulouse, *citation favorable.*

Meubles sculptés.

MM. CASSAGNAVÈRE (François), à Toulouse, *médaille d'argent avec éloges.*
CRICQ (Joachim), à Toulouse, *médaille d'argent.*
BARUS (Jacques), à Toulouse, *médaille de bronze.*

ARCHITECTURE.

MM. BONNAL, à Toulouse, *rappel de médailles.*
ESQUIÉ, à Toulouse, *médaille d'or.*
DELORT, à Toulouse, *médaille d'or.*
MORTREUIL (Louis), à Toulouse, *médaille d'argent.*
SAINT-ANDRÉ, à Toulouse, *médaille de bronze.*
DENAT, à Toulouse, *médaille de bronze.*
OUILLAC, à Toulouse, *mention.*
BONAMY, à Toulouse, *citation favorable.*

Plans Topographiques.

M. VITRY (Joseph), à Toulouse, *médaille d'or.*

SECTION DE L'INDUSTRIE.

TISSUS.

LAINES ET LAINAGES.

Amélioration des Laines.

M. DUFFOUR-BAZIN, directeur de la ferme-école du Gers, *rappel de médaille d'argent avec éloges.*

Filage de la Laine.

M. HIGOUNENC, à Bédarieux, *mention honorable.*

Tissus de Laine.

MM. VERNAZOBRES jeune et Comp^e, à Bédarieux, *rappel de médaille d'or avec éloges.*

JUHEL-DESMARES, à Vire, *rap. de méd. d'argent.*

AUBEUX, à Paris, *médaille de bronze avec éloges.*

BONNAFOUS aîné et jeune, à Mazamet, *médaille de bronze.*

SOIES ET SOIERIES.

Cocons et Soies grèges.

M. MARAVAL et Comp^e, à Lavaur, *mention honorable.*

Mlle CEPET, à Lavaur, *citation.*

Soies à coudre et à broder.

M. XAVIER et Comp^e, à Toulouse, *médaille de bronze.*

Etoffes de Soie.

MM. ROUGET frères, à Toulouse, *rappel de médaille d'or avec éloges.*

M. CARQUILLAT, à Lyon, *rappel de médailles d'argent.*

Etoffes en Filoselle.

M. GUIBLAUD (L.-Auguste), à Semalens, *méd. de bronze.*

Gazes.

MM.COUDERC et SOUCARET, à Montauban, *rappel de médaille d'or.*

RAYNAUD, à Toulouse, *médaille d'argent.*

LAURENT, à Toulouse, *rap. de méd. de br. avec élog.*

BONNAL, à Montauban, *rappel de médaille de bronze.*

LIN ET CHANVRE.

Toiles ouvrées et damassées.

MM.BÉGUÉ (Félix), à Pau, *médaille d'or.*

CASSÉ (Jean), à Lille (Nord), *médaille d'argent.*

MAURAN, à Toulouse, *mention honorable.*

Toiles communes.

M. LÉZÉRAC aîné, à Toulouse, *mention honorable.*

Cordages.

M. BOUCHARD, à Nevers, *rap. de méd. de br. avec élog.*

COTON.

Tissus de Coton.

MM.DAUDVILLE (A.) et Comp^e, à Saint-Quentin, *médaille d'or.*

Couvertures.

M. DELPECH, à Bordeaux, *mention honorable.*

Tissus, Soie laine et coton.

MM.MEYNARD frères, à Nîmes, *rappel de méd. d'argent.*

Tissus imprimés.

MM. JOSSERAND et Comp^e, à Toulouse, *rap. de méd. d'or.*
BRUN et Comp^e, à Toulouse, *médaille d'or.*
MEYSSONNIER et Comp^e, à Toulouse, *méd. de bronze.*

Tapis.

MM. VAYSON (Théodore) et Comp^e, à Paris, *nouvelle médaille d'argent avec éloges.*

Broderies.

M.   BENT, à Toulouse, *médaille d'argent.*
M.   ESTÈVE, à Toulouse, *médaille d'argent.*
Mlles VERNET, à Toulouse, *médaille de bronze.*
Mlle DOTEZAC, à Toulouse, *citation favorable.*
M.   RAYMOND (Edouard), à Toulouse, *citation favorable.*
Mme CLOOSTERMANS (Fanny), à Toulouse, *citation favo.*
Mme MARTIN, à Toulouse, *citation.*
Mlle VIGNOLA (Antoinette), à Lombez, *citation.*

Crin végétal.

MM. AVERSENG et Comp^e, *médaille d'argent.*

MÉTAUX ET PRODUITS MINÉRAUX.

Marbres.

MM. VIREBENT, DOAT et Comp^e, à Toulouse, *rappel de médailles d'or.*
BERGÉS aîné, à Toulouse, *médaille de bronze.*

Cuivre et Bronze.

MM. MAUREL, à Marseille, *rappel de médaille de bronze.*
LOUISON, à Toulouse, *médaille de bronze.*

Etain.

MM. LAURENT frères, à Toulouse, *nouvelle médaille de bronze avec éloges.*

FLAGES fils, à Toulouse, *médaille de bronze.*

Fer, Fonte, Tôles.

MM. ANDRÉ, au val d'Osne (Haute-Marne), *rappel de médaille d'or.*

CHASSINET, directeur des forges des Avalats (Tarn), *rappel de médaille d'argent.*

DROUILLARD, BENOIST et Comp^e, aux forges d'Alais, *médaille d'argent.*

PONSIAN-ORMIÈRES, à Bordeaux, *ment. honorable.*

Aciers et Limes.

MM. MONTOUSSÉ (Louis) et Comp^e, à Carbonne, *rappel de médaille d'argent avec éloges.*

FREY (Ignace), à Nevers, *médaille de bronze.*

Outils de Forge, Enclumes, Soufflets.

MM. CHAUFFRIAT et RAUGÉ, à Saint-Étienne, *rappel de médaille d'argent avec éloges.*

PRADINES, à Toulouse, *rappel de méd. de bronze.*

VERGER, à Toulouse, *médaille de bronze.*

CEZERAC, à Beaumont, *citation.*

Quincaillerie.

MM. YARZ et Comp^e, à Toulouse, *médaille d'or.*

MALLEN, à Beaumont, *médaille de bronze.*

GOMMARD jeune, à Toulouse, *citation favorable.*

MONTAMAT, à Toulouse, *citation favorable.*

TALANDIER, à Toulouse, *citation.*

Coutellerie, Instruments de Chirurgie.

MM. BOURDEAUX, à Montpellier, *rappel de méd. d'argent.*
FERRAS, à Toulouse, *médaille d'argent.*
COURANJOU aîné, à Toulouse, *rap. de méd. de bronze.*
COURANJOU jeune, à Toulouse, *médaille de bronze.*
EVRARD, à Toulouse, *mention honorable.*
LANNES, à Paris, *mention honorable.*
PICAULT, à Paris, *citation.*

Meubles en fer.

MM. BOUZIGUES, à Toulouse, *médaille de bronze.*
GRANIÉ frères, à Toulouse, *mention honorable.*

Objets divers.

MM. ARNAUD, à Toulouse, *mention honorable.*
TRENQUE jeune et Comp^e, à Toulouse, *citation.*

MACHINES.

Instruments servant à l'Agriculture.

MM. TOUSSAINT, à Saverdun, *mention honorable.*
CHAUCHARD, à Gaillac, *rappel de méd. d'argent.*
BATAILLER, à Montargis, *rap. de méd. de br. avec él.*
VERDIER, à Toulouse, *médaille de bronze.*
CASTEX-BLERSY, à Toulouse, *mention honorable.*
PEYRONNET, à Saint-Pons, *mention honorable.*
LIMOUSIN (Pierre), à Toulouse, *mention honorable.*
BIEULAC dit JALBERT, à Toulouse, *citation favo.*
LASBAX fils, à Toulouse, *citation.*

Pompes.

M. GRENIER, à Toulouse, *médaille de bronze.*

MM. BROS, à Toulouse, *mention honorable*.
DARTIGUES, à Toulouse, *citation*

Norias.

M. JEANSOULIN, à Marseille, *médaille de bronze*.

Cardes et Peignes.

MM. DURAND et BAL, à Lyon, *médaille d'or*.
TROJELLI, à Toulouse, *méd. d'argent avec éloges*.
HENRY (Claude), à Lyon, *médaille d'argent*.

Machines-Outils.

MM. D'AURIOL, à Paris, *éloges et rappels des hautes récompenses qu'il a obtenues*.
CAROLIS, à Toulouse, *médaille d'argent*.
ROECK, à Lyon, *médaille d'argent*.
BONNEMAISON (Félix), à Lussan, *méd. de br. avec él.*
GAYMARD et GÉRAULT, à Paris, *mention honorable*.
BIRLICHY, à Toulouse, *citation*.
HÉBRARD, à Toulouse, *citation*.

Mécanismes relatifs aux édifices.

M. CAMPISTRON, à Toulouse, *médaille de bronze*.

Serrureries de précision.

MM. LEPAUL, à Paris, *médaille d'or*.
CASTELBOU, à Toulouse, *rappel de méd. d'argent*.
GIARD (Ephen), à Montauban, *citation*.
SERAC, à Grenade, *citation*.

Constructions de bateaux.

M. MADER (François), à Toulouse, *médaille de bronze avec éloges*.

INSTRUMENTS DE PRÉCISION.

Horlogerie.

M. DELPY, à Toulouse, *rap. de médailles d'arg. avec élog.*

Gnomonique.

M. LACOMBE, à Toulouse, *citation.*

Instruments de Physique.

M. BIANCHI, à Toulouse, *médaille d'or.*

Balances et Instruments à peser.

M. LANNEBIT, à Vic-Fezenzac, *médaille d'argent.*

Instruments de capacité.

M. CONSTANT, à Toulouse, *mention honorable.*

Instruments de Musique. — Pianos.

MM. KRIEGELSTEIN, à Paris, *rappel de médaille d'or.*
CROPET, à Toulouse, *rap. de médailles d'arg. avec él.*
AUCHER, à Paris, *médaille d'argent.*
DEBAIN (Alexandre), à Paris, *médaille d'argent.*
POL, à Toulouse, *médaille d'argent.*
STAUB-WARNECKE, à Nancy, *médaille d'argent.*
POULIÉ, à Toulouse, *mention honorable.*

Basses et Violons.

MM BERNARDEL, à Paris, *rap. de médailles d'or avec él.*
COUTURIEUX, à Toulouse, *nouvelle médaille d'arg. avec éloges.*
SIMONIN, à Toulouse, *médaille d'argent.*

Instruments à vent en cuivre.

M. GAUTROT, à Paris, *rappel de médaille d'argent.*

Orgues d'Eglise.

MM. MOITESSIER, à Montpellier, *médaille d'or.*
PUGET (Théodore) et fils, à Toulouse, *méd. de bronze.*

Orgues expressives.

MM. DEBAIN (Alex.), à Paris, *rap. de méd. d'arg. avec él.*
ALEXANDRE, à Paris, *rappel de médaille d'argent.*

Appareils d'Eclairage.

MM. CHARBONNIÈRES, à Toulouse, *médaille d'argent.*
SALLES, à Toulouse, *médaille d'argent.*
MELLIÉS, à Toulouse, *mention honorable.*

ARTS CHIMIQUES.

Blé et Farines.

MM. ROLLAND, direc^r de la ferme-école de La Mothe, *élog.*
FAURE, à Lavaur, *citation.*

Pâtes et Fécules.

MM. BAYLAC, à Toulouse, *rappel de mention honorable.*
MAYSSONIER, à Toulouse, *citation favorable.*

Chocolats.

MM. MARCEL jeune, à Toulouse, *nouvelle médaille de bronze avec éloges.*
AYMARD, à Toulouse, *mention honorable.*
PUENTÉ et Comp^e, à Pau, *mention honorable.*
CORTADELLAS, à Toulouse, *citation.*
GAPIAND, à Toulouse, *citation.*

Pain de Gluten.

M. DURAND, à Toulouse, *médaille de bronze.*

Savons.

MM. MILLIAU, à Marseille, *rappel de médaille de bronze.*
DELCROS, à Toulouse, *médaille de bronze.*

Essences et Objets divers.

MM. SEGUIN, à Albi, *rappel de médaille de bronze.*
CASTEX, à Bordeaux, *mention honorable.*
ROSSARD, à Toulouse, *citation.*
ROY, à Toulouse, *citation.*

Produits chimiques.

MM. ROLLAND, PETIT et CANY jeune, à Toulouse,
rappel de médaille d'argent.
MONFERRAN et Comp^e, à Toulouse, *rap. de méd. d'arg.*
COT, à Noé, *citation.*

Vernis, Mastics, etc.

MM. BONNEMAISON, à Toulouse, *méd. de br. avec élog.*
BLAIZE et Comp^e, à Toulouse, *médaille de bronze.*
MILLER, à Toulouse, *mention honorable.*
RIGAL jeune, à Toulouse, *mention honorable.*
SAHUTIER, à Toulouse, *mention honorable.*
ELLISON, à Toulouse, *citation.*

Encre.

M. SAGET, à Toulouse, *méd. de bronze avec éloges.*

Conservation des Bois.

M. GANDICHOU, à Toulouse, *citation.*

Cire.

MM. BERNADY frères, à Toulouse, *rappel de médaille
d'argent avec éloges.*

MM. BERNADY (Félix), à Toulouse, *rappel de médaille de bronze avec éloges.*

COSTES et Comp^e, à Toulouse, *rappel de médaille de bronze avec éloges.*

Bougies stéariques.

Mme DARRIS (veuve), à Toulouse, *médaille d'argent.*

Chandelles.

M. LARROQUE et Comp^e, à Toulouse, *rap. de méd. de br.*

Teinture et Blanchiment.

MM. MAGENTHIES (Valentin), à Toulouse, *nouvelle méd. d'argent avec éloges.*

BISCONS-GARRIGUES, à Toulouse, *rappel de méd. d'argent avec éloges.*

RAYNAUD (J^h), à Nîmes, *rap. de mention honorable.*

LAFFITTE, à Lectoure, *citation favorable.*

Appareils de Chauffage.

MM. AFFRE, à Toulouse, *médaille d'argent.*

FOREST, à Toulouse, *rappel de médaille d'argent.*

FAYET, à Albi, *rappel de mention honorable.*

SIBRA, à Toulouse, *citation favorable.*

DAUBÈZE, à Toulouse, *citation favorable.*

Baignoires, Buanderies.

MM. CHARLES et Comp^e, à Paris, *rap. de méd. de bronze.*

CHAPELLE, à Toulouse, *mention honorable.*

DURAND, à Toulouse, *citation.*

Appareils frigorifiques.

MM. FUMET, à Paris, *médaille de bronze avec éloges.*

MARSHALL, à Annonay, *médaille de bronze.*

Appareils pour les Eaux gazeuzes.

MM. BRIET, à Paris, *rappel de médaille de bronze.*
RICHE et Comp^e, à Paris, *médaille de bronze.*

Appareils pour les Cocons.

M. LARNABÉ, à Lavaur, *mention honorable.*

BEAUX-ARTS INDUSTRIELS.

Orfèvrerie.

MM. CHRISTOFLE et Comp^e, à Paris, *rap. de méd. d'or.*
FOEX, à Paris, *citation.*

Bijouterie.

M. PRADEL, à Toulouse, *citation.*

Ebénisterie, Meubles.

La MAISON DES TROIS-AMIS, à Toulouse, *méd. d'argent.*
MM. TOURRE, à Toulouse, *médaille de bronze.*
PARDIEU, à Toulouse, *médaille de bronze.*
RIEUSSET, à Toulouse, *mention honorable.*
VALADIÉ et Comp^e, à Toulouse, *mention honorable.*
AURIOL, à Toulouse, *citation favorable.*
DUFOUR, à Toulouse, *médaille de bronze.*
TOULZA, à Toulouse, *médaille de bronze.*
CONTÉ, à Toulouse, *mention honorable.*
BOUZIGUES, à Toulouse, *citation favorable.*
LÉGER, à Toulouse, *citation.*
MARTRÉS, à Toulouse, *citation.*

Billards.

M. AGERET, à Toulouse, *médaille d'argent.*

Collection de bois pour la tabletterie.

M. SAINT-UBÉRY, à Tarbes, *citation de la médaille de bronze de Paris.*

Cadres et Moulures.

MM. COLOMBIER, à Toulouse, *médaille de bronze.*
HENRY, à Toulouse, *médaille de bronze.*

Objets de tour.

MM. BONNET, à Toulouse, *médaille de bronze avec éloges.*
DE GUINTRAND, à Toulouse, *médaille de bronze.*
MÉRICANT fils, à Toulouse, *mention honorable.*
JULIEN, à Toulouse, *citation.*

Objets divers.

MM. FERMIS, à Auterive, *médaille de bronze.*
FÉRON, à Paris, *médaille de bronze.*

Caractères d'imprimerie.

M. PEYRANE, à Toulouse, *médaille de bronze.*

Imprimerie typographique.

MM. DELSOL, à Toulouse, *médaille d'argent.*
BONNAL et GIBRAC, à Toulouse, *médaille de bronze.*
FORESTIÉ père et fils, à Montauban, *méd. de bronze.*
CHAUVIN et Comp^e, à Toulouse, *mention honorable.*
DUPIN, à Toulouse, *mention honorable.*

Reliure.

MM. ABADIE, à Toulouse, *méd. de bronze avec éloges.*
GAYMARD et GÉRAULT, à Paris, *médaille de bronze avec éloges.*
GARRIGUES, à Toulouse, *médaille de bronze.*

22

Lithographie et Chromo-Lithographie.

MM. SIMON, à Strasbourg, *rap. de méd. d'or avec éloges.*
RAYNAUD frères, à Toulouse, *médaille d'or.*
DELOR, à Toulouse, *rap. de méd de bronze avec élog.*
LABOUCHE et Comp^e, à Toulouse, *mention honorable.*
BERTRAND, à Toulouse, *citation favorable.*
CONSTANTIN père, à Toulouse, *citation favorable.*

Gravure.

MM. COLOMÉS, à Toulouse, *mention honorable.*
LAGRANGE, à Toulouse, *citation.*

Photographie, Epreuves daguerriennes.

MM. TRANTOUL, à Toulouse, *médaille de bronze.*
THALAMAS, à Toulouse, *mention honorable.*
FURIOUX, à Toulouse, *citation favorable.*

Typochromie.

M. DEMEURE, au Saut-du-Tarn, *citation.*

Papiers peints, Décors.

MM. DESTREM frères, à Toulouse, *rappel de médaille d'or avec éloges.*
EYMES dit JENTY, à Toulouse, *rappel de médaille d'argent avec éloges.*
DELPUECH, à Toulouse, *médaille de bronze.*
SERVILLE, à Toulouse, *mention honorable.*
WILHELM, à Toulouse, *mention honorable.*

Ecritures, Sténographie.

MM. SAINTOU, à Toulouse, *mention honorable.*
CAMPISTRON, à Toulouse, *citation favorable.*
SIFFRE, à Toulouse, *citation.*

ARTS CÉRAMIQUES.

Faïences et Porcelaines.

M. FOUQUE (Gustave) , à Toulouse, *nouvelle médaille d'argent avec éloges.*

Terres cuites, Pâtes moulées, Ornements d'architecture.

MM. VIREBENT frères, à Toulouse , *nouvelle médaille d'or avec éloges.*
BELLEQUEU, à Paris, *médaille de bronze.*
HEILIGENTHAL et Comp^e, à Strasbourg , *rappel de mention honorable.*

Stuc, Imitation des marbres.

MM. BALAN, à Toulouse, *médaille de bronze.*
MASSIP, à Toulouse, *rappel de mention honorable.*
PÉLEGRY père, à Toulouse, *citation favorable.*

Mosaïques.

M. BOURGAL, à Toulouse , *mention honorable.*

Ciment.

M. CHAMBERT, à Cahors, *médaille d'argent.*

Miroiterie.

Mlle CONDOM, à Toulouse , *méd. de bronze avec éloges.*
MM. LEDENTU et HUBERT, à Toulouse, *mention honorable.*

Peinture sur verre, Vitraux.

MM. BOURIÈRE, à Paris, *médaille d'argent.*
ARTIGUES et Comp^e, à Toulouse, *médaille d'argent.*
MAUVERNEY, à   (Loire), *médaille de bronze.*
BORDIEU, à Toulouse, *citation.*

CARROSSERIE, SELLERIE, BOURRELLERIE.

Carrosserie.

MM. SOULÉS, à Toulouse, *médaille d'or.*
JUSTROBE, à Toulouse, *rappel de méd. d'argent.*
MERCIER, à Toulouse, *médaille d'argent.*
ARQUÉ (Raymond), à Toulouse, *rap. de méd. de br.*
BOUDES, à Toulouse, *médaille de bronze.*
RIVALS, à Toulouse, *médaille de bronze.*
BONNET, à Toulouse, *mention honorable.*

Sellerie.

M. CHATAIGNÉ, à Toulouse, *rappel de méd. d'argent.*

Bourrellerie.

MM. LUPIS, à Toulouse, *médaille d'argent.*
CARLES, à Toulouse, *médaille de bronze.*
OULIVET, à Rabastens, *citation.*

ARTS DIVERS.

Papeterie.

MM. PAUL et CARDAILHAC, à Toulouse, *rappel de méd. d'or avec éloges.*

Carton.

M. CATHALA, à Saint-Antonin, *rappel de citation.*

Cuirs et Peaux.

MM. BURDALET et LOUET, à Toulouse, *rap. de méd. d'or.*
FIEUX et Comp^e, à Toulouse, *médaille d'or.*
PELTEREAU (Auguste), à Château-Renault, *rappel de médaille d'argent.*

MM. GOUBE-PIERACHE, à Douai, *rap. de méd. d'argent.*
BASTIÉ (Roger), à Caunes, *méd. de bronze.*
LAURENTIÉ, à Fleurance, *mention honorable.*

Cuirs vernis.

MM. COURTOIS, à Paris, *rap. de méd. d'argent avec élog.*
BURDALET et LOUET, à Toulouse, *médaille d'argent avec éloges.*

Gymnastique, Bandages, etc.

MM. BADIN, à Toulouse, *médaille d'argent.*
ALEXANDRE, à Paris, *rappel de mention honorable.*

Toiles pour les Peintres.

MM. MEISSONNIER père et fils, à Toulouse, *rappel de médailles de bronze avec éloges.*

Toiles vernies.

M. SEIB, à Strasbourg, *rappel de méd. d'or avec éloges.*

Chaussure.

MM. VESTREPAIN, à Toulouse, *rap. de mention honorable.*
ROQUEMARTINE, à Toulouse, *mention honorable.*
SINGER, à Toulouse, *mention honorable.*

Chaussures mixtes, Sabots, Guêtres.

MM. RIVIÈRE aîné, à Gaillac, *rappel de méd. de bronze.*
TALOUR, à Toulouse, *mention honorable.*
FUGA, à Toulouse, *mention honorable.*
Mlle COSTES, à Toulouse, *mention honorable.*
M. LAURENS, à Verdun, *citation.*

Articles de Voyage.

MM. PIGNY frères, à Toulouse, *médaille de bronze.*

Fleurs artificielles.

Mlle BOUSQUET, à Toulouse, *citation favorable.*

Confection d'Objets de Lingerie et d'Habillement.

M. FLANDIN, à Toulouse, *médaille de bronze.*
M. SAMARAN, à Toulouse, *médaille de bronze.*
Mme NAVARRE, à Toulouse, *mention honorable.*
Mlle BIREBENT, à Toulouse, *citation favorable.*
Mlle PEIZAT, à Montauban, *citation favorable.*
Mlle LAPENNE, à Toulouse, *citation.*
Mme CATON, à Toulouse, *citation.*

Corsets.

Mme SAINT-GEORGE, à Toulouse, *médaille de bronze.*
Mme SAINT-JEAN, à Toulouse, *mention honorable.*
Mme BALLU, née MARTRES, à Toulouse, *citation.*
Mlle RECURT (Marie), à Toulouse, *citation.*

Perruques.

MM. NAVARRE, à Toulouse, *médaille de bronze.*
CARRIÉ fils, à Toulouse, *rap. de mention honorable.*

Chapeaux de paille.

M. GRASSET, à Toulouse, *mention honorable.*

Dents artificielles.

MM. CLAUZOLLES, à Toulouse, *médaille de bronze.*
POUYAGUT aîné, à Toulouse, *nouvelle citation.*
LADOUX, à Toulouse, *citation.*

Enseignes en relief.

M. ROLLIER, à Toulouse, *nouvelle médaille de bronze avec éloges.*

Imitation d'Armures anciennes.

M. FERRAN fils, à Toulouse, *mention honorable.*

Modes et Parures.

Mlle CHARVET, à Toulouse, *citation favorable.*

Chapellerie.

MM. LACAZE et CASTAING, à Toulouse, *méd. d'argent avec éloges.*
ARNAL, à Toulouse, *mention honorable.*
DEMOR, à Toulouse, *mention honorable.*

Tonnellerie, Boissellerie.

MM. COT frères, à Noé, *médaille de bronze.*
BÉGUÉ, à Toulouse, *citation.*

Bouchons.

MM. DUPRAT et Comp^e, à Castres, *rap. de méd. d'argent.*

SCIENCES NATURELLES.

Horticulture.

M. BERNADY (Félix), à Toulouse, *rap. de méd. d'arg.*
M. SMITH (Joseph), à Toulouse, *médaille d'argeut.*
Mme MARTIN, à Toulouse, *médaille d'argent.*
M. DESSOYE, à Toulouse, *méd. de bronze avec éloges.*
M. COMMES, à Toulouse, *médaille de bronze.*

MM. LASSANCE, à Toulouse, *mention honorable.*
LAPART, à Toulouse, *citation.*

Taxidermie.

M. LHUILLIER, à Toulouse, *mention honorable.*

Squelettopée.

MM. SAIRAC, à Toulouse, *nouv. méd. d'arg. avec éloges.*
TRAVERSE, à Toulouse, *rap. de m. d'arg. avec élog.*

Fait au Capitole, à Toulouse, le 1er février 1854.

Le Maire,

F. SANS.

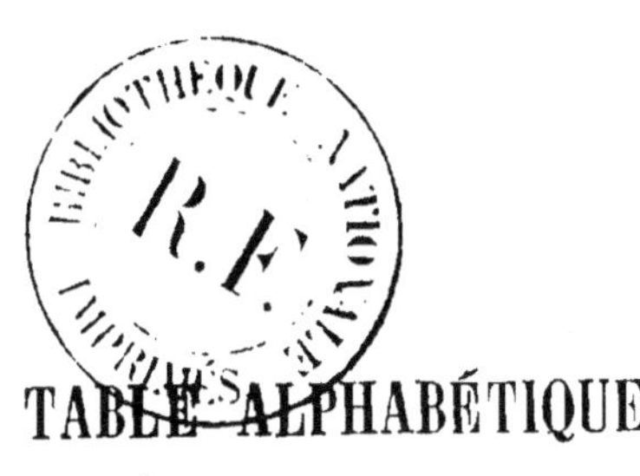

TABLE ALPHABÉTIQUE

ERRATA.

Page 45, ligne 5 : empâlements, *lisez* empâtements.

Page 138, ligne 2, Rappel de médaille d'argent avec éloges, *lisez* Médaille d'argent.

Page 213, ligne 13, Rappel de médaille de bronze, *lisez* Médaille de bronze.

Page 225, ligne 1re : Section II, *lisez* § 2.

Page 235, avant-dernière ligne : missel, *lisez* bréviaire romain.

Page 247, ligne 1, Mention honorable, *lisez* Médaille de bronze.

TABLE DES MATIÈRES.

23

TITRE CINQUIÈME. — *Arts chimiques.*

TITRE SIXIÈME. — *Beaux-arts industriels.*

TITRE DIXIÈME. — *Sciences naturelles.*